ÉTUDES

SUR LE

Budget de la ville de Bar-le-Duc

(Meuse).

1837 — 1846.

BAR-LE-DUC.

| | AL. LAGUERRE, |
| | Rue Rousseau, 36. |

ÉTUDES

SUR LE

Budget de la ville de Bar-le-Duc.

ÉTUDES

SUR LE

Budget de la ville de Bar-le-Duc

(Meuse).

1837 — 1846.

> La force de l'opposition semble consister dans de faux rapports, et dans le désir d'enflammer les passions et d'exciter les craintes par des déclamations bruyantes, plutôt que de chercher à convaincre les esprits par des arguments solides et par un exposé juste et impartial des choses.
>
> G. WASHINGTON.
> *(Lettre à John Armstrong,* 25 avril 1788.)

BAR-LE-DUC.

TYPOGRAPHIE DE NUMA ROLIN,
IMPRIMEUR ET LITHOGRAPHE,
Rues Voltaire 4, et de la Rochelle 21 *(bis).*

— 1849. —

Cet écrit n'a d'autre mérite, si mérite il y a, que de présenter réunis et disposés dans l'ordre des chapitres et des articles du Budget des documents nombreux épars dans les cartons de l'administration municipale et des autres administrations publiques que renferme la ville de Bar. Les chefs et les employés de ces administrations ont mis ces documents à ma disposition avec autant d'empressement que de complaisance. Je les prie de recevoir ici mes remercîments.

TABLE MÉTHODIQUE

DES MATIÈRES CONTENUES DANS CE VOLUME.

	Pages.
INTRODUCTION	1.
ÉTUDES PRÉLIMINAIRES	5.
§ 1. Composition du corps municipal.	5.
2. Territoire.	7.
3. Voies de communications.	8.
4. Population	8.
5. Contributions	18.
— foncière	20.
— personnelle et mobilière	27.
— des portes et fenêtres.	31.
— des patentes	34.
§ 6. Tableau général des contributions de 1846 en principal et centimes additionnels	37.
BUDGET	38.
PREMIÈRE PARTIE — *RECETTES*.	39.
CHAPITRE PREMIER. — Recettes ordinaires.	39.
Art. 1. *Revenus immobiliers*.	39.
§ 1. Champ de manœuvre.	40.
2. Halle, Ville-Haute.	42.
3. Glacière	43.
4. Pêche	45.
5. Pompes, ponts, aqueducs	45.
6. Enlèvement des boues	47.
7. Élagage des peupliers.	49.
8. Herbes des promenades.	51.
9. Carrières communales	51.
Art. 2. *Revenus mobiliers*.	52.
§ 1. Rentes foncières non éteintes	52.
2. Inscription départementale	52.
3. Intérêts des fonds placés au trésor.	53.
4. Rétributions scolaires	54.
Art. 3. *Concessions perpétuelles ou temporaires*.	56.
§ 1. Concessions par voie d'alignement.	57.
2. Concessions au cimetière.	60.
3. Grand abattoir	65.
4. Abattoir à porcs.	68.
5. Marchés	71.
6. Marché aux bestiaux.	78.

	Pages.
§ 7. Foire du jeudi après l'Ascension	82.
8. Vidange des fosses d'aisance	84.
9. Droit de pesage, mesurage	85.
10. Droits de voirie	86.
Art. 4. *Contributions, taxes, droits d'octroi*	86.
§ 1. Centimes additionnels aux contributions foncière et mobilière	87.
2. Attributions sur les patentes	87.
3. Amendes de police rurale et municipale	88.
4. — de police correctionnelle	89.
5. — de grande voirie	89.
6. Permis de chasse	89.
7. Amendes pour délits de chasse	90.
8. Primes d'engagements volontaires	90.
9. Expéditions des actes de l'état civil	91.
10. — des actes administratifs	91.
11. Imposition pour l'instruction primaire	92.
12. — pour les chemins vicinaux	92.
13. Frais de perception des impositions communales	93.
14. Octroi	93.
CHAPITRE II. **Recettes extraordinaires**	122.
§ 1. Aliénations d'immeubles	122.
2. Prix de ventes de meubles, de matériaux, etc.	122.
3. Coupes extraordinaires de bois	123.
4. Impositions extraordinaires pour acquisitions et constructions	123.
5. Emprunts	123.
6. Legs et donations	123.
DEUXIÈME PARTIE. — *DÉPENSES*	123.
CHAPITRE I.er **Dépenses ordinaires**	125.
PREMIÈRE SECTION. *Frais d'administration; traitements*	126.
§ 1. Frais de bureau et employés de la Mairie	126.
2. Receveur municipal	130.
3. Frais de perception des impositions communales	132.
4. Commissaire et agents de police	132.
5. Gardes champêtres	136.
6. Architecte voyer	140.
7. Manœuvres communaux	141.
8. Surveillant des viandes	141.
Taxe de la viande	142.
9. Préposé à la halle et à l'abattoir	145.
Taxe du pain	146.
10. Dixième du produit des marchés	149.
11. Frais de perception de l'octroi	149.
12. Conseil de prudhommes	149.
13. Chambre consultative des arts et manufactures	150.
14. Frais du local et du mobilier de la justice de paix	150.
DEUXIÈME SECTION. *Charges et entretien des biens communaux; salubrité, sûreté; grande et petite voirie*	150.
Art. 1. *Charges et entretien des biens communaux*	151.

		Pages.

§ 1. Contributions des biens communaux. . . . . 151.
  2. Entretien de la maison commune. . . . . 151.
  3.   —   des couvertures des édifices publics . . . . 151.
  4.   —   des abattoirs. . . . . 152.
  5.   —   des halles et marchés. . . . . 152.
  6.   —   des horloges. . . . . 153.
  7.   —   des pavés et trottoirs. . . . . 154.
  8.   —   des promenades . . . . 157.
  9.   —   des aqueducs, ponts et fontaines. . . . . 158.
 10.   —   des autres propriétés communales . . . . 166.
 11.   —   de la glacière . . . . 166.

Art. 2. *Salubrité, sûreté*. . . . . 166.
§ 1. Enlèvement des boues . . . . 166.
  2. Eclairage . . . . 166.
  3. Visite des cheminées. 172.
  4. Assurance des bâtiments communaux. . . . . 172.
  5. Entretien des pompes à incendie. . . . . 172.
  6. Primes aux pompiers . . . . 174.
  7. Visite des chenilles. . . . . 175.

Art. 3. *Grande et petite voirie*. . . . . 176.
§ 1. Chemins vicinaux de grande communication . . . . 176.
  2. Chemins vicinaux ordinaires . . . . 177.
  3. Traitement de l'agent-voyer cantonal . . . . 179.

TROISIÈME SECTION. — *Garde nationale et dépense militaire* . . . . 180.
Art. 1. *Garde nationale*. . . . . 180.
Art. 2. *Dépense militaire* . . . . 183.
§ 1. Occupation des lits militaires. . . . . 183.
  2. Logements militaires . . . . 184.

QUATRIÈME SECTION. — *Secours aux établissements de charité ; pensions.* 185.
Art. 1. *Secours aux établissements de charité* . . . . 185.
§ 1. Dépenses des enfants trouvés . . . . 185.
  2. Aliénés . . . . 187.
  3. Malades placés à l'asile de Fains. . . . . 190.
  4. Bureau de charité. . . . . 191.
  5. Secours à accorder par le maire. . . . . 192.
  6. Lits à guérison à l'hospice civil . . . . 192.
  7. Indemnité aux sages-femmes . . . . 194.
  8. Médecins du bureau de charité et des salles d'asile . . . . . 194.
  9. Frais de visite des filles publiques . . . . 195.

Art. 2. *Pensions* . . . . 195.

CINQUIÈME SECTION. — *Instruction publique ; beaux-arts*. . . . . . 197.
Art. 1. *Instruction publique* . . . . 197.
§ 1. Salles d'asile . . . . 198.
  2. Ecoles primaires élémentaires. . . . . 199.
  3. Ecole primaire supérieure . . . . 203.
  4. Cours de sciences industrielles . . . . 205.

		Pages.
§ 5. Collége		207.
6. Bibliothèque		217.
Art. 2. *Beaux-arts*		219.
Musée		219.
Sixième section. — *Culte*		221.
§ 1. Traitement des vicaires		224.
2. Entretien des églises		224.
3. Subvention aux fabriques		225.
4. Secours au culte protestant		226.
5. Secours au culte israélite		226.
Septième section. — *Dépenses diverses*		226.
§ 1. Papier timbré pour mandats, etc		226.
2. Fêtes publiques		226.
3. Dépenses imprévues		227.
Chapitre II. — **Dépenses extraordinaires**		227.
Première section. — *Frais extraordinaires d'administration*		228.
§ 1. Bascule pour le service de l'octroi		228.
2. Etudes du chemin de fer		228.
3. Route de Bar à Vitry		229.
4. Dégradation aux promenades		229.
5. Mise en culture des friches communales		229.
6. Commissaires de quartier		230.
Deuxième section. — *Acquisitions de propriétés immobilières*		231.
§ 1. Ecole de Marbot		231.
2. Salles d'asile		231.
3. Ancien Hôtel-de-Ville, place Saint-Pierre		231.
4. Maison d'école, place de la Couronne		232.
5. Agrandissement du cimetière		232.
6. Ouverture de diverses rues		232.
Troisième section. — *Constructions et grosses réparations*		234.
Quatrième section. — *Frais extraordinaires de la garde nationale.*		235.
Cinquième section. — *Secours extraordinaires aux établissements de charité*		236.
Sixième section. — *Instruction publique*		236.
Septième section. — *Culte*		236.
Huitième section. — *Arriéré*		236.
Neuvième section. — *Frais de procédure*		237.
Dixième section. — *Dépenses accidentelles*		237.
CONCLUSION		237.
§ 1. Situation financière à la fin de l'exercice 1848		237.
2. Budgets comparés de 1787, 1811, 1826, 1836, 1846		238.
3. Rédaction des comptes		243.
4. Inventaires du mobilier, des titres et papiers		244.
5. Observations générales		245.

(FIN.)

ERRATA.

Page 10, ligne 41, après le total, *ajoutez* : A cette première vue générale, joignons-en une seconde qui fasse pénétrer plus avant dans la constitution de la population. Voyons comment elle se répartit entre les différents états, métiers ou professions.

Page 18,	ligne	2,	n'ont pas besoin de,	*lisez*	n'ont pas de.
— 34,	—	37,	48,769 89,	—	49,245 fr 49 c.
		40,	49,857 39,	—	50,332 fr 99 c.
— 46,	—	17,	compte de receveurs,	—	comptes des receveurs.
— 67,	—	13,	s'est,	—	s'était.
— 69,	—	12 et 13,	de ne tuer,	—	de tuer.
— 70,	note,		p. 25, t. 341,	—	S. 25, 1, 341.
— 71,	ligne	16,	tenue de marchés,	—	tenue des marchés.
	—	17,	sur le place,	—	sur la place.
— 73,	note,		§ 45, t. 616,	—	S. 45, 1, 616.
— 79,	lignes 32 et 33,		emmene,	—	emmené.
— 83,	—	13,	à un prix,	—	un prix.
— 85,	note 1,		33, t. 890,	—	33, 1, 896.
	note 2,		38, t. 319,	—	38, 1, 319.
— 86,	note,		35, t. 305,	—	35, 1, 305.
— 94,	ligne	9,	portion de revenu,	—	portion du revenu.
— 96,	note 2,		Baetly,	—	Bailly.
— 124,	ligne	29,	l'acceptation,	—	l'aception.
— 137,	—	23,	constaterait des délits,	—	constaterait de délits.
— 147,	—	30,	fonds commun,	—	fonds de commerce.
— 150,	—	9,	arrêté des conseils,	—	arrêté des consuls.
— 161,	—	6,	en 1848,	—	en 1818.
— 176,	—	10,	garde champêtre, chef,	—	garde champêtre chef.
— 177,	—	25,	en 1085,	—	en 1805.
— 188,	—	7,	elles est,	—	elle est.
— 190,	—	28,	et en partie,	—	et en particulier.
— 240,	—	38,	13799 3 2,	—	13799 3 9.

ÉTUDES

SUR LE

Budget de la ville de Bar-le-Duc.

« Il prit en fantaisie à Glaucon, fils d'Ariston, de parler
» dans l'assemblée du peuple, quoiqu'il n'eut pas encore
» vingt ans : il ne visait pas à moins qu'au gouvernement
» de l'Etat.... Socrate, qui lui voulait du bien par amitié
» pour Charmide et pour Platon, parvint seul à le rendre
» plus sage.
» Vous avez donc envie, mon cher Glaucon, lui dit-il, de
» prendre en mains les rênes de notre République ? — Il est
» vrai, répondit Glaucon. — De tous les projets qu'un homme
» puisse former, c'est le plus beau, sans doute : car, si vous
» parvenez à le remplir, vous n'aurez pas de désirs que vous
» ne puissiez satisfaire ; il vous sera facile d'obliger vos amis,
» d'élever votre propre maison et d'augmenter la puissance
» de votre patrie.....
» Ces paroles chatouillaient la vanité de Glaucon, et le
» plaisir de les entendre l'arrêtait auprès de Socrate. Pen-
» dant qu'il en savourait la douceur celui-ci continua en ces
» ces termes : — Vous voulez que la République vous accorde
» des honneurs, mon cher Glaucon ; il est un moyen sûr d'en
» obtenir : c'est de lui être utile. — Je le sais. — Au nom
» des Dieux, n'ayez pas pour moi de secret ; quel est le
» premier service que vous comptez lui rendre ?
» Glaucon gardait le silence, cherchant en lui-même quelle
» réponse il pourrait faire : mais Socrate voulut bien ne pas
» faire durer son embarras. — Si vous vouliez, lui dit-il,

» rendre plus florissante la maison d'un de vos amis, vous
» chercheriez les moyens d'augmenter sa fortune ; ne tâche-
» rez-vous pas aussi d'augmenter les richesses de la Répu-
» blique ? — C'est à quoi je n'aurai garde de manquer. — Le
» moyen de la rendre plus riche, n'est-ce point de lui procurer
» de plus grands revenus ? — Cela est clair. — Et quels sont
» les objets d'où se tirent à présent les revenus de l'Etat ?
» à combien peuvent-ils monter ? Je suis bien sûr que vous
» en avez fait une étude : car, sans cela, comment suppléer
» aux produits qui se trouveraient trop faibles, et remplacer
» ceux qui viendraient à manquer ? — Voilà, en vérité, une
» chose à laquelle je n'avais pas même songé. — Puisque cela
» vous est échappé, dites-nous au moins quelles sont les dé-
» penses de l'Etat : il faut bien que vous en ayez pris connais-
» sance pour supprimer celles qui sont inutiles. — Je ne me
» suis pas plus occupé des dépenses que des revenus...... —
» Mais je suis sûr du moins que vous avez soigneusement
» examiné combien de temps le blé qu'on recueille dans le
» pays peut nourrir la ville, et combien on en consomme de
» plus chaque année. — Mais, Socrate, on ne finirait jamais
» s'il fallait entrer dans tous ces détails. — Cependant, on
» n'est pas même capable de gouverner sa maison si l'on n'en
» connaît pas les besoins, si l'on ne sait pas les moyens d'y
» subvenir.... Prenez-y garde, mon cher Glaucon, vous re-
» cherchez la gloire; craignez de vous attirer tout le contraire.
» Ne voyez-vous pas combien il est dangereux de parler de
» ce qu'on ne sait pas, d'entreprendre des choses dont on n'a
» pas même les principes..... Vous aimez la gloire; vous vou-
» lez vous faire admirer de votre patrie : travaillez à vous
» instruire que d'entreprendre. » (1)

Ces conseils, que Socrate donnait au fils d'Ariston, et que Barthélemy a presque textuellement reproduits dans le voyage d'Anacharsis, me revinrent en mémoire, lorsque, sans m'y attendre et sans l'avoir désiré, je fus appelé en 1834 à prendre place dans le conseil municipal de Bar-le-Duc. Je ne connaissais ni les besoins, ni les ressources de la ville : j'ignorais ce que les administrations précédentes avaient fait, ce qu'elles avaient tenté, ce qui pouvait rester à faire. Sans doute, dans une ville il n'est personne qui n'ait entendu et parfois écouté

(1) Xénophon. *Entretiens mémorables de Socrate*. Liv. 3, chap. 6.

les réclamations de tel ou tel quartier, prétentions purement locales qui se bornent à demander une pompe, un réverbère, l'établissement d'une foire ou d'un marché. Il est même certaines parties de l'administration municipale qui sont devenues vulgaires, et chacun se préoccupe des améliorations qu'on pourrait y introduire. Mais l'ensemble des services et leurs nécessités respectives échappent. Un conseiller municipal doit craindre alors de se laisser emporter dans ses déterminations par des études ou des préoccupations antérieures, de ne pas bien comprendre le degré d'utilité de tous les services et leurs avantages relatifs. En vain est-il décidé à ne se régler que sur l'intérêt général de la communauté s'il n'est pas toujours à même de le démêler au milieu de si nombreux détails. D'ailleurs, quand une partie secondaire et circonscrite du service est vue seule, son isolement la grossit outre mesure, et elle acquiert ainsi une apparence et une importance excessives. Le bien général court risque alors d'être sacrifié à un bien tout à fait restreint et particulier.

Dans cet embarras, j'aurais voulu trouver quelque livre qui m'exposât clairement et complétement l'ensemble des services municipaux. Je me serais pénétré en l'étudiant et de leurs avantages absolus, et de leur importance relative, et j'aurais moins couru le danger de faire fausse route. Mais un tel livre n'existe pas. Les lois mêmes qui régissent l'administration municipale sont éparses en des volumes nombreux d'époques bien diverses, et quand même j'aurais connu l'ensemble de la législation générale, je n'avais rien, rien absolument sur les applications qui en avaient été faites à la ville de Bar en particulier. Et parmi ceux qui sont entrés depuis vingt ans au conseil municipal, il en est plus d'un qui m'a avoué qu'il avait passé par les mêmes perplexités que moi.

Il ne serait donc pas sans utilité que les anciens membres des conseils municipaux publiassent les résultats de leurs observations, et fissent connaître à leurs concitoyens ce qu'ils ont remarqué, compris, voulu, pendant qu'ils remplissaient leurs fonctions municipales. Ces rapports, ces comptes-rendus si l'on veut, seront faits sans doute au point de vue de chacun; mais rapprochés, contrôlés, redressés les uns par les autres, ils finiraient par jeter dans la population des notions certaines sur l'administration de la cité commune. Ce serait pour tout le monde une bonne initiation aux affaires publiques:

on couperait court ainsi à bien des théories hasardées. Les déclamations vagues, les critiques injustes tomberaient nécessairement devant ces exposés sincères et positifs. Les passions seraient bien près d'être impuissantes quand on se trouverait réduit à parler la langue des affaires et des intérêts sérieux.

J'ai rempli pendant quinze ans les fonctions de conseiller municipal de la ville de Bar; j'ai fait partie des commissions choisies pour apurer les comptes et préparer les budgets ; j'ai été chargé d'un assez grand nombre de rapports : et j'ai pensé que peut-être étais-je plus qu'un autre dans l'obligation de me hasarder à donner le premier exemple d'une innovation que je ne crois ni mauvaise ni inutile. Je m'y suis résigné d'autant plus facilement que je n'avais à faire qu'un simple exposé dégagé de toute espèce de polémique. N'étant pas dans l'intention de me livrer à des discussions critiques, et n'écrivant pas pour jeter le blâme sur les administrateurs municipaux et sur leurs actes, j'ai pensé que je pouvais en toute honnêteté garder l'anonyme, et que je demeurais parfaitement maître de publier mon écrit sans décliner mon nom.

Si les maires rendaient chaque année au conseil un compte moral de leur administration, si à ce compte étaient joints comme annexes des comptes moraux du commissaire de police, de l'agent-voyer, du préposé en chef de l'octroi, de la commission de surveillance des écoles, du bureau d'administration du collége, du conseil d'administration de la garde nationale, du bureau de bienfaisance, de la commission administrative de l'hospice, des fabriques des églises, ces comptes donneraient aux citoyens la connaissance la plus exacte et la plus sûre des affaires de la cité. Loin de moi la prétention de suppléer à cette regrettable lacune : mais la publication que je ferai le premier appellera de la part de mes collègues des publications semblables, plus complètes, moins imparfaites, et ces documents ne seront point tout à fait sans valeur aux yeux de ceux qui seront appelés après nous à prendre part à l'administration de la ville. Dût même la législation être remaniée et changée, elle ne le sera pas à ce point, que pour régler l'avenir on n'ait jamais à consulter les souvenirs et l'expérience du passé. Et puis ce ne serait que de l'histoire ; cette histoire après tout serait la nôtre et celle de notre pays. A ce titre, elle aurait encore pour nous son intérêt.

ÉTUDES PRÉLIMINAIRES.

Le budget présente le résumé des affaires financières, et on pourrait dire de toutes les affaires de la ville; car combien y en a-t-il qui ne viennent pas aboutir à un vote financier? Tous les agents municipaux figurent au budget ou par les traitements qu'ils reçoivent, ou par les services qu'ils ont mission de surveiller : tous ces services y prennent place en raison des recettes qu'ils procurent ou des dépenses qu'ils occasionnent. Etudier le budget, c'est donc en réalité étudier l'administration intérieure de la ville. Mais, avant d'en venir au budget en lui-même, il est nécessaire de s'arrêter à quelques études préliminaires. Il faut savoir comment se forme et se compose le conseil municipal qui le vote; sur quel territoire s'étend la juridiction de ce conseil; quelle population habite ce territoire; à combien se montent les contributions que paie cette population; quelle est la nature et quelle est la destination de ces contributions.

§ 1. *Composition du corps municipal.* Sous l'empire de la loi du 21 mars 1831, le corps municipal de la ville de Bar-le-Duc se composait de vingt-sept conseillers municipaux, parmi lesquels le roi choisissait et nommait un maire et deux adjoints. Les conseillers municipaux étaient élus par l'Assemblée des électeurs communaux, qui se composait en 1846 : 1.º des citoyens âgés de 21 ans accomplis, les plus imposés aux rôles des contributions directes de la commune, au nombre de 587 ; 2.º de citoyens auxquels leurs fonctions, leurs professions ou leurs qualités conféraient le droit électoral.
Ils étaient, en 1846, au nombre de.................... 77

Le chiffre total des électeurs était donc de.......... 654
Le suffrage universel pour l'élection du conseil municipal, en juillet 1848 a donné 3234 électeurs; c'est cinq fois plus que n'en donnait la loi de 1831.

Ces 654 électeurs ne votaient pas en une seule assemblée; ils étaient divisés en cinq sections, renfermant chacune à peu près le même nombre d'électeurs. Et comme le nombre des conseillers n'était pas exactement divisible par celui des sections, deux sections, appelées à tour de rôle, nommaient six conseillers, les trois autres cinq seulement.

Les sections faites par quartiers voisins, et de manière à répartir aussi également que faire se pouvait le nombre des votants, avaient été formées par un arrêté municipal du 25 août 1831, approuvé ensuite par une ordonnance du roi.

La section du nord comprenait le faubourg de Couchot, la rue des Clouères et une partie de la rue Entre-deux-Ponts.

La section du couchant comprenait l'autre partie de la rue Entre-deux-Ponts, la rue du Cygne, des Foulants, partie de la rue du Bourg et des rues adjacentes.

La section du centre comprenait la place Municipale, la rue Rousseau, partie du Bourg et la rue de Véel.

La section du midi comprenait la Ville-Haute, les rues de Savonnières, des Tanneurs et des Pressoirs.

La section du levant comprenait le faubourg de Marbot, les rues Voltaire, Lapique, de la Rochelle, des Suisses, des Saules et le Petit-Pont-Neuf.

De toutes les attributions du conseil municipal, la plus importante est le vote du budget.

Le budget de chaque commune est proposé par le maire, et voté par le conseil municipal; il est définitivement réglé par une ordonnance du roi pour les villes dont le revenu est de cent mille francs ou plus. (Loi du 18 juillet 1837, art. 33.) Le revenu de la ville de Bar a atteint ce chiffre dès 1842, et son budget a été soumis à la sanction royale à partir de 1845. Le vote du conseil municipal n'est donc rien qu'un avis, et ne peut avoir effet qu'après avoir reçu l'approbation ministérielle. Cette approbation, il faut bien le dire, est très rarement refusée, et nous ne sachions point que le ministre ait usé, à l'égard d'un vote financier du conseil, du pouvoir que la loi lui a confié. Nous croyons qu'en cela le ministre agissait sagement. Cette tutelle ne lui a été déférée que pour prévenir les fautes et les écarts de son pupille. Mais si le pupille n'est pas sans lumières, si sa conduite, sans être toujours la plus louable et la meilleure, n'est cependant point dépourvue de motifs et de justification, le devoir d'un tuteur est de le laisser marcher seul, sans vouloir le redresser à chaque pas. Or, les localités, les villes surtout, peuvent n'être point jugées incapables de s'administrer elles-mêmes. Chaque jour, par des associations, des souscriptions volontaires, elles font seules, et sans le concours ou l'approbation de l'autorité, des actes véritables d'administration communale. Ainsi, quand nous semblions menacés de perdre le passage de la malle-poste, l'abaissement de la côte du bois Labarre, qui devait rendre le parcours par Revigny plus facile, fut voté par des souscripteurs et exécuté à leurs frais. Ainsi, c'est avec les fonds d'une association volontaire qu'a été acquise la salle d'asile de la Ville-Haute; c'est une association du même genre qui a pourvu pendant les chaleurs de l'été à l'arrosage d'une partie de nos rues. Enfin, en 1847, quand on a voulu prévenir et arrêter la hausse toujours croissante du prix du pain, c'est une nombreuse réunion de souscripteurs qui a organisé l'acquisition et la revente des farines étrangères, et qui a agi cette fois, non par l'intermédiaire de ses fonctionnaires municipaux ordinaires, mais par une commission de délégués qu'elle même avait choisis. Or, aplanir une route, créer une salle d'asile, constituer un arrosage public, donner à la population du pain à un prix raisonnable, ne sont-ce pas là tous actes essentiellement du ressort de l'autorité municipale? Si, dans des temps souvent difficiles, les villes ont pu faire seules et accomplir sagement de tels actes, il faut bien reconnaître qu'elles ne sont point incapables de se gouverner, et que le contrôle du pouvoir central n'est pas en toute chose absolument indispensable à la bonne direction de leurs affaires.

§ 2. *Territoire*. Le budget d'une ville comprend toutes les recettes et toutes les dépenses affectées à l'administration, non seulement de la ville mais de tout le territoire communal. Ce territoire est circonscrit par celui des communes voisines. Celui de la ville de Bar comprend 2,327 hectares 25 ares 64 centiares, et se trouve limité au nord par le territoire des communes de Fains, Behonne et Naives, au sud par les communes de Montplonne et de Savonnières, à l'est par celles de Combles et Véel, à l'ouest par celles de Longeville et Resson.

Il se compose de 10,185 parcelles distinctes, et se divise entre les diverses natures de propriétés ainsi qu'il suit :

	hect.	ares.	cent.
Terres et chènevières	162	04	82
Prés	79	40	69
A reporter	241	45	51

	hect.	ares.	cent.
Report...................	241	45	51
Vignes..................................	599	88	27
Bois....................................	1081	93	89
Jardins.................................	91	16	36
Sol des propriétés bâties...............	30	97	44
Pâtures, viviers, routoirs, bassins, etc.....	»	19	29
Friches, aisances, pierriers.............	191	35	56
Routes, rues, rivières, églises, cimetières, promenades non imposables.................	80	29	32
Ensemble................	2327	25	64

§ 3. *Voies de communication.* Ce territoire est traversé par un cours d'eau naturel, la rivière d'Ornain; par un canal de dérivation de cette rivière, canal qui parcourt la Ville-Basse dans toute sa longueur de l'est à l'ouest; et par le canal de la Marne au Rhin. Ses grandes voies de communication sont, outre le chemin de fer de Paris à Strasbourg qui sera bientôt en voie de construction :

La route nationale n° 66 de Bar à Bâle par Ligny;
Les routes départementales n° 4 de Bar à Metz par St Mihiel, n° 2 de Bar à Dun par Clermont, n.° 6 de Bar à Longuyon par Verdun, qui ont un tronc commun de Bar à Rumont;
Les routes départementales n° 3 de Bar à Reims par la Maison-Duval, et n.° 4 de Bar à Vitry par Revigny, qui ont un tronc commun jusqu'à Laimont;
Et la route départementale n.° 4 de Bar à St-Dizier.

Il faut ajouter à ces routes les chemins vicinaux de grande communication qui, sans prendre naissance dans la ville même, ont cependant été faits pour la relier aux autres parties du territoire, et pour lesquelles elle est point de départ ou d'arrivée. Ce sont les chemins vicinaux :

N.° 1. De Bar à Sermaize ;
N.° 2. De Bar à Triaucourt;
N.° 3. De Combles à la route départementale n.° 11 de Bar à St-Dizier;
N.° 4. De Brillon à Cousances;
N.° 27. De Châlons à Bar.

§ 4. *Population.* Ces canaux, ces nombreuses voies de communication du 1.er et du 2.e ordre indiquent assez que la population qu'ils sont appelés à desservir est nombreuse et active. Le chiffre officiel du recensement fait en 1846 (1) donne à la

(1) J'ai restreint ces études sur le budget aux dix années qui se sont écoulées de 1837 à 1846. Je me suis arrêté à 1846, parce que c'est l'année où a

ville de Bar 12,673 habitants; on peut, si on veut, ajouter à ce chiffre la population en bloc, c'est-à-dire les vétérans, les élèves du collége, de l'école normale et des divers pensionnats, les malades des hôpitaux et les détenus, population qui est de 518 personnes, et alors le chiffre total sera de 13,191.

Mais ce chiffre total et sommaire n'apprend rien à l'administrateur. Il faut qu'il le décompose dans ses éléments principaux, et qu'il recherche pour quelle proportion chaque classe de citoyens entre dans la masse générale, C'est ce travail de patiente analyse qui peut l'instruire et le guider. Autre chose, en effet, est une population de propriétaires fonciers ou de rentiers paisibles, autre chose, une population d'industriels actifs, amenant à leur suite de nombreux ouvriers. Autre chose, est une population qui se suffit entièrement à elle-même, dont tous les membres ont sinon de la richesse, au moins l'aisance ou le nécessaire; autre chose, une population pauvre, vivant au jour le jour, et que la moindre diminution de salaire, une hausse accidentelle dans le prix des aliments, jettent dans l'extrême misère et mettent à la charge d'autrui. On comprend que les règles et les nécessités de l'administration varient et ne sont point les mêmes dans des cas si différents. Un village, où les mœurs, les goûts, les habitudes, les positions de fortune ou de société sont à peu de chose près semblables pour tous, s'administre plus facilement qu'une ville, où l'éducation, la fortune, les usages de la vie, ont introduit entre les citoyens des différences si tranchées, où se produisent souvent les luttes vives et persévérantes de situations et d'intérêts entièrement opposés.

Les tableaux de recensement indiquent que la ville comprend 1,800 maisons, habitées par 3,709 ménages, composés de 12,673 personnes, et que ces personnes se divisent comme il suit :

Garçons	2,901	
Hommes mariés	2,758	5,864
Veufs	205	
Filles	3,390	
Femmes mariées	2,791	6,809
Veuves	628	
	12,673	12,673

été fait le recensement de la population, parce que c'est une année ordinaire et moyenne qui n'a subi l'influence ni de la disette de 1847, ni des agitations politiques de 1848, parce que enfin c'est un exercice financier complètement terminé et apuré.

Mais ce n'est point assez. Il convient de mettre à part la population active, de séparer l'enfant et le vieillard de l'adulte et de l'homme fait, et de suivre les divisions pour chaque sexe.

On peut considérer que l'enfance finit à 13 ans; jusques-là, à quelques exceptions près, qui deviennent plus rares de jour en jour, l'enfant suit les écoles primaires et reçoit les premiers éléments des connaissances.

A 13 ans il fait choix d'un métier ou d'une profession et ne gagne rien ou gagne peu de chose jusqu'à 18 ans. A cet âge il commence à retirer quelque profit de son travail, et passe de la classe des adultes dans celle des hommes faits. L'apprentissage se termine généralement un peu plus tôt pour les filles, un peu plus tard pour les garçons.

Sorti de la classe des adultes, quel est celui de nos concitoyens, dans quelque situation que le sort l'ait placé, qui ne gagne sa vie à la sueur de son front? Soit qu'il exerce des fonctions publiques ou se voue aux professions libérales, soit qu'il suive la carrière du commerce ou de l'industrie, avocat ou médecin, marchand ou fabricant, maître ou compagnon, vigneron, ouvrier, manœuvre, c'est le travail de ses mains ou le travail de son intelligence qui assure sa subsistance, son bien-être et celui de sa famille.

Vers 65 ans, plus tôt pour les uns, plus tard pour les autres, la nature condamne l'homme au repos. Dans les jours inoccupés et les nuits sans sommeil qu'elle lui marchande d'une main avare, il détache de la terre sa pensée et ses regards et les tourne vers cette autre vie dont l'immortelle et consolatrice espérance ne l'a jamais entièrement abandonné. Etranger aux travaux et aux agitations de la société, le vieillard n'attend plus que la fin de sa journée, et vit de ce qu'il a lentement amassé, ou de ce que lui accorde la piété de ses enfants.

Dans le chiffre total de 12,673, on trouve pour la ville de Bar :

				Total.
Enfants de 13 ans et au-dessous....	Garçons, 1605.	Filles,	1636. —	3241.
Adultes de 13 à 18 ans............	—	539.	— 499. —	1038.
Hommes faits et femmes de 18 à 65.	Hommes, 3456.	Femmes,	4229. —	7685.
Vieillards au-dessus de 65 ans.....	—	264.	— 445. —	709.
	Total.....	5864.	— 6809. —	12673.

Faisons toutefois observer que ces tableaux sont dépouillés

sur le recensement officiel de 1846, et que ce recensement laisse beaucoup à désirer. Par exemple, il arrive souvent qu'on n'y indique que la profession du père, et qu'on ne dit rien de celle de ceux de ses enfants qui vivent avec lui. Pourtant, dans les classes ouvrières surtout, le fils ou la fille qui ont 22, 20 et même 18 ans, exercent déjà eux-mêmes un métier ou une profession. Il est à désirer qu'on ne néglige pas ces indications dans les recensements à venir. Quoi qu'il en soit, je prends celui de 1846 tel qu'il est, avec ses imperfections, et j'en extrais la nomenclature suivante :

1. Aubergistes, cabaretiers, cafetiers, restaurateurs, traiteurs, marchands de volailles et de gibier, fruitiers, marchands de vins, brasseurs, distillateurs 436

2. Boulangers, pâtissiers, confiseurs, marchands de meules, meuniers, fariniers, gardes-moulin, marchands de farines............... 245

3. Bouchers, charcutiers, tripiers............................... 141

4. Bottiers, cordonniers, savetiers, tanneurs, corroyeurs, sabottiers, marchands de chaussons, tailleurs d'habits, chapeliers............... 588

5. Maçons, sculpteurs, marchands de marbre, marbriers, fumistes, marchands de cheminées, tuiliers, paveurs........................ 239

6. Charpentiers, couvreurs, scieurs de long, menuisiers, ébénistes, tourneurs, facteurs d'orgues, fabricants de sceaux, tonneliers, vitriers . 705

7. Serruriers, mécaniciens, fondeurs, forgerons, armuriers, couteliers, taillandiers, ferblantiers, lampistes, chaudronniers, fabricants de cardes, cloutiers, épingliers. 329

8. Peintres en bâtiments, plafonneurs, tapissiers 224

9. Carrossiers, charrons, selliers, maréchaux-ferrants, marchands et loueurs de chevaux, voituriers..................................... 163

10. Fabricants, filateurs........ 193

11. Contre-maîtres, ourdisseurs, teinturiers..................... 506

12. Tisserands, fileurs, bobineuses, dévideuses, lameuses, trameuses, ouvrières en corsets...... 2,972

13. Ouvrières, couturières, repasseuses, ravaudeuses, modistes..... 332

14. Jardiniers, vignerons, cultivateurs........ 970

15. Journaliers, manœuvres, lessiveuses, garde-malades.......... 650

16. Domestiques demeurants en ville......................... 125

17. Commerce et industries diverses, banquiers, commissionnaires de roulage; épiciers, chandeliers, huiliers, marchands d'huile, de teintures, de drogues; marchands de bonneterie, de nouveautés, de tissus, de modes, fripiers, marchands de chiffons, faiseurs de bas; orfèvres, bijoutiers, horlogers, barbiers, coiffeurs, parfumeurs, blanchisseurs; entrepreneurs de bains, marchands de meubles, de parapluies, matelassiers, tamisiers, cordiers, éclairage au gaz, marchands de bois à

A reporter............... 8,818

Report............	8,818
brûler, de bois de sciage, doreurs, bimbelottiers, pannetiers, maîtres de forges, mariniers, brûleurs............	1,039
18. Imprimeurs, libraires, papetiers, relieurs............	105
19. Avocats, avoués, huissiers, notaires, médecins, pharmaciens, dentistes, sages-femmes, médecins-vétérinaires............	199
20. Rentiers, pensionnaires, fonctionnaires publics, employés, ministres du culte, professeurs, maîtres de pension, architectes, musiciens, géomètres, écrivains............	2,110
21. Sans profession............	311
	12,582

On s'étonnera peut-être de ne pas trouver d'indigents dans ce recensement général; mais j'ai dépouillé exactement le registre de la population, et je n'ai trouvé indiqués comme indigents dans la colonne d'observations que 53 individus en tout, quoique le nombre de ceux que secourt le bureau de bienfaisance soit beaucoup plus considérable. Ces 53 individus figurent dans le recensement comme étant sans profession : je les ai donc laissés dans cette classe. On remarquera aussi que mon chiffre total est de 12,582, tandis que celui du recensement officiel est de 12,673. J'ai fait le dépouillement avec soin, vérifié plusieurs fois les résultats partiels, et j'ignore d'où peut provenir cette différence, qui est de 91 personnes. Je ne m'y arrête pas; car une si légère différence n'a ici que peu d'importance, et n'est point de nature à altérer d'une manière sensible les résultats généraux et les conséquences qu'on en peut tirer.

Ce chiffre total de 12,582 représente donc ici réunis, sous vingt-et-un articles distincts, tous les habitants de la ville. Mais dans chaque article restent encore mêlés et confondus, et ceux qui exercent un état, métier ou profession, et ceux qui, sans les exercer, doivent cependant vivre du produit de ces professions, états ou métiers. Il faudrait aller plus loin; il serait utile de savoir combien il y en a parmi les premiers qui sont seuls et isolés, combien sont chefs de famille et de ménage, et quel nombre de personnes chacun de ces derniers peut avoir à sa charge. Car un individu isolé, exerçant une industrie, se suffit à lui-même; mais chaque chef de famille a avec lui sa femme, ses enfants, souvent de vieux parents, quelquefois un ou plusieurs domestiques. Sa position uo son travail fait leur position, assure leur subsistance. Cette classification importante se résume dans le tableau suivant :

	Individus isolés se suffisant à eux-mêmes.	Chefs de famille ou de ménage.	Individus faisant partie d'une famille et vivant de la propriété ou du travail d'autrui.	TOTAL GÉNÉRAL.
1. Aubergistes, etc......	7	113	316	436
2. Boulangers, etc......	18	55	172	245
3. Bouchers, etc........	»	34	107	141
4. Bottiers, etc	28	154	406	588
5. Maçons, etc..........	11	60	168	239
6. Charpentiers, etc.....	50	187	468	705
7. Serruriers, etc.......	30	82	217	329
8. Peintres en bâtim., etc.	12	61	151	224
9. Carrossiers, etc......	9	36	118	163
10. Fabricants, etc......	5	48	140	193
11. Contre-maîtres, etc...	30	130	346	506
12. Tisserands, etc......	352	759	1861	2972
13. Ouvrières, etc........	188	60	84	332
14. Jardiniers, etc	45	266	659	970
15. Journaliers, etc......	76	170	404	650
16. Domestiques, etc.....	20	30	75	125
17. Commerce et indust.,etc	46	264	729	1039
18. Imprimeurs, etc......	17	27	61	105
19. Avocats, etc.........	10	47	142	199
20. Rentiers, etc........	397	526	1187	2110
21. Sans profession, etc...	95	81	135	311
Totaux......	1446	3190		12582
Individus exerçant l'état, métier ou profession......	4636			
Individus sans profession ou métier...............			7946	
	12582			

Sur cette population totale de 12,582, les deux tiers environ, 7,946 vivent de la propriété ou du travail d'autrui. Ils se reposent sur les 4,636 autres du soin de pourvoir à leurs besoins, et encore ceux-ci ne concourent pas tous également à cette charge. Nous voyons, en effet, que des 4,636 restants, il y en a 3,190 seulement qui sont chefs de famille: des 1,446 autres, 159 sont chefs de ménage; mais leur ménage ne se compose que d'eux seuls, et les 927 autres sont ou des individus isolés, fonctionnaires publics, rentiers, commis, ou des enfants exerçant déjà un métier et vivant encore dans leurs famille, ou des ouvriers nomades logés soit dans des pensions, soit chez leurs maîtres. Les 3,190 pères de famille sont loin aussi d'être tous dans la même position : les uns n'ont à nourrir de leur travail que leur femme et un ou deux enfants, mais il en est d'autres dont la famille se compose de quatre, cinq, six, dix membres. La condition des uns et celle des autres, même quand ils exercent avec le même succès la même profession, est essentiellement différente. Celui qui est seul ou qui n'a qu'une personne ou deux à sa charge prospère et s'enrichit, celui qui nourrit quatre personnes a de la peine à vivre, celui qui en a six peut-il y suffire? « Il y a des familles, » dit M. Rossi dans son introduction à l'ouvrage de Malthus, » qui, heureuses tant qu'elles ne comptent que deux ou » trois membres, languissent dans l'indigence le jour où huit » ou dix bouches viennent autour de la table commune de- » mander leur part. » Il faudrait donc rechercher dans chaque profession combien chaque chef de famille a d'individus à sa charge. Le tableau suivant donne ce chiffre :

	FAMILLES COMPOSÉES DE												Nombre	Nombre total par profession.
	1 personne	2 p.	3 p.	4 p.	5 p.	6 p.	7 p.	8 p.	9 p.	10 p.	11 p.	15 p.		
1. Aubergistes etc.	7	39	20	23	15	3	7	4	»	1	»	1	120	436
2. Boulangers....	18	11	12	10	10	7	3	2	»	»	»	»	73	245
3. Bouchers.....	»	5	5	9	11	3	1	»	»	»	»	»	34	141
4. Bottiers.......	28	38	49	25	24	10	7	1	»	»	»	»	182	588
5. Maçons.......	11	15	15	11	10	5	3	1	»	»	»	»	71	239
6. Charpentiers..	50	51	63	36	19	9	6	1	»	1	1	»	237	705
7. Serruriers.....	30	21	22	17	12	7	3	»	»	»	»	»	112	329
8. Peintres......	12	15	23	12	6	2	1	2	»	»	»	»	73	224
9. Carrossiers...	9	9	6	7	7	2	2	1	»	1	1	»	45	163
10. Fabricants....	5	9	10	11	14	2	2	»	»	»	»	»	53	193
11. Contre-maîtres.	30	36	35	24	16	13	3	3	»	»	»	»	160	506
12. Tisserands....	352	272	170	141	98	52	14	7	4	1	»	»	1111	2972
13. Ouvrières.....	188	40	17	2	1	»	»	»	»	»	»	»	248	332
14. Jardiniers.....	45	86	72	46	35	16	6	5	»	»	»	»	311	970
15. Journaliers....	76	71	36	26	14	16	5	»	1	1	»	»	246	650
16. Domestiques...	20	6	10	8	5	1	»	»	»	»	»	»	50	125
17. Commerce....	46	70	71	49	37	24	2	4	2	4	1	»	310	1039
18. Imprimeurs...	17	5	13	7	1	1	»	»	»	»	»	»	44	105
19. Avocats.......	10	5	15	10	10	6	»	1	»	»	»	»	57	199
20. Rentiers......	397	206	141	94	41	24	13	3	2	2	»	»	923	2110
21. Sans profession	95	49	20	4	7	»	1	»	»	»	»	»	176	311
Total par classe.	1446	1059	825	572	393	203	79	35	9	11	3	1	4636	12382
Total des individus.	1446	2118	2475	2288	1965	1218	553	280	81	110	33	15		12382

De tels renseignements peuvent n'être point inutiles au conseil municipal. Il est toujours facilement au courant de ce que chaque profession peut rapporter à celui qui l'exerce, et quand le salaire de cette profession diminue ou que le prix des denrées alimentaires augmente, un tableau du genre de celui qui précéde peut l'aider à prévoir à l'avance quelles charges vont peser sur le bureau de bienfaisance, quelles familles vont être réduites à faire des appels à la charité publique. Turgot a dit, en parlant du taux de l'intérêt de l'argent : « On peut » regarder le prix de l'intérêt comme une espèce de niveau » au-dessus duquel tout travail, toute culture, tout commerce » cesse. C'est comme une mer répandue sur une vaste con- » trée... Il suffit que l'eau monte ou s'abaisse d'un pied pour » inonder ou pour rendre à la culture des plages immenses. » J'appliquerais cette frappante image à l'accroissement des familles. Il suffit d'un ou deux membres de plus pour qu'un ménage heureux et aisé devienne gêné et misérable.

J'aurais voulu aussi, et ceci peut-être n'eût point été non plus sans utilité, montrer dans un autre tableau combien de familles sont dans une position aisée, riche, ou même opulente. Sans doute, on ne peut connaître les revenus et les ressources de chacun. Il n'est pas possible de descendre, pour chaque famille, à une investigation à la fois si intime et si difficile. Mais n'y a-t-il pas des signes extérieurs et publics auxquels se reconnaît l'aisance et la richesse? Et quand en Angleterre on frappe d'un impôt celui qui a un domestique, d'un impôt plus élevé celui qui en a deux ou davantage, n'est-ce point parce que le nombre de domestiques est généralement en rapport avec la fortune des individus. Il est bien vrai qu'il y a des professions, celle d'aubergiste par exemple, où les domestiques sont nécessaires, où ils servent d'instruments à une exploitation commerciale; il y a aussi des personnes modestes qui, en se privant de serviteurs, satisfont à leurs goûts de simplicité et de retraite plutôt qu'elles ne cèdent aux nécessités de leur fortune; il en est de fastueuses qui comptent plus de domestiques que leurs revenus ne semblent le comporter; mais en général, et sous le mérite de ces observations, ne peut-on pas dire que le nombre des domestiques est un signe extérieur de l'aisance d'une maison? Dans le tableau qui précède, la colonne 16, destinée aux domestiques, ne contient que 50 individus de cette catégorie. Ceux-là sont ceux qui habitent en ville, qui ne couchent point chez leurs maîtres, qui ont leurs familles au-dehors : il y a même parmi eux quelques-unes de ces ménagères qui vont chaque jour consacrer quelques heures à un ou plusieurs ménages. Toutes n'y figurent pas, car les femmes qui, d'après le tableau de recensement, ne vivent que de la profession de leurs maris, ne restent cependant pas toutes oisives ou ne donnent point toutes leur temps tout entier à leur famille ; il en est beaucoup qui vont dans le voisinage aider chaque jour, pendant une heure ou deux, une mère de famille pour ses ouvrages les plus pénibles ou ses courses du dehors. Les tables de la population ne donnent aucune indication sur le nombre de celles qui sont ainsi femmes de ménage constamment ou temporairement. Je n'entends donc parler ici que des domestiques attachés au service exclusif d'une maison. On comprend que celui-là n'est pas riche qui se contente de quelques heures d'une femme de ménage ; mais il faut jouir déjà de quelque aisance pour prendre à perpétuelle demeure un domestique qu'on loge, qu'on nourrit et qu'on paie. La ville compte 3,190 ménages composés de plus d'une personne, 434 seulement de ces ménages ont des domestiques de cette catégorie. Ces domestiques sont au nombre de 595. Et on peut voir par le tableau ci-contre comment ce nombre se répartit entre les diverses professions, et dans ces professions mêmes entre les familles :

(Suit le Tableau.)

	Chefs d'un ménage composé de plus d'une personne.	NOMBRE DES FAMILLES QUI ONT									Nombre total des domestiques.
		1 domestique.	2 d.	3 d.	4 d.	5 d.	6 d.	7 d.	8 d.	9 d.	
1. Aubergistes, etc......	113	20	9	1	2	»	1	»	»	1	64
2. Boulangers, etc......	55	8	3	»	»	»	»	»	»	»	14
3. Bouchers, etc	34	4	1	»	»	»	»	»	»	»	6
4. Bottiers, etc.........	154	8	»	»	»	»	»	»	»	»	8
5. Maçons, etc.........	60	3	»	»	»	»	»	»	»	»	3
6. Charpentiers, etc....	187	1	»	»	»	»	»	»	»	»	1
7. Serruriers, etc......	82	2	»	»	»	»	»	»	»	»	2
8. Peintres, etc........	61	»	»	»	»	»	»	»	»	»	»
9. Carrossiers, etc	36	3	»	1	»	»	»	»	»	»	6
10. Fabricants, etc......	48	24	5	»	1	»	»	»	»	»	38
11. Contre-maîtres, etc..	130	1	»	»	»	»	»	»	»	»	1
12. Tisserands, etc......	759	»	»	»	»	»	»	»	»	»	»
13. Ouvrières, etc.......	60	»	»	»	»	»	»	»	»	»	»
14. Jardiniers, etc.	266	5	6	»	»	»	»	»	»	»	17
15. Journaliers, etc.	170	»	»	»	»	»	»	»	»	»	»
16. Domestiques, etc.....	30	»	»	»	»	»	»	»	»	»	»
17. Commerce, etc.	264	49	5	1	»	1	1	»	»	»	73
18. Imprimeurs, etc......	27	4	»	»	»	»	»	»	»	»	4
19. Avocats, etc.........	47	31	4	»	»	»	»	»	»	»	39
20. Rentiers, etc........	526	169	44	8	2	2	2	»	1	»	319
21. Sans profession......	81	»	»	»	»	»	»	»	»	»	»
	3190	332	77	11	5	3	4	»	1	1	595

Ce tableau n'a pas besoin de commentaires : quand on voit que 6 ménages sur 7 n'ont pas besoin de domestiques, quand on voit que 77 ménages seulement en ont 2, et que de ces 77 ménages 20 au moins n'ont ce nombre de serviteurs que pour les besoins de leur commerce ou de leur industrie; quand on compte à peine quelques familles qui aient plus de deux domestiques, on comprend que la ville ne renferme point de maisons opulentes, que la richesse y est rare et la grande aisance même peu commune.

Cette population fixe et établie n'est point la seule dont l'administrateur doive s'occuper. Il y a une population nomade et flottante qui ne fait que toucher la ville et qui peuple les auberges. Le mouvement qui l'amène et qui l'emporte, le séjour qu'elle fait, nécessitent des mesures de voirie et de police. Il faut donc que l'administrateur sache que chaque jour deux malles-poste, six voitures des messageries nationales et générales, deux voitures des maîtres de poste, deux diligences accélérées de Nancy à Châlons traversent la ville : que tous les jours arrivent et repartent deux voitures de Ligny, deux de Revigny, une de Neufchâteau, une de Clermont, une de Vitry, une de Saint-Dizier, une de Saint-Mihiel, une de Montiers-sur-Saulx; tous les deux jours une de Commercy, une de Saint-Mihiel, une de Metz; une fois par semaine une de Beauzée, et à des jours non réguliers une de Stainville. Ces voitures contiennent ensemble plus de 160 places.

§. 5. *Contributions*. On peut contester l'importance ou l'utilité des données statistiques qui précèdent : mais au moins tout le monde conviendra que tous ceux qui, à quelque degré que ce soit, prennent part à la gestion des affaires municipales, doivent faire des contributions publiques l'objet de leur attention sérieuse et soutenue, et ne rien ignorer de ce qui concerne leur assiette et leur répartition; il faut qu'ils sachent au juste quelle charge elles font peser sur la population. Ce n'est pas que je veuille dire que les contributions représentent d'une manière complète ou même approximative la fortune des habitants; ce n'est plus ce résultat que je poursuis. On n'arriverait, du reste, par ce moyen, à connaître que ce que les citoyens possèdent sur le territoire même de la ville. En-dehors de ce territoire, sur les territoires circonvoisins, dans le département et au-dehors, beaucoup possèdent des propriétés immobilières, d'autres ont des rentes sur l'Etat, des actions industrielles, des capitaux qu'ils font valoir ou qu'ils placent; il en est qui reçoivent des traitements ou des salaires de l'Etat, de compagnies, de particuliers, qui tirent des profits de leur travail ou de leur industrie. Mais l'autorité municipale n'a rien à voir dans cette partie de la fortune des habitants, et les centimes que le conseil a le droit de voter en certains cas ne peuvent l'atteindre. Ce n'est donc là pour l'administration un objet d'études, que dans les cas assez rares où il faut faire un appel à la charité ou à la bienfaisance publiques, former des associations ou des souscriptions volontaires. Et dans de tels cas, des notions parfaitement justes seraient encore de peu d'utilité, car personne ne peut être alors tenu de donner ou de souscrire dans la proportion exacte de sa fortune ou de ses ressources. Il en est autrement des contributions et des centimes additionnels qui peuvent venir les accroître. Ces centimes s'ajoutent à l'une ou à l'autre des contributions directes. Il est donc non pas simplement utile, mais il devient vraiment nécessaire de savoir quelles sont ces contributions, sur quelles bases elles s'établissent, à combien elles s'élèvent tant en principal qu'en centimes additionnels.

Les contributions directes sont au nombre de cinq : la contribution foncière, la contribution personnelle, la contribution mobilière, la contribution des portes et fenêtres, et la contribution des patentes. La contribution personnelle se joint à la contribution mobilière : de ces deux contributions on n'en fait qu'une, sous le nom de personnelle et mobilière, et on ne compte que quatre contributions directes. Les trois premières sont des impôts de répartition, la contribution des patentes seule est un impôt de quotité. Dans l'exposé des motifs qui a précédé la loi des recettes de 1831, M. Lafitte a parfaitement exposé les différences qui existent entre ces deux sortes d'impôts.

« Dans l'impôt de répartition, disait-il à la chambre des
» députés le 15 novembre 1830, l'autorité législative fixe
» d'avance la somme exigible, et la répartit ensuite entre les
» départements. L'autorité départementale répartit à son tour
» le contingent qui lui est échu entre les arrondissements,
» l'autorité d'arrondissement entre les communes, et l'autorité
» communale entre les individus.

» Dans l'impôt de quotité, au contraire, les contingents ne

» sont point déterminés d'avance, pour les diverses circons-
» criptions territoriales, par les autorités immédiatement
» supérieures. Les agents du fisc s'adressent immédiatement
» aux individus, et leur demandent la contribution qui leur
» est imposée par les conditions de la loi.

» Le caractère de ces deux modes est facile à saisir; l'impôt
» de répartition est un abonnement avec les localités; on
» traite à forfait avec elles, en leur laissant le soin de répar-
» tir comme elles l'entendent la somme qu'on leur demande;
» naturellement l'autorité qui abonne fait un sacrifice de la
» quantité du produit en faveur de la certitude de sa rentrée.
» L'impôt de quotité est l'opposé du précédent; loin d'abon-
» ner, le gouvernement, dans ce cas, assied et lève l'impôt
» lui-même, il a les avantages de la plus-value, et court les
» chances de la perception. »

Contribution foncière. Il n'est point de mon sujet d'exposer sur quelle base l'autorité législative a fait à diverses époques la répartition de la contribution foncière entre les départements. Cette répartition était entachée, à l'origine, d'inégalités qu'il n'y aurait point exagération de langage à qualifier de révoltantes. Jusqu'ici les pouvoirs publics n'ont point fait d'efforts assez persévérants pour arriver à établir l'égalité proportionnelle entre tous les départements. Des dégrèvements partiels ont seulement fait disparaître ce que ces inégalités avaient de plus choquant. Il reste encore beaucoup à faire, puisque la loi du 31 juillet 1821, qui fixe par département la proportion du revenu à l'impôt, et dont les chiffres ont servi depuis lors de base aux contingents départementaux, constate que cette proportion, entre le revenu et l'impôt foncier de chaque département, varie depuis $1/8^e$ jusqu'à $1/17^e$. Ainsi, le département de la Seine paie en contribution foncière $1/8^e$ de son revenu foncier; la Meuse $1/9^e$ 50 c.; cinquante-six départements sont dans une position meilleure que la Meuse. Dix-huit de ceux-ci ne paient que $1/10^e$, et des trente-quatre autres, je ne citerai que la Meurthe, qui ne paie que $1/10^e$ 70 c., et les Basses-Pyrénées que $1/17^e$ 69 c. Aucun dégrèvement n'est venu depuis 1821 atténuer ces inégalités, et le contingent n'a varié que par l'effet des lois des 3 frimaire an VII, et 17 août 1835. D'après la loi du 3 frimaire an VII, les rues, places publiques, grandes routes, rivières, ne sont point imposables; la même exception a été appliquée aux bois et forêts de l'Etat par la loi du 19 ventôse an IX. Mais si ces bois sont vendus, si ces immeubles changent de destination et deviennent la propriété de particuliers, le contingent s'accroît d'autant; il décroît au contraire si des propriétés privées perdent leur qualité et passent dans le domaine public pour devenir rues, routes ou places, etc. — Quant à la loi du 17 août 1835, elle a ordonné qu'à partir de 1836 le contingent serait augmenté de la valeur de toutes les propriétés construites ou reconstruites, et dégrevé de la valeur de toutes les propriétés détruites ou démolies. Le contingent du département de la Meuse, variant sous l'action de ces deux causes réunies, était :

Pour 1822, de............	1,505,404 »
Pour 1831, de............	1,514,992 »
Pour 1836, de............	1,522,676 »
Et a été pour 1846, de............	1,535,915 »

La nouvelle répartition de la contribution foncière entre les départements, opérée par la loi du 31 juillet, fut basée sur les résultats déjà obtenus par le cadastre, sur les notions fournies par la comparaison des baux et des ventes faites dans diverses localités, et enfin sur tous les autres renseignements que possédait l'administration. Le travail fut fait par les seuls commissaires et agents du gouvernement. (Loi du 15 mai 1818, art. 38.)

La loi de 1821, en consacrant cette répartition, ordonna en même temps (art. 19), que les mêmes bases seraient appliquées aux communes et aux arrondissements pour parvenir à l'évaluation des revenus imposables des départements. Les contribuables furent appelés à prendre part à ce travail; la direction des contributions fit le relevé des baux et actes de vente; l'inspecteur et les contrôleurs soumirent ces résultats à une assemblée cantonale composée du maire et d'un propriétaire de chaque commune, nommé par le conseil municipal. Cette assemblée fit connaître les modifications et les changements dont le travail lui parut susceptible. (Ordonnance du 3 octobre 1821, art. 2 et 3.) Quand ces opérations furent terminées dans tous les cantons, une commission, nommée par le roi sur la présentation du préfet, et composée de trois membres du conseil général, de deux membres du conseil de chaque arrondissement, et d'un notaire pris dans chaque arrondissement, assistée du directeur des contributions, dressa le tableau des évaluations des revenus imposables de toutes les communes du département. (Même ordonnance, art. 4 et 5). Le tableau de la répartition faite par la commission spéciale, et tous les renseignements à l'appui, furent remis par le préfet au conseil général du département qui arrêta la répartition définitive entre les arrondissements et les communes. (Même ordonnance, art. 6. — Ordonnance du 16 juillet 1826.) Dans le département de la Meuse, ce travail complet de la sous-répartition a été terminé en 1828. Et qu'il me soit permis ici, par une exception à la loi que je me suis faite de ne prononcer aucun nom propre dans cet écrit, de payer mon tribut de reconnaissance et de regrets à la mémoire de deux excellents citoyens, MM. Moreau-Sainsère et Prieur de Lacomble, qui ont commencé cet important travail, et l'ont dirigé, suivi et mené à fin, avec une sagesse, une conscience, une impartialité qu'on ne saurait assez louer.

Le contingent foncier du département de la Meuse pour 1846, fixé par l'autorité législative sur les bases de la loi de 1821, s'élevait à 1,535,915 fr. en principal. Le conseil général du département, qui a mission de faire la répartition de ce contingent entre les arrondissements, l'a fait, en suivant les bases de la sous-répartition de 1828, et a attribué à l'arrondissement de Bar 350,625 fr. A son tour, le conseil de l'arrondissement de Bar-le-Duc, chargé de faire la répartition de ce contingent entre les communes de l'arrondissement, et opérant aussi sur les bases de la sous-répartition de 1828, a, dans ce contingent de 350,625 fr., attribué à la ville de Bar-le-Duc une contribution foncière de 29,962 fr. en principal. Restait à la ville à faire la répartition de cette somme entre les propriétaires fonciers de la commune, et à établir les cotes individuelles de chacun.

Cette répartition individuelle est faite par égalité proportionnelle entre toutes les propriétés foncières, à raison de leur revenu net imposable. Le revenu net des terres est ce qui reste au propriétaire, déduction faite sur le produit brut des frais de culture, semence, récolte, entretien et transport des denrées au marché. Le revenu imposable est le revenu net calculé sur un nombre d'années déterminé. (Loi du 3 frimaire an VII, art. 2, 3 et 4.) Ce revenu imposable est déterminé à l'avance et porté à la matrice cadastrale. Pour y arriver, le cadastre a commencé par préciser la nature et l'étendue de chaque parcelle située sur le territoire de la commune. Le conseil municipal a nommé dix classificateurs, dont six, habitant la commune, et quatre forains. Ceux-ci, au nombre de cinq au moins, assistés du contrôleur des contributions, auquel le conseil municipal peut faire adjoindre un expert, que le préfet nomme, déterminent en combien de classes chaque nature de propriété doit être divisée, indiquent les parcelles qui doivent servir de type pour chacune des classes de chaque nature de propriété, établissent le revenu de chaque nature de culture et de chaque classe, en prenant pour base de leur estimation le terme moyen par hectare du produit net des parcelles-types. Ils distribuent ensuite chaque parcelle de propriété dans les classes, et s'assurent, par la ventilation d'un certain nombre de domaines, de l'exactitude du classement et de la proportionnalité des évaluations. Cette classification reste affichée dans la commune durant quinze jours, pendant lesquels les propriétaires sont admis à faire toutes observations sur son contenu ; elle est ensuite soumise au conseil municipal qui, après s'être adjoint les plus imposés à la contribution foncière, en nombre égal à celui des membres du conseil, s'assemble en présence de l'inspecteur des contributions, et règle le tarif des évaluations, s'attachant avant tout à établir le plus juste rapport entre les diverses natures de culture, et procédant ensuite à la fixation proportionnelle du prix des classes de chaque nature de culture.

Le préfet, sur le rapport du directeur des contributions et après avoir pris l'avis du conseil de préfecture, approuve ou modifie ce tarif des évaluations, tarif qui, définitivement arrêté par lui, est appliqué au classement. Je suis entré dans ces détails pour faire voir comment chaque cote individuelle est établie, les garanties de justice et d'exactitude que présente pour le contribuable cette série d'opérations, contre lesquelles d'ailleurs il peut faire valoir ses réclamations à toutes les phases du travail, pour montrer enfin que ce qui importe c'est moins le chiffre du revenu de telle parcelle, que la proportionnalité parfaite de cette parcelle avec les autres, tant pour la répartition des parcelles entre les diverses classes que pour l'évaluation du revenu de chaque classe.

Le revenu imposable foncier de la commune de Bar s'élève, pour les propriétés non bâties, à 55,011 fr. 74 c. — Sans vouloir détailler ici par nature de culture et par classe, dans chaque nature, le revenu imposable, je l'indiquerai seulement pour les vignes, prés, terres, jardins et bâtiments; ce revenu est donné par hectare :

Nature de culture.	1.re classe.	2.e classe.	3.e classe.	4.e classe.	5.e classe.	Total du revenu imposable par nature de culture.
Vignes	107	86	68	49	39	40,930 56
Prés	81	69	42	18	»	4,770 10
Terres	36	24	15	9	3	2,210 68
Jardins	100	80	63	48	36	3,086 41
Sol des bâtiments	36	»	»	»	»	1,115 08

Ces évaluations, données par la matrice cadastrale et portées sur la matrice générale de chaque commune cadastrée, sont invariables et, à moins d'événement de force majeure, ne changent que quand on renouvelle le cadastre. Ainsi le propriétaire peut faire des améliorations sans craindre qu'au fur et à mesure de leur réalisation elles ne deviennent pour lui l'occasion d'une charge nouvelle, et la cause d'une contribution plus élevée.

Quant aux propriétés bâties, elles sont évaluées en deux parties : la superficie est évaluée sur le pied des meilleures terres labourables, et on voit en effet dans le tableau qui précède que le sol des bâtiments est porté par hectare à 36 fr., ce qui est précisément le revenu attribué aux terres de première classe; l'élévation est évaluée d'après la valeur locative, déduction faite de l'estimation de la superficie. Cette valeur locative est calculée sur dix années du loyer, sous la déduction d'un quart, en considération du dépérissement et des frais d'entretien et de réparations. A Bar, le revenu net imposable des propriétés bâties est fixé à 191,783 fr. Réuni au revenu des propriétés non bâties, il donne à la ville pour revenu net imposable foncier la somme totale de 246,794 fr. 74 c.

Lors donc que le maire reçut du préfet le mandement de payer les 29,962 fr. que le conseil d'arrondissement avait attribués à la ville de Bar-le-Duc dans le contingent de l'exercice 1846, il n'eut qu'à faire répartir cette somme sur le revenu imposable au marc le franc. Ce répartement est opéré par la direction des contributions qui reçoit directement du conseil d'arrondissement, par l'intermédiaire du préfet, le chiffre de l'impôt que doit payer chaque commune, tant en principal qu'en centimes additionnels.

Car ces 29,962 fr. n'étaient point la seule charge qui pesât sur le revenu foncier. A ce principal venaient s'adjoindre des centimes additionnels destinés les uns aux dépenses générales de l'Etat, les autres aux dépenses du département de la Meuse, d'autres enfin aux dépenses de la ville elle-même. Ces centimes, qui varient pour chaque exercice, étaient en 1846 au nombre de 69 25, dont 20 pour dépenses générales, 37 25 pour dépenses départementales, et 12 pour dépenses communales.

Les centimes généraux sont votés par l'autorité législative. Dix-huit de ces vingt centimes sont versés au trésor sans affectation spéciale et accroissent la contribution foncière au profit de l'Etat. Des deux autres centimes, l'un constitue un fonds de secours en cas de grêle, incendie, inondation et autres cas fortuits; l'autre sert à couvrir les non-valeurs, les remises et les modérations dans la perception de la contribution. Ces vingt centimes s'élevaient pour la ville de Bar à 5,992 fr. 40 c.

Les centimes départementaux sont votés par l'autorité législative jusqu'à concurrence de 17 : les 20 centimes et quart en sus ont été votés par le conseil général du département. Des 17 centimes imposés par la loi, 10 centimes constituent un fonds applicable aux dépenses ordinaires des départements, fixes ou communes.

Les dépenses fixes comprennent : les traitements des préfets, sous-préfets, conseillers de préfecture, et l'abonnement pour dépenses administratives des préfectures et sous-préfectures. Les dépenses communes sont celles : des maisons centrales de détention et des condamnés à un an et plus d'emprisonnement pour tout le temps qu'ils séjournent dans les prisons départementales ; de l'entretien des bâtiments et du mobilier de ces maisons ; des constructions et grosses réparations aux bâtiments de la cour d'appel ; des établissements thermaux et sanitaires qui sont sous la surveillance ministérielle.

Les 7 centimes restants forment un fonds commun que le ministre de l'intérieur répartit entre les départements. « Le » principe sur lequel repose la création du fonds commun est » éminemment social, dit une instruction ministérielle de » 1832. Il est en effet de la sagesse et de la justice du gouver- » nement de ne pas considérer les départements comme ayant » des intérêts isolés, mais de voir l'association tout entière et » de prêter son appui aux parties faibles. » Ce fonds commun est destiné à faire face à partie des dépenses ordinaires et facultatives des départements : 6 centimes 4/10.es sont applicables aux dépenses ordinaires, et 6/10.es de centime seulement aux dépenses facultatives.

Les dépenses ordinaires sont principalement :

Les réparations et entretien des bâtiments des préfectures, sous-préfectures, tribunaux, prisons, maisons de sûreté, casernes de gendarmerie; les loyers, contributions, entretien et renouvellement de mobilier de ces établissements; les dépenses de la cour d'assises, des tribunaux, la nourriture et l'entretien des prisonniers; l'entretien des aliénés, des enfants trouvés et abandonnés; les travaux des routes départementales; les frais d'impression, des budgets et comptes départementaux, la conservation des archives, les frais des listes électorales et du jury, et ceux relatifs aux mesures qui ont pour objet d'arrêter les épidémies et les épizooties.

Les dépenses facultatives sont toutes celles que les conseils généraux ont le droit de voter d'après les lois. Elles portent principalement sur les acquisitions d'immeubles départementaux, les travaux d'amélioration des routes départementales, les encouragements à l'agriculture et aux beaux-arts, les bourses créées dans les écoles d'arts-et-métiers, de sourds-muets, de jeunes aveugles, et les secours accordés à des institutions utiles, à d'anciens employés du département ou à leurs veuves.

Ces 17 centimes départementaux qui sont votés par l'autorité législative sont centralisés au trésor public, où ils sont tenus à la disposition du ministre de l'intérieur qui expédie des ordonnances de paiement au nom des préfets : la ville de Bar a payé en 1846, pour ces 17 centimes, 5,093 fr. 54 c.

Les autres 20 centimes 1/4 départementaux sont votés par le conseil général du département. Ils se décomposent en cinq articles :

1. 5 centimes applicables aux dépenses facultatives d'utilité départementale.

2. 5 centimes dont l'imposition avait été autorisée par la loi du 3 août 1844 et qui étaient employés à terminer les lacunes des routes départementales et à faire de grosses réparations à ces routes.

3. 2 centimes pour les dépenses ordinaires de l'instruction primaire.

4. 5 centimes pour les dépenses ordinaires des chemins vicinaux.

5. 3 centimes 25 centièmes pour les dépenses du cadastre.

Ces 20 c. 25 s'élevaient, pour la ville de Bar, à 6,125 fr. 95 c., les 37 c. 1/4 départementaux réunis se montaient donc à 11,219 fr. 49 c.

Quant aux centimes communaux que vote le conseil municipal, ils ont été en 1846 de 12, dont 5 applicables aux dépenses ordinaires de la commune, 3 aux dépenses de l'instruction primaire, et 4 aux dépenses des chemins vicinaux. Leur produit était de 3,595 fr. 44 c. à quoi il faut ajouter 46 fr. 92 c. payés par les bois du domaine pour l'entretien des chemins vicinaux, et 109 fr. 27 c. pour frais de perception de ces centimes communaux, à raison de 3 centimes par franc, ce qui élève la somme à 3,751 fr. 63 c.

En sorte qu'en 1846 le revenu net imposable foncier de la ville de Bar a eu à supporter une contribution, savoir :

1.º Pour le principal, de.................	29,962 »
2.º Pour les 20 c. généraux, de	5,992 40
3.º Pour les 37 c. 25 départementaux, de....	11,219 49
4.º Enfin pour les 12 c. communaux, de.....	3,751 63
Ensemble......	50,925 52

Le nombre des contribuables qui ont acquitté cet impôt foncier était de 2,110. Je ne pourrais pas dire ce que payait chaque contribuable, je n'ai point fait ce classement pour 1846. Mais un travail sorti de la direction des contributions directes en 1842 y suppléera. Le 11 octobre 1842, la direction a établi qu'il y avait à Bar, en 1842, 2,078 citoyens soumis à l'impôt foncier ; que parmi eux on en comptait :

Payant moins de 5 francs......	679
Payant de 5 à 10 fr........... .	368
— de 10 à 20...............	363
— de 20 à 30........... . ..	199
— de 30 à 50.............	227
— de 50 à 100............	153
— de 100 à 300......	81
— de 300 à 500............	5
— de 500 à 1,000..........	3
	2078

En 1846 il y avait 32 imposés de plus qu'en 1842. Mais ce n'est point une si faible augmentation qui a pu changer beaucoup le rapport entre les diverses classes d'imposés établies dans ce tableau de 1842.

Contribution personnelle et mobilière. Voilà pour la contribution foncière. Les développements dans lesquels je suis entré à cet égard me dispenseront de donner pour chacune des autres contributions des détails aussi étendus. J'ai dit que l'on réunissait la contribution personnelle à la contribution mobilière et qu'on n'en faisait qu'un seul impôt désigné sous le nom de contribution personnelle et mobilière. La répartition de la contribution mobilière n'avait point été faite dans l'origine proportionnellement aux forces contributives de chaque département, et on y retrouvait les mêmes inégalités que dans la répartition de la contribution foncière. Ainsi l'Aube payait 1/9 79 c. du montant de ses valeurs locatives, la Meuse 1/15 53 c. et Vaucluse 1/28 22 c. Cinquante-un départements payaient plus que la Meuse et moins que l'Aube, et 31 payaient moins que la Meuse et plus que Vaucluse. En 1831 on dégreva la contribution mobilière au profit des 52 départements les plus surchargés : ils furent tous également ramenés à 1/15 29 c. du montant de leurs valeurs locatives. La Meuse et les 32 départements qui étaient plus favorisés que la Meuse conservèrent leur ancienne proportion qui varie, comme je l'ai dit, de 1/15 53 c. à 1/28 22 c.

A ce moment, la contribution mobilière était séparée de la contribution personnelle; on les réunit en 1832, et on en fit la répartition entre les départements; cette répartition, d'après la loi du 21 avril 1832, fut opérée sur les bases suivantes : un tiers au centime le franc du montant de la contribution personnelle de 1831; un tiers d'après les contingents mobiliers de 1830; un tiers enfin d'après les valeurs locatives d'habitation que l'administration avait fait constater avec beaucoup de soin. Cette combinaison parut être la meilleure, celle qui atteignait davantage les inégalités anciennes et qui approchait le plus de la vérité. Le total de cet impôt se montant à 34,000,000 fr. fut donc réparti de cette manière entre les départements ; le contingent de la Meuse fut fixé à 296,709 fr. Il est resté le même jusqu'en 1846; mais à partir de l'exercice 1847, et en vertu de la loi du 4 août 1844, il a été augmenté et diminué en proportion des valeurs locatives des maisons construites ou démolies; dans la Meuse il a été, pour 1847, de 298,992 fr., et, pour 1848, de 301,280 fr. Le contingent assigné au département est ensuite réparti entre les arrondissements par le conseil général, et entre les communes par les conseils d'arrondissement, d'après le nombre des contribuables passibles de la taxe personnelle et d'après les valeurs locatives d'habitation. (Loi du 23 juillet 1820, art. 27 et 29.)

Les conseils sont éclairés dans leur travail par un tableau qui contient ces renseignements et qui est dressé par le directeur des contributions directes. (Loi du 21 avril 1832, art. 11.)

La direction des contributions elle-même a senti qu'elle n'arriverait à proposer une sous-répartition équitable de la contribution mobilière qu'autant qu'elle aurait des éléments d'appréciation exacts. Elle a réuni tous ces éléments dans un travail d'ensemble qu'elle a fait exécuter en 1838 par les contrôleurs et qui depuis a servi de base à la sous-répartition. Pour ce travail on a choisi dans la circonscription de chaque contrôleur des communes qui se trouvassent dans la même position, dont la condition fût en tout pareille. Dans ces communes assimilées, les valeurs locatives ont été évaluées au même taux. On a ensuite établi un classement proportionnel entre ces communes et toutes celles qui appartenaient à la même circonscription. On est arrivé ainsi à l'égalité proportionnelle entre toutes les circonscriptions et par suite entre toutes les communes du département.

Dans le contingent départemental de la contribution personnelle et mobilière pour 1846, qui se montait à 296,709 fr., le conseil général a attribué à l'arrondissement de Bar-le-Duc 81,104 fr., et dans ces 81,104 fr. le conseil d'arrondissement a attribué à la ville de Bar 15,960 fr.

Quant à la répartition de ces 15,960 fr. entre les contribuables de la ville, elle se fait d'abord sur la contribution personnelle, ensuite sur les valeurs locatives d'habitation. La contribution personnelle est due par chaque habitant de tout sexe, domicilié dans la commune, jouissant de ses droits et non réputé indigent. (Lois des 3 nivôse an VIII, art. 20, et 21 avril 1832, art. 12.) Le maire, un adjoint et cinq commissaires répartiteurs nommés par le préfet et assistés du contrôleur des contributions, dressent la matrice contenant les noms de tous ceux qui doivent être assujettis à la taxe personnelle. Cette taxe se compose de la valeur de trois journées de travail. C'est le conseil général qui détermine le prix moyen de la journée de travail dans chaque commune sans pouvoir néanmoins le fixer au-dessous de 0,50 c. ni au-dessus de 1 fr. 50 c. (Loi du 23 juillet 1820, art. 25.) En 1846, le conseil général a fixé ce prix à 80 centimes dans les villes de Bar, Verdun et Saint-Mihiel, à 70 centimes dans les autres villes du département, et à 60 centimes dans toutes les autres communes. A Bar, la taxe personnelle était donc en

1846 de 2 fr. 40 c. Le nombre des contribuables étant de 2,517, cette taxe produisait 6,040 fr. 80 c. Il restait 9,919 fr. 20 c. à répartir sur la contribution mobilière.

Ce sont également le maire, l'adjoint et les répartiteurs, assistés du contrôleur des contributions, qui dressent la matrice de cette contribution. Ils y portent tous les habitants français et étrangers de tout sexe jouissant de leurs droits et non réputés indigents. (Loi du 21 avril 1832, art. 12.) Elle est due dans toutes les communes où on a une habitation meublée, et suivant la valeur locative des bâtiments affectés à l'habitation personnelle. A Bar, en 1846, le nombre des habitants portés sur la matrice était de 2111, et la valeur locative des bâtiments affectés à leur habitation personnelle était évaluée à 238,848 fr. C'est sur le montant de cette évaluation qu'ont été répartis les 9,919 fr. 20 c. restant à payer sur les 15,960 fr. du contingent de la ville, après la déduction des 6,040 fr. 80 c. produits par la taxe personnelle.

Mais la contribution mobilière a de plus à supporter tous les centimes généraux et particuliers ajoutés au principal de la contribution personnelle et mobilière de la commune; la taxe personnelle n'est imposée qu'en principal seulement. (Loi du 21 avril 1832, art. 19.) Ces centimes se sont élevés pour 1846 à 66, savoir : 20 centimes généraux, 34 centimes départementaux, et 12 centimes communaux. Comme on le voit, ce nombre de centimes est inférieur de 3 c. 25 à celui des centimes imposés à la contribution foncière. Ces 3 c. 25 sont ceux que le revenu foncier supportait pour les dépenses du cadastre. A l'exception des centimes du cadastre, la contribution personnelle et mobilière en supportait autant que la contribution foncière, par les mêmes motifs et pour les mêmes affectations.

En sorte qu'en 1846 la contribution personnelle
de la ville de Bar a produit.................... 6,040 80
Et les valeurs locatives des habitations personnelles ont supporté une contribution, savoir :

1° Pour le principal, de...................... 9,919 20
2° Pour les 20 centimes généraux, de........ 3,192 »
3° Pour les 34 centimes départementaux, de... 5,426 40
4° Enfin, pour les 12 centimes communaux, de. 1,972 66

   Ensemble.............. 26,551 06
   A reporter........... 26,551 06

Report............ 26,551 06

Il faut encore remarquer que, chaque année, parmi les citoyens qui ont été imposés à la contribution mobilière, les uns meurent, les autres quittent la ville, d'autres sont trop imposés. Ce sont autant de causes de réduction. Mais ces réductions ne peuvent affecter le contingent, puisque ce contingent est un abonnement fixe entre l'Etat et la ville. Il faut donc réimposer pour l'année suivante ce qui a été réduit sur l'année qui précédait. L'Etat touche ainsi le contingent fixé, et les habitants ne sont pas surchargés : ils paient seulement dans une année postérieure ce qu'ils auraient dû payer précédemment. Le montant des réimpositions de 1846 a été de.................. 321 78

Total général de la contribution personnelle et mobilière pour 1846 .... 26,872 84

La cote mobilière se réglant sur la valeur du loyer, ces loyers se divisaient comme suit :

De 50 francs et au-dessous.........	1087.
De 50 à 100 fr..................	439.
De 100 à 200 fr..................	303.
De 200 à 300 fr..................	99.
De 300 à 400 fr..................	73.
De 400 à 500 fr..................	35.
De 500 à 600 fr..................	25.
De 600 à 700 fr..................	16.
De 700 à 800 fr..................	14.
De 800 à 900 fr..................	4.
De 900 à 1000 fr..................	4.
De 1000 à 1100 fr..................	3.
De 1100 à 1200 fr..................	6.
Au-dessus de 1200 fr..................	3.
Total égal au nombre des imposés.	2111.

Contribution des portes et fenêtres. La contribution des portes et fenêtres est, comme les contributions précédentes, un impôt de répartition. La loi du 21 avril 1832 a fixé à 22,000,000 le chiffre de cet impôt, qui depuis n'a varié que dans la proportion des propriétés postérieurement construites ou démolies. En 1832, le contingent du département de la Meuse était de 173,500 fr.; il était de 174,067 fr. pour l'exercice 1837; de

176,652 fr. pour l'exercice 1841; et enfin de 176,303 fr. pour 1846. — Dans ces 176,303 fr., le conseil général a attribué à l'arrondissement de Bar 52,849 fr.; et, dans ces 52,849, le conseil d'arrondissement a attribué à la ville de Bar 18,075 fr.

Le contingent voté par l'autorité législative est donc réparti entre les arrondissements par le conseil général et entre les communes par les conseils d'arrondissement. Mais cette répartition n'est point arbitraire; elle est faite d'après le nombre des ouvertures imposables et conformément au tarif arrêté par la loi du 21 avril 1832, sauf les modifications proportionnelles que subit ce tarif pour remplir les contingents. D'après ce tarif, les ouvertures ne sont pas imposées partout au même taux; l'impôt varie suivant la population des villes et des communes, et dans chaque commune il varie encore suivant le nombre et l'importance des ouvertures. Ainsi, à Bar, on paie plus que le double de ce qu'on paie dans les communes de 5,000 âmes et au-dessous, et plus de moitié moins de ce qu'on paie dans les villes de 100,000 âmes et au-dessus : de plus, voici la proportion progressive établie entre les diverses maisons :

Maisons à 1 ouverture	0 50
— à 2 ouvertures	0 80
— à 3 ouvertures	1 80
— à 4 ouvertures	2 80
— à 5 ouvertures	4 »
Pour les maisons à 6 ouvertures et au-dessus, on paie, par porte cochère	7 40
Fenêtres des rez-de-chaussée, entre-sol, 1.er et 2.e étages (chacune)	» 90
Fenêtres du 3.e étage et des étages supérieurs (chacune)	» 75

Cette taxe ne frappe pas les portes et fenêtres des manufactures. Les propriétaires de celles-ci ne sont taxés que pour les fenêtres de leurs habitations personnelles et de celles de leurs concierges et commis. (Loi du 4 germinal an XI, art. 19.)

Le directeur des contributions remet chaque année aux conseils, pour les aider dans leur répartition, un tableau présentant : 1.º le nombre des ouvertures imposables des différentes classes; 2.º le produit des taxes d'après le tarif; 3.º le projet de la répartition. Dans chaque commune ce sont les commissaires répartiteurs qui rédigent, avec l'assistance du contrôleur des contributions, la matrice de la contribution des portes et fenêtres.

Cette contribution de 18,075 fr., que la ville de Bar avait à payer en 1846 pour sa contribution des portes et fenêtres, s'est accrue de 37 centimes 8/10 additionnels, savoir : centimes généraux, 18 c. 8/10 ; centimes départementaux, 12 ; centimes communaux, 7. — Des 18 c. 8/10 généraux, 15 8/10 sont attribués à l'Etat sans affectation spéciale, et 3 c. affectés aux non-valeurs, dégrèvements, modérations. — Des 12 centimes départementaux, 5 étaient destinés aux lacunes des routes départementales, 2 a l'instruction primaire et 5 aux chemins vicinaux. — Des 7 centimes communaux, 3 étaient affectés à l'instruction primaire et 4 aux chemins vicinaux.

Ainsi, en 1846, la contribution des portes et fenêtres de la ville de Bar s'est élevée :

1.° Pour le principal, à. . . . . 18.075 »
2.° Pour les 18 8/10 centimes généraux, à. 3,398 10
3.° Pour les 12 centimes départementaux, à. . . . 2,169 »
4.° Pour les 7 centimes communaux, à. 1,303 21

Ensemble. 24,945 31

Le nombre des maisons a Bar est de 1800. — Celui des contribuables soumis à l'impôt des portes et fenêtres est de 1469 seulement ; la différence provient de ce qu'il y a des propriétaires qui possèdent plusieurs maisons. Ces maisons se subdivisent comme il suit :

Maisons à 1 ouverture. 1
— à 2 ouvertures. 92
— à 3 ouvertures 227
— à 4 ouvertures. 186
— à 5 ouvertures. 171
— à 6 ouvertures et au-dessus. 1,123

Total 1,800

Le rapport du contingent au tarif légal donnait, en 1846, 79 c. 4457 par franc de la contribution en principal. Ainsi, les maisons à une ouverture, portées au tarif à 0,50 c., n'ont payé en 1846 en principal que 39 c. 7228 ; ce principal, accru des centimes additionnels, s'est élevé à 0,55 centimes.

Au montant en principal et centimes additionnels des trois contributions ci-dessus, foncière, personnelle et mobilière et des portes et fenêtres, il faut ajouter 160 fr. 75 c. pour frais d'avertissement sur 3,215 articles, à raison de 0,05 c. par article.

Contribution des patentes. La contribution des patentes n'est plus, comme les précédentes, un impôt de répartition, c'est un impôt de quotité. L'Etat impose directement chaque patentable : il n'y a plus d'abonnement, par conséquent plus de répartition, plus d'intervention des conseils généraux, des conseils d'arrondissement, des répartiteurs municipaux. Tout se passe entre le contribuable et les agents préposés à l'assiette et à levée de l'impôt.

Tout individu français ou étranger, qui exerce en France un commerce, une industrie, une profession, et qui n'est pas compris dans les exceptions déterminées par la loi du 7 mai 1844, est assujéti à la contribution des patentes. D'après cette loi, qui fait aujourd'hui la règle en cette matière, la contribution des patentes se compose d'un droit fixe et d'un droit proportionnel : le droit fixe est réglé conformément à un tarif contenu dans la loi ; le droit proportionnel est établi sur la valeur locative tant de la maison d'habitation que des magasins, boutiques, usines, ateliers, hangards, remises, chantiers et autres locaux servant à l'exercice des professions imposables ; sauf quelques exceptions, il est fixé au vingtième de cette valeur locative.

La matrice des patentes est dressée chaque année par le contrôleur ; le maire peut l'assister dans cette opération ou s'y faire représenter par un délégué. En cas de dissentiment entre le maire et le contrôleur, en cas de réclamation des patentables dans les vingt jours de la formation de la matrice, la contestation est soumise au préfet sur rapport du directeur des contributions, et si le préfet ne croit pas devoir adopter les propositions du directeur, il en est référé au ministre des finances. — Les rôles des patentes sont rendus exécutoires par les préfets, et le directeur expédie les formules de patente qui sont visées par le maire et revêtues du sceau de la commune. Ces formules de patentes sont délivrées sur des feuilles timbrées de 1 fr. 25 c., ce qui augmente d'autant l'impôt de chaque patentable.

A Bar, pour 1846, l'impôt des patentes a produit, tant en principal que centimes additionnels, 48,769 fr. 89 c. Il a été payé par 870 patentables, qui ont payé pour leurs formules 1,087 fr. 50 c., en sorte que ces 870 patentables ont payé en totalité 49,857 fr. 39 c.

En principal cette contribution s'élevait à............... 36,595 24
Elle s'est accrue des centimes additionnels suivants :
1.º 11 8/10 c. généraux, dont 6 8/10 sans affectation spéciale..... } 4,318 25
 5 c. pour remises, modérations, dégrèvement, non valeurs.
2.º 12 c. départementaux, dont 5 c. pour lacune des routes départles.
 2 c. pour l'instruction primaire... } 4,931 43
 5 c. pour chemins vicinaux.......
3.º 7 c. communaux, dont 3 c. pour l'instruction primaire....... } 2,561 67
 4 c. pour les chemins vicinaux.......
Il faut y ajouter : 1.º les frais de perception à 3 c. par franc.. 76 85
 2.º les trois rôles supplémentaires.......... 784 55
 3.º enfin 852 formules de patente à 1 25.... 1,065 »

Total de la contribution des patentes................. 50,332 99

Et si l'on veut savoir comment cette somme se répartit entre les 870 patentables, on voit que parmi eux il y en a, savoir :

  Payant moins de 15 francs...... 172
  — de 15 à 30 fr............ 204
  — de 30 à 50.............. 192
  — de 50 à 75.............. 132
  — de 75 à 100............. 64
  — de 100 à 150............ 46
  — de 150 à 200............ 28
  — de 200 à 300............ 17
  — de 300 à 500............ 9
  — au-dessus de 500 fr...... 6
    Total 870

Et pour résumer en quelques lignes tout ce long détail sur les contributions, la ville de Bar a eu à payer en 1846, à titre de contributions directes tant en principal que centimes additionnels :

1.º Contribution foncière. — Principal............. 29,962 » } 50,925 52
 Centimes additionnels.. 20,963 52
2.º Person.lle et mobilière. — Principal............. 15,960 »
 Centimes additionnels
 et réimposition....... 10,912 84 } 26,872 84
3.º Portes et fenêtres. — Principal............. 18,075 »
 Centimes additionnels.. 6,870 31 } 24,945 31
4.º Patentes. — Principal............. 36,595 24
 Centimes additionnels et
 rôles supplémentaires.. 12,672 75 } 50,332 99
 Feuilles de patente..... 1,065 »
Les frais d'avertissement se sont élevés à.................... 202 65

    Total général.......... 153,279 31

Sur lesquels il n'est entré dans les caisses de la ville que 9,384 fr. 48 c.

La répartition de ces 153,279 fr. 31 c. sur une population de 12,673 habitants donne en moyenne une contribution de 12 fr. 09 c. par habitant.

M. Horace Say établit (1) que les 408 millions portés au budget de 1846 pour les quatre impôts directs, divisés entre les habitants de la France, donnent, pour chaque individu, une part contributive de 11 fr. 90 c. Nous sommes donc un peu au-dessus de la moyenne.

Quant aux propriétés, elles ont eu à supporter cette contribution dans la proportion suivante :

Le revenu foncier payait... 0 20 c. 104 par franc.
Les valeurs locatives....... 0 08 c. 722 par franc.
Ainsi un hectare de terre de 1.re qualité payait... 7 23
un hectare de vigne de 1.re qualité........ 21 51
un hectare de jardin de 1 re qualité....... 20 10
Celui qui avait un loyer de 100 fr. payait....... 8 72
de 200 .... 17 44 — et ainsi de suite.
Les maisons à une ouverture payaient........... » 55
à deux...................... » 87
à trois...................... 1 96
à quatre.................... 3 06
à cinq...................... 4 37
Dans les maisons à six ouvert.s et au-dessus, chaque porte cochère payait.... 8 09
chaque porte ordinaire ou fenêtre » 98

Tableau général des contributions de 1846. En finissant cet article des contributions, j'en présente les résultats dans le tableau suivant où l'on peut tout embrasser d'un coup-d'œil.

(Suit le Tableau)

(1) Administration de la ville de Paris, chap. 2, p. 17.

COMMUNE DE BAR-LE-DUC.   **RÔLE GÉNÉRAL DES CONTRIBUTIONS FONCIÈRE, PERSONNELLE ET MOBILIÈRE, DES PORTES ET FENÊTRES**
EXERCICE 1846.   **ET DES PATENTES DE L'ANNÉE 1846.** *(Loi du 19 juillet 1845.)*

ÉTAT DES SOMMES IMPOSÉES.

	FONCIÈRE.		PERSON. ET MOB.		PORTES ET FEN.		PATENTES.		TOTAUX.
	Nombre de centimes additionnels	Produit.	Nombre de centimes additionnels	Produit.	Nombre de centimes additionnels	Produit.	Nombre de centimes additionnels	Produit.	
Principal des contributions...............	» »	29962 »	» »	15960 »	» »	18075 »	» »	36595 24	100592 24
Fonds pour dépenses { Centimes additionnels généraux sans affectation spéciale.....	13 »	5393 46	18 »	2872 80	15 8/10	2855 85	6 8/10	4318 23	16900 »
générales. { Fonds de secours, non-valeurs, dégrèvements..........	2 »	599 24	2 »	349 20	5 »	342 23	5 »	» »	»
(Centimes imposés { Fonds applicables aux dépenses ordin.res de chaque départem't.	10 »	5093 54	10 »	2715 20	10 »	» »	» »	» »	78067 »
Fonds { par la loi. { Fonds commun { pour dépenses ordinaires des départements.	6,04 »	» »	6,04 »	» »	» »	» »	» »	» »	
pour dépenses { à répartir { pour dép. ses facultatives d'utilité départ.le.	0,06 »	» »	0,06 »	» »	» »	» »	» »	» »	
générales. { Cent.imes votés { pour dépenses facultatives d'utilité départementale.....	5 »	6423 93	5 »	2715 20	5 »	2169 »	5 »	4951 43	15959 »
par les conseils { pour dépenses extraordinaires. (Loi du 3 août 1844.).....	5 »	» »	5 »	» »	5 »	» »	5 »	» »	
généraux. { pour dépenses ordinaires de l'instructi.n primaire.....	2 »	» »	2 »	» »	2 »	» »	2 »	» »	
{ pour dépenses ordinaires des chemins vicinaux.........	5 »	» »	5 »	» »	5 »	» »	5 »	» »	
{ pour dépenses du cadastre..................	3,25 »	» »	» »	» »	» »	» »	» »	» »	
Centimes votés { pour dépenses ordinaires..................	5 »	4498 10	5 »	798 »	5 »	349 25	» »	4097 86	9987 »
F.nds { par le { pour dépenses de l'instruction primaire..........	» »	898 86	3 »	478 80	3 »	725 »	3 »	1463 81	
pour dépenses { conseil municipal { pour dépenses des chemins vicinaux............	4 »	1198 48	4 »	618 40	4 »	» »	4 »	» »	
communales. { { pour dépenses d's bois du domaine. (4 centimes)......	» »	46 92	» »	» »	» »	» »	» »	» »	
Frais de perception (3 centimes par franc)..............	» »	409 27	» »	57 46	» »	37 96	» »	76 83	
Réimpositions............................	» »	» »	» »	324 78	» »	» »	» »	» »	
Trois rôles supplémentaires des patentes..................	» »	» »	» »	» »	» »	» »	» »	784 55	784 »
852 formules de patentes à 1 fr. 25 c. l'une................	» »	» »	» »	» »	» »	» »	» »	1065 »	1065 »
	69 25	50925 52	66 »	26872 84	37 8/10	24945 34	30 8/10	50352 99	153076 65
Frais d'avertissement à raison de 0,05 c. par article, sur 4,050 articles.........									202 65
TOTAL GÉNÉRAL...........									153279 31

BUDGET.

Maintenant que nous connaissons le territoire, la population qui l'habite, celle qui y passe sans s'y fixer, les contributions qui pèsent sur la terre et sur les habitants, nous allons aborder le budget, c'est-à-dire l'état exact des ressources et des dépenses de la ville. Nous allons ouvrir le livre de recettes et de dépenses, le livre de ménage de cette grande famille que l'on appelle la commune.

Lorsque l'Etat arrête son budget, il commence par régler ses dépenses; il vote tout ce qu'il croit nécessaire à la bonne administration, à la prospérité, à la grandeur du pays. Quand il a ainsi arrêté le budget des dépenses, il crée dans la loi des voies et moyens les ressources destinées à y faire face. Souverains dans le vote des impôts, les pouvoirs législatifs en établissent autant qu'il en faut pour couvrir les dépenses votées. Ils règlent la recette sur la dépense.

C'est l'inverse que font les particuliers; avant de se livrer à des dépenses, il faut de toute nécessité, sous peine de se trouver en face d'un déficit, qu'ils aient des recettes assurées pour y pourvoir. Le père de famille prévoyant, calculant à l'avance le chiffre de son revenu de l'année, ne permet pas à la dépense de dépasser ce chiffre. Il sait bien qu'autrement il arriverait promptement à sa ruine.

Les villes sont condamnées à la même prévoyance que les particuliers. Leurs conseils municipaux ne sont pas libres de voter toutes les dépenses qu'ils croient utiles, et de grever ensuite les citoyens d'impôts égaux à ces dépenses. La loi a eu la sagesse de leur refuser cet immense pouvoir. Elle leur a permis de voter un certain nombre de centimes destinés à des services déterminés, elle les a autorisés à créer des octrois dont les tarifs sont arrêtés par l'autorité supérieure, elle leur a concédé certains droits sur les permis de chasse, le pesage, le mesurage etc., etc.; mais tout cela est limité, défini chaque année par la loi des voies et moyens, par le budget des recettes. Les conseils municipaux ne peuvent aller au-delà. Seulement ils ont à y ajouter le produit annuel des propriétés mobilières et immobilières de la ville.

Nous aurons donc à rechercher successivement quels sont les revenus de la ville de Bar, de quelle source elle les tire, à quel titre elle les perçoit. Nous verrons ensuite quelles charges pèsent sur elle, à quels services elle a à pourvoir, quelle est l'utilité, l'importance de ces services et ce qu'ils coûtent. Delà division de ce travail en deux parties. Dans la première partie on traitera des recettes, dans la seconde des dépenses.

PREMIÈRE PARTIE. — *RECETTES.*

Le budget contient deux chapitres de recettes : l'un consacré aux recettes ordinaires, l'autre aux recettes extraordinaires. Nous suivrons l'ordre du budget.

CHAPITRE 1.er — Recettes ordinaires.

Le chapitre des recettes ordinaires sera divisé en trois sections. La première renfermera, sous deux articles distincts, ce qui a rapport aux revenus fonciers et mobiliers de la ville ; la seconde sera consacrée aux concessions perpétuelles ou temporaires ; les taxes, les contributions, l'octroi seront l'objet de la troisième section.

PREMIÈRE SECTION. Art 1.er — REVENUS DES IMMEUBLES.

Les propriétés immobilières de la ville de Bar-le-Duc sont, outre les rues, quais, places publiques et ponts, savoir :

A la Ville-Haute, l'église Saint-Etienne ; le presbytère qui en est voisin ; la halle qui renferme, outre le local destiné aux foires et marchés, une école de garçons, une école de filles et une remise pour les pompes ; la salle d'asile de la rue de l'Armurier ; le collége dont la ville possède une petite partie en propriété, le surplus à titre d'usufruitière ou de concessionnaire ; l'ancien hôtel-de-ville où sont placés le musée et la justice de paix ; la tour de l'horloge et la maison du sonneur située au-dessous de cette tour ; la maison Porte-Phulpin, occupée par le sergent-de-ville ; le bureau d'octroi de la Porte-aux-Bois ; la glacière sous le préau découvert de l'école normale ; le pâquis de la Ville-Haute et le jardin situé au-dessous de ce pâquis, sur le chemin de Polva.

A la Ville-Basse, le canal de dérivation de l'Ornain qui traverse la ville de l'est à l'ouest ; les églises Saint-Antoine et Notre-Dame et les deux presbytères qui en dépendent ; la chapelle dédiée à Sainte-Anne et à Sainte-Barbe sur le pont Notre-

Dame; la maison place de la Couronne où sont placés les cours industriels, l'école payante des garçons, et la bibliothèque; la halle aux blés qui renferme l'abattoir et une école de garçons; la maison rue de la Municipalité, où il y a une école de filles et une remise pour les pompes; la salle d'asile rue des Chènevières; l'Hôtel-de-Ville; les bureaux d'octroi du Pont-Neuf et de la côte de Behonne; l'abattoir à porcs; le corps-de-garde de la rue Entre-deux-Ponts; les latrines publiques situées au fond de l'impasse qui est au bas du pont Notre-Dame; le pâquis de la Ville-Basse et le cimetière.

A Marbot, la salle d'école des jeunes enfants.

Hors de la ville, la promenade des Saules; celle qui règne le long de la rivière; le champ de manœuvre où ces deux promenades viennent aboutir; le Mouchoir sur la route de Longeville; les friches près du bois de Maestricht et sur la côte de la Fédération; celles de Parfondeval; et deux carrières de la contenance d'environ trois hectares, sises à droite et à gauche de la route départementale n.° 11 de Bar à Saint-Dizier;

Sur le territoire de Savonnières, section A, n.° 2, un terrain, dit le Charnier, contenant 32 ares 50 centiares.

Enfin, la ville a droit de jouir, moyennant un loyer annuel de 12 francs, d'une chambre à feu et d'un grenier, dans une maison rue des Clouères, près le Moulin-le-Comte, c'est là qu'est placé le bureau d'octroi.

Nous verrons au chapitre des dépenses ce que ces propriétés coûtent à la ville en réparations, frais d'entretien et améliorations; ce qu'elles lui rapportent sera classé ici sous neuf paragraphes.

§. 1. *Champ de manœuvre.* Le pré situé à l'entrée de la promenade des Saules, et qui est d'une contenance d'environ 2 hectares 50 ares, a été acquis pour servir de champ de manœuvre à la garde nationale; mais ces manœuvres n'ont jamais été fréquentes, et on a songé à tirer un revenu de ce terrain, tout en lui conservant sa destination primitive. Il a donc été loué sous la réserve que de juillet à décembre l'adjudicataire serait tenu de le laisser libre pour les exercices : En hiver il n'y a pas de manœuvres, et, dans les premiers mois du printemps, quand elles pourraient empêcher les irrigations ou nuire aux herbes, la garde nationale se réunit au pâquis de la Ville-Basse. Avec ces conditions on a obtenu un fermage annuel de 230 fr.

Il est probable qu'à l'expiration du bail (31 décembre 1852), on obtiendra un revenu plus élevé ; car le pré a été considérablement amélioré. En 1847, on y a établi un atelier de charité qui a enlevé les grèves sur une grande étendue de terrain, et a rapporté à leur place de la terre végétale. Le travail préparatoire fait à cette occasion par le géomètre arpenteur indiquait que les travaux d'amélioration devaient porter sur une superficie de 1 hect. 50 ares, et coûteraient environ 3,200 fr.

On a dépensé plus de 5,000 fr., et l'amélioration n'a été opérée que sur moitié de la superficie indiquée. Ceci est une preuve de plus que les ateliers de charité coûtent beaucoup et produisent peu. Tous ceux qui les ont observés avec quelque attention n'en seront point étonnés. Ils savent que le zèle, l'activité, la soumission aux surveillants, toutes choses sans lesquelles le travail est partout improductif, ne s'y rencontrent que chez quelques rares individus qui, devenus alors l'objet des railleries ou des menaces de leurs compagnons, se laissent bientôt aller à imiter leur insouciance, leur mauvaise volonté, et s'associent à leurs murmures. C'est là, en tout temps et en tous pays, un vice commun à tous les ateliers de charité ; aussi a-t-on cherché à y porter remède. En cette même année, 1847, l'Irlande ayant à nourrir de nombreux ouvriers qui restaient inoccupés et sans ressources, a organisé sur ses routes des ateliers de charité où le travail se payait, non plus à la journée, mais à la tâche. Cette substitution a porté ses fruits. L'ouvrier a repris ses habitudes laborieuses, et le travail a donné des résultats satisfaisants. Chez nous aussi, pour venir en aide aux populations malheureuses, les ingénieurs des ponts-et-chaussées ont fait extraire et casser en régie les pierres destinées aux routes. Les femmes, les enfants, les vieillards pouvaient, comme les hommes faits, se livrer à ce travail, pour lequel chacun recevait un salaire proportionnel à son labeur. Dans son cours d'agriculture (t. 3, p. 36), M. de Gasparin, comparant le travail à la tâche et le travail à la journée, a dit :

« Le travail à la tâche, où l'ouvrier rend une quantité dé-
» terminée d'ouvrage, est celui où il déploie la plus grande
» force et où il met le plus de diligence... Ce mode d'acquisi-
» tion du travail est, sans contredit, le plus avantageux pour
» le maître et pour l'ouvrier robuste et intelligent ; pour le
» maître, qui obtient par une simple inspection faite en fin de

» l'ouvrage, et sans surveillance continue, l'accomplissement
» du travail convenu ; pour l'ouvrier qui conserve ses habi-
» tudes d'activité et qui met à profit toutes ses forces, tandis
» qu'en travaillant à la journée il doit les ménager et se régler
» sur le travail paresseux des ouvriers de qualité inférieure,
» et par conséquent ne reçoit que le salaire de ces derniers.
» Dans le travail à la tâche, le salaire suit la proportion de la
» force et du courage ; il rémunère l'homme selon ses œuvres,
» et ne les confond pas tous dans une moyenne, où celui qui
» met le moins à la masse gagne autant que celui qui met
» beaucoup. »

Nous ne devons oublier ni ces exemples, ni ces paroles, et si nous nous trouvions de nouveau dans la dure nécessité d'organiser des ateliers de charité, il serait sage d'y substituer le travail à la tâche au travail à la journée. Rien ne serait plus facile, puisque le travail que nous aurions à donner ne peut consister qu'à enlever des grèves et à reporter de la terre au champ de manœuvre, à casser des pierres pour nos chemins vicinaux, ou à mettre en culture la vaste étendue des friches de la Fédération.

§ 2. *Halle (Ville-Haute)*. En 1834, cette halle était louée 204 francs par année. Le fermier avait la jouissance de la cour, du local dit les anciennes boucheries et de la remise y attenant, de l'espace qui règne sous les arcades, et de la salle qui existait au-dessus. En 1835, la ville voulant établir à la Ville-Haute deux grandes écoles gratuites, une pour les garçons et l'autre pour les filles, songea à utiliser cette salle du premier étage ; on la partagea en deux ; on construisit deux escaliers, un à chacune des extrémités. L'école des filles fut placée au sud et eut son entrée par la rue de la Halle, et l'école des garçons, installée au nord, prit entrée sur la place de la Halle. Pour compléter la séparation, on établit au milieu de la cour et jusque sous les arcades une palissade fort élevée ; les écoles se trouvent donc en quelque sorte dans deux bâtiments distincts. Cependant on a ménagé dans le milieu de la palissade une large porte à deux battants qui s'ouvrent, soit pour donner passage aux pompes à incendies que renferme une petite remise placée dans la cour même, soit pour faciliter la circulation les jours de foire et de marché.

Le fermier, privé de la jouissance de la grande salle régnant au-dessus des arcades, obtint sur son bail une diminution de 84 fr., et le loyer annuel se trouva réduit à 120 fr.

On a agité dans ces derniers temps la question de savoir si la ville ne devait pas reprendre la jouissance de la halle entière. Les portes pratiquées dans la palissade restent souvent ouvertes, et cette négligence est nuisible aux enfants des deux écoles. Ils peuvent alors se réunir dans la même cour et sous les mêmes arcades; la séparation absolue que l'on avait voulu établir disparaît momentanément. Et puis s'il survient des dégradations, et elles sont fréquentes, le fermier en accuse les enfants, les enfants s'excusent en reportant la faute sur des étrangers qui peuvent circuler librement dans ce terrain ouvert à leur accès, et la ville supporte les dépenses des réparations. Son bail lui profite donc peu, et des considérations tout à la fois morales et matérielles doivent la porter à reprendre l'entière possession de la halle; aux jours de foire la police percevrait le prix des places occupées, conformément au tarif porté dans le bail du fermier, en date du 10 janvier 1844. Ce bail était fait pour trois, six ou neuf années. Il expirera donc ou le 1.er janvier 1850, ou le 1.er janvier 1853.

§ 3. *Glacière*. La glacière a été établie surtout pour les besoins des malades, et accessoirement pour les usages de la table. La ville a d'abord administré elle-même la glacière, elle l'a ensuite louée, elle en a repris l'administration, elle l'a louée une seconde fois, et enfin elle l'a fait rentrer directement dans son service; sans remonter au-delà de 1837, nous voyons que la glacière figurait au compte de la ville :

1837. — En dépenses d'approvisionnement, pour	279	30
En recette brute, pour..............	258	15
1838. — Dépense........................	4	80
Recette brute.....................	136	40

La recette a été grevée, au profit du sergent-de-ville, d'une déduction qui a varié du dixième au cinquième, et qui a été en 1838 du cinquième, ou 27 fr. 28 c.

On fit observer alors que cette comptabilité faite en-dehors de la comptabilité générale, par des agents autres que les préposés ordinaires, n'était point parfaitement régulière; que d'un autre côté le sergent-de-ville, pouvant à toute heure être forcé de délivrer de la glace et de monter à la glacière, ne s'acquitterait peut-être pas des autres obligations de son service avec toute la régularité désirable, et on se mit en mesure d'accepter les offres qui étaient faites à la ville de prendre d'elle la glacière à bail.

Un premier bail fut consenti pour trois années, le 4 janvier 1849, au prix de 100 fr. par an. La ville avait stipulé que la glacière serait tenue en bon état d'approvisionnement, ce que le maire pourrait faire constater par des visites ; — que la glace serait livrée au prix de 0,20 c. le kilogramme, et donnée gratuitement aux indigents malades sur le vu de certificats de médecins ; — qu'en cas d'une maladie épidémique la ville serait maîtresse de reprendre l'administration de la glacière.

Ce bail étant expiré en 1842, et le fermier n'ayant plus offert que 50 fr. de location, il ne fut plus continué. La ville administra par elle-même.

En 1842, elle dépensa pour l'approvisionnement..... 174 45
— et fit une recette brute de.... .... 465 70
En 1843, dépense.. .... 6 50
— recette............... ... . 81 80
En 1844, dépense..... .. .. 300 »
— recette.. .... 400 50

En 1845, de nouvelles propositions de location furent faites et agréées. — Le prix du bail fut élevé à 150 fr. par an et les conditions du premier bail ne furent modifiées qu'en ce que l'adjudicataire dut fournir de la glace aux malades indigents gratuitement, en tout temps et à toute heure, et qu'il put la vendre aux autres personnes 30 c. le kilo.

Ce bail dura deux années. L'hiver de l'une de ces deux années fut peu rigoureux ; on ne mit peut-être pas assez d'activité à approvisionner la glacière, elle fut presque vide ; et, d'un autre côté, la qualité de la glace parut altérée dans la glacière même où on l'employait à la conservation des substances alimentaires. Pour faire cesser ce double inconvénient, et être toujours à même de livrer aux malades de la glace de bonne qualité, la ville reprit de nouveau l'administration de la glacière ; elle jugea que dans l'intérêt de la santé publique on pouvait bien passer sur une forme un peu irrégulière de comptabilité, et risquer de détourner momentanément un sergent-de-ville de ses occupations ordinaires.

On voit, d'après le détail qui précède, qu'il est difficile de fixer exactement le revenu annuel de la glacière ; quand les hivers sont rigoureux, l'approvisionnement est facile et peu coûteux, il est plus cher dans les hivers doux; quand les étés sont chauds la consommation est considérable, elle diminue quand l'été n'amène point de grandes chaleurs à sa suite. A défaut de base certaine, il convient donc de prendre une moyenne, et c'est peut-être s'élever un peu trop que de fixer à 150 fr. le revenu annuel que la ville peut espérer de la glacière.

§ 4. *Pêche.* La ville possède des quais et des promenades qui s'étendent le long de la rivière d'Ornain en amont du pont St-François. Or, c'est seulement en aval de ce pont que l'Ornain est navigable ou flottable. La ville a donc sur la rivière, dans les parties supérieures de son cours, les droits qu'ont tous les propriétaires riverains sur les cours d'eau naturels qui bordent leurs propriétés. Au nombre de ces droits est celui de la pêche. La ville n'en usant pas, et ne pouvant en user par elle-même, les concède à un adjudicataire qui lui paie en retour un fermage annuel de 51 fr. Le premier bail remonte au 25 mars 1839; il a été renouvelé en 1848.

§ 5. *Pompes. Ponts. Acqueducs. Fontaines.* Les ponts qui joignent les deux rives du canal et de la rivière d'Ornain, le sol des rues, les promenades sont des propriétés de la ville. Personne ne peut faire sur ces immeubles acte de possession ou de propriété sans son consentement. Ce consentement, elle ne le donne qu'à la charge d'une rétribution qui vient d'une part accroître les revenus du budget, et qui, d'une autre part, est une reconnaissance du droit de propriété de la ville.

Ainsi, une pompe a été établie sous une arche du pont Notre-Dame; quand on a ouvert la rue des Fossés, un puits qui s'est trouvé compris dans la rue n'a point été comblé; il a été recouvert, et le propriétaire d'un jardin voisin a été autorisé à y placer un corps de pompe.

Sur la promenade des Saules, vingt ponts ont été jetés pour relier à cette promenade les jardins placés sur la rive gauche du canal. Un aqueduc a été creusé sous la rue des Saules pour amener les eaux du canal dans le lavoir d'un établissement industriel et les rendre ensuite à leur cours.

L'autorisation a été donnée pour les pompes et les ponts à

raison de 1 fr. pour chacun, et pour l'aqueduc il est perçu 10 fr.; ensemble, 32 fr.

La ville possède encore, sur les friches qui règnent en face de la contrée de vignes dite Parfondeval, une fontaine, dont elle a concédé la jouissance au propriétaire d'une plantation voisine, moyennant une rétribution annuelle de 1 fr.

Avant la révolution de 1789, le dernier maire royal qu'ait eu la ville de Bar avait fait établir sur divers points des fontaines d'eau jaillissante qui étaient alimentées par la source de Popey. Une conduite de tuyaux amenait ces eaux dans la ville, et il y a trente ans environ on voyait encore, en amont du Pont-Neuf, ceux de ces tuyaux qui traversaient la rivière et affleuraient les grèves qui forment le fond de son lit; plus tard ces tuyaux ont été enlevés, déposés pendant quelque temps sous le vestibule de la mairie. Ils ont ensuite dû être vendus par une adjudication publique, dont les traces se retrouveraient peut-être dans les comptes de receveurs municipaux. La ville possède aussi une clé de la porte du caveau qui enferme la fontaine de Popey, là même où elle sort de terre. Cette possession de la clé, ces tuyaux établis pendant longues années, ces fontaines qu'ils alimentaient semblent attester que la ville de Bar a quelque droit sinon à la propriété exclusive, au moins au partage des eaux de la fontaine de Popey. Ce droit n'est point reconnu par le propriétaire actuel de la ferme : il est prêt à le concéder si on en justifie par des actes réguliers. Vainement le conseil municipal a prescrit des recherches dans ses archives, vainement on a consulté les personnes qui ont pris anciennement part à l'administration de la ville, ces titres ne se sont pas trouvés. De nouvelles recherches faites sur les titres du propriétaire de la ferme seraient-elles plus fructueuses ? A tout événement, la ville a obtenu de lui, à la date du 10 février 1834, qu'il signât un acte sous seings-privés interruptif de la prescription qu'il aurait pu acquérir par l'usage exclusif des eaux pendant trente ans.

Les intérêts d'une communauté ne sont point conservés avec le même soin que ceux d'un particulier. On ne peut attendre qu'ils soient toujours présents à la pensée de conseils municipaux qui changent et se renouvellent fréquemment. L'intérêt particulier, au contraire, toujours éveillé, vigilant, actif, tire avantage de toutes les chances qui s'offrent à lui.

L'administration a-t-elle des moments de négligence, d'oubli seulement, il les met à profit, il apporte à ses entreprises une persévérance, un esprit de suite et de tenacité qui doivent nécessairement à la longue les faire triompher. N'est-ce pas ainsi que nous avons vu des propriétés réputées jadis communales, passer sans titre de vente dans le domaine des particuliers. Des sentiers dans la campagne, des passages publics dans la ville, servaient de communications entre les propriétés et les différentes rues. Ils ont disparu et ont été englobés dans des propriétés particulières. Que la ville n'eût point de titre positif, écrit, c'est possible; mais elle avait l'usage ancien, consacré par une jouissance de tous les jours. Cet usage a disparu devant les envahissements de l'intérêt privé. Mettons donc plus de zèle au service de la chose commune, en nous rappelant surtout que peut-être nous n'avons perdu ces passages, ce droit aux eaux de la fontaine de Popey, eaux qui seraient si utiles pour l'assainissement et l'embellissement de la ville, que parce que tous également, maires, conseillers municipaux, citoyens, nous n'avons pas assez étudié les droits de la ville, et apporté à les défendre assez de constance ou d'activité.

§ 6. *Enlèvement des boues.* La pierre employée à l'entretien de nos rues est un calcaire peu consistant qui se réduit facilement en poussière dans l'été, en boue durant l'hiver. La grève même que nous mettons sur nos trottoirs se lève sous les pieds après le moindre dégel, et la chaussée comme le trottoir deviennent également boueux et impraticables; l'enlèvement des boues surtout dans la saison pluvieuse doit donc être soigneusement et fréquemment renouvelé. Ce service a subi depuis trente ans de grandes variations.

En 1817, la ville payait à l'entrepreneur 175 fr. par an. En 1820, un entrepreneur se présenta qui tirait partie des boues pour l'amendement des terres et la culture des vignes, et qui rendait à la ville 134 fr. En 1831, la somme à payer par l'adjudicataire atteignit 200 fr. En 1832 et 1833, la ville, au contraire, payait 30 fr. Depuis elle consentit un bail qui lui a rapporté jusqu'en 1840, 99 fr. par an. Mais le service de l'enlèvement des boues était opéré d'une manière tout à fait irrégulière et incomplète. D'après le cahier des charges il ne devait se faire que trois fois par semaine, les mardi, jeudi, samedi, et ce sans indication d'heure fixe. Cette latitude ouvrait un vaste champ à la négligence de l'entrepreneur, et de toutes parts s'élevaient des plaintes sur la saleté des rues.

Le bail était arrivé à terme. Avant de le renouveler, le maire prit, le 11 décembre 1840, un arrêté qui prescrivit aux citoyens de relever tous les jours, avant une heure déterminée de la matinée, les immondices, boues, neiges et glaces, et de les mettre en tas au-devant de leur domicile. Des tombereaux de bouage devaient alors parcourir en peu d'heures toutes les rues de la ville, enlever rapidement toutes ces ordures et assurer ainsi pour toute la journée la propreté des rues. Les entrepreneurs s'effrayèrent des prescriptions du cahier des charges, ils pensèrent bien qu'on tiendrait la main à ce qu'elles fussent ponctuellement exécutées; ils ne se présentèrent pas. Un seul fit une soumission au prix de 2,800 fr. par an. Cette exigence parut exorbitante, et avant de s'y soumettre le maire voulut administrer directement ce service et savoir ce qu'il coûtait et ce qu'il pouvait rapporter. Il traita avec des voituriers au tombereau et à l'heure et fit exécuter le règlement du 11 décembre 1840.

En 1841, pour huit mois qui restaient à courir, on dépensa 1,310 fr. 30 c. En 1842 on dépensa 1,800 fr.; mais la vente des bouages, qui étaient recherchés comme engrais, produisit 1,354 fr. 25 c.; dans les années suivantes la dépense et la recette donnèrent :

	Dépense.	Recette.
1843 —	1,907 15 —	644 50
1844 —	1,950 70 —	1,221 75
1845 —	2,000 » —	469 »
1846 —	184 35 —	141 »

Durant cette dernière année divers particuliers, qui avaient apprécié le parti que l'on pouvait retirer des bouages, offrirent à l'autorité municipale d'en faire l'enlèvement à son lieu et place et aussi régulièrement qu'elle-même, sans aucune rétribution, soit à donner, soit à recevoir. La ville fut alors partagée en différents quartiers, et presque tous furent concédés aux nouveaux entrepreneurs; quelques-uns seulement demeurèrent à la charge de l'administration. Enfin en 1848 tout ce service reste à deux entrepreneurs. A la Ville-Basse l'enlèvement se fait tous les jours, et trois fois par semaine à la Ville-Haute, dont le sol est plus sec et beaucoup moins fatigué.

Dans les cahiers des charges dressés en 1817, 1821, 1829,

1834 et dans celui qui fut préparé pour l'adjudication de 1841, l'entrepreneur était tenu d'établir journellement pour la commodité du public un passage de trois mètres de largeur dans la rue du Cygne, et six autres passages de six mètres de largeur, dont quatre dans la rue de la Rochelle, un dans la rue des Clouères, et un près du corps-de-garde Entre-deux-Ponts. La même obligation n'a point été imposée aux entrepreneurs actuels, et ce sera à la ville à faire préparer chaque jour par ses manœuvres ces passages qui sont absolument nécessaires; à leur défaut, on ne peut réellement pas traverser des routes très fréquentées, et en hiver toujours chargées de boue.

Il est possible que plus tard l'enlèvement des boues soit pour la ville une source de revenu. L'importance que les cultivateurs et les vignerons attachent avec raison à cet engrais détermineront peut-être enfin des soumissions qui viendront accroître les recettes du budget. Aujourd'hui, ce service, qui produit à la ville de Verdun un revenu annuel de plus de 700 fr., n'est pour nous d'aucun rapport.

§ 7. *Élagage des peupliers.* Les arbres qui servent à l'embellissement de nos places, de nos rues, de nos promenades, ne rapportent rien à la ville. Les jeunes tilleuls de la place Municipale, des rues des Clouères et de la Rochelle sont taillés d'année à autre; si cette tonte avait toujours été dirigée avec soin et avec goût il est probable que les arbres donneraient aujourd'hui des cordons de verdure plus réguliers et mieux fournis.

L'élagage des peupliers constitue un revenu de bien peu d'importance. Il convient, en effet, de laisser pousser sans les mutiler tous ceux qui sont destinés à l'ornement des promenades, et les autres ne sont pas très nombreux. Aux budgets de 1841, 1842, 1843, la prévision pour l'élagage des peupliers était de 20 fr., et cette prévision ne s'est réalisée qu'en partie et pour un seul exercice, celui de 1841. On a reçu 16 fr.

En 1844, l'élagage a produit .... 47f »c
En 1845, id 27 40
En 1846, id .... 85 »

On peut compter sur une moyenne de 30 fr. par année; il n'y a pas de motifs pour changer le mode d'élagage qui se fait chaque année sur partie des peupliers d'une promenade ou d'un quai ; on en exploite alors un sur deux, et la promenade n'est jamais entièrement dégarnie.

De temps en temps le conseil municipal est saisi de demandes parfois assez vives des propriétaires des maisons avoisinées par des plantations. Ils exposent que ces arbres leur enlèvent l'air et la lumière, rendent leurs habitations moins saines et plus incommodes. Ces plaintes ne sont pas toutes sans fondement. D'un autre côté, les plantations donnent aux villes un aspect plus riant et plus gai ; c'est un embellissement, c'est une cause de salubrité, et ceux qui se promènent sous leur ombre, et ceux qui n'en sont pas voisins immédiats ne consentiraient point à les voir disparaître. Il y a là à concilier l'intérêt général et l'intérêt privé. Toutes les fois qu'on a pu donner satisfaction à celui-ci, la ville s'y est volontiers prêtée. Ainsi, les tilleuls qui bordaient le côté sud de la rue du Point-du-Jour ont entièrement disparu quand tout ce côté de la rue, qui était auparavant en jardins, s'est couvert de constructions. Ainsi, la rangée d'arbres qui, au pâquis de la Ville-Basse, touchait aux maisons des jardiniers, a été enlevée, et un large espace s'est trouvé libre au-devant de ces habitations. Le quai des Gravières avait une double rangée d'arbres ; c'étaient des peupliers très serrés le long de la rivière, des marronniers sur le quai en arrière des peupliers. Ces peupliers ne sont point là un simple embellissement. Notre rivière, qui n'a qu'un filet d'eau en été, devient torrentueuse en hiver, et chaque année ou à peu près, dans les grandes crues, elle rongeait les rives du quai, les terres s'écroulaient, et on avait à réparer d'assez larges brèches. Pour défendre le quai contre l'action des eaux, on planta en 1817 un rang de peupliers très serrés qui s'enracinèrent fortement et protégèrent le sol contre les envahissements de l'Ornain. Mais en grandissant ces peupliers couvraient d'une ombre épaisse les maisons bâties sur ce quai, d'ailleurs un peu étroit. En 1840, on abattit un peuplier sur deux ; les maisons eurent du soleil, et les arbres restants suffirent pour défendre le quai contre les eaux ; cette vente produisit 1,497 fr. 50. En 1846, nouvelle satisfaction fut donnée aux propriétaires des maisons ; on adjugea moyennant 454 fr. toute la ligne des marronniers. Il serait difficile de concéder d'avantage, et la solidité des berges de la rivière, comme l'embellissement du quai, exigent qu'on conserve soigneusement les peupliers qui restent et qu'il suffira d'élaguer en temps utile.

§ 8. *Herbes des promenades et du cimetière.* Ces herbes faisaient autrefois l'objet d'une adjudication publique dont le montant s'est élevé pendant le bail consenti en 1817 à 48 fr., et pendant celui qui a été conclu en 1829 à 50 fr.; à l'expiration de ce bail il n'apparaît plus de location régulière : chaque année le droit est concédé pour une rétribution qui varie; en 1837 elle était de 20 fr., en 1841 elle a produit 30 fr., et 40 fr. en 1842. Pour les exercices suivants, ce produit ayant été confondu avec d'autres produits portés aux recettes diverses, on ne peut en donner le montant exact. Il n'a jamais guère pu dépasser 30 fr.; ce revenu n'est pas même tout à fait assuré pour les années à venir. Les promenades sont mieux grêvées, mieux entretenues, et l'herbe n'y est point assez abondante pour faire l'objet d'une adjudication. Un adjudicataire, d'ailleurs, n'emploie pas toujours des ouvriers très soigneux, et cependant ces herbes croissent au pied de plantations qui ont besoin d'être ménagées. — Le cimetière est un lieu de silence et de repos qui doit être respecté. On a trouvé peu convenable que ceux qui vont sur les tombes « verser des » larmes avec des prières » soient troublés dans l'accomplissement de ce pieux devoir par des faucheurs ou le bruit des faneuses. Beaucoup de personnes se montrent blessées aussi de cette récolte faite sur la fosse de leurs proches, sans trop de respect pour les croix et les couronnes que leur piété ou leur tendresse y dépose. Ainsi, quoique les herbes aient rapporté précédemment 30 fr. et même 40 fr., si on n'en coupe plus sur les promenades, et si on ne laisse couper au cimetière que celles qui croîtront sur la portion de terrain dans laquelle aucune fosse n'a encore été ouverte, ce revenu n'excédera pas annuellement 20 fr.

§ 9. *Carrières communales.* Les carrières communales, situées à droite et à gauche de la route départementale n.º 11 de Bar à Saint-Dizier, ont rarement produit quelque revenu à la ville. Les pierres qu'on en retire sont si abondantes sur presque toutes les parties du territoire, elles se trouvent dans tant de friches et de terrains incultes, qu'on ne paie pour ainsi dire aucune rétribution pour avoir le droit de les extraire. Cependant, en 1840, les travaux du canal de la Marne au Rhin ayant nécessité une plus grande quantité de pierres, les carrières furent mises en adjudication, et le bail produisit, pendant les trois années de sa durée, 1841, 1842, 1843, 37 fr. par chaque année. En 1844 on ne put renouveler l'adjudication, mais on obtint encore une rétribution de 18 fr. pour l'année. Depuis lors ces carrières n'ont point été louées et n'ont rien produit.

Art. 2. — REVENUS MOBILIERS.

Les propriétés immobilières de la ville de Bar lui rapportent donc environ 600 fr., ses revenus mobiliers s'élèvent à une somme un peu plus considérable : ils se composent de quatre paragraphes.

§ 1. *Rentes foncières non éteintes.* De 1731 à 1767, la ville a fait concession à divers particuliers de petits terrains situés dans ou hors la ville moyennant des cens de très peu d'importance, dont plusieurs sont de quelques centimes seulement, dont un seul dépasse 15 fr. Ces cens, payables à perpétuité, sont rachetables à la volonté des débiteurs qui usent de temps en temps de cette faculté. Aussi cette recette diminue de jour en jour. Les rentes dues annuellement se montaient encore, en 1837, à 105 fr. 55 c.; en 1846, elles n'étaient plus que de 44 fr. 81 c. Cette somme est due par dix débiteurs.

§ 2. *Inscription départementale.* Avant 1813 la ville possédait, outre les propriétés que j'ai précédemment énumérées, une maison, rue de Véel. n.º 41, le moulin du Bourg, aujourd'hui transformé en filature; un réservoir près du cimetière, une terre à Combles, et deux petits prés, finage de Savonnières. Par la loi de finances du 20 mars 1813 « les biens ruraux, maisons » et usines, possédés par les communes, furent cédés à la » caisse d'amortissement. » Ces biens devaient être vendus, et les communes recevaient en échange, de la caisse d'amortissement, « en inscription cinq pour cent, une rente proportionnée » au revenu net des biens cédés. » C'est en conséquence de ces dispositions que la maison rue de Véel, le moulin du Bourg, le réservoir, les terres à Combles et les prés à Savonnières ont été vendus. Ils ont produit savoir :

La maison.............. 1,300
Le moulin.............. 27,200
Le réservoir........... 2,025
Les terres et prés....... 4,500
Ensemble..... 35,025

La petite maison de la porte Phulpin avait été également comprise dans l'adjudication : mais aucun acquéreur ne s'est présenté, et elle est demeurée à la ville. Quoique ces biens aient produit plus de 35,000 fr. la ville n'a reçu en échange qu'une rente de 544 fr. qui a été fixée par arrêt du conseil comme représentant le revenu net des immeubles cédés. Lorsqu'en vertu de la loi du 14 avril 1819, il fut ouvert dans chaque département un livre auxiliaire du grand-livre de la dette publique, l'inscription de 544 fr., portée au grand-livre des cinq pour cent consolidés fut reportée sur ce livre auxiliaire et prit de là le nom d'inscription départementale, sous lequel elle figure dans les budgets.

§ 3. *Intérêts des fonds placés au trésor.* Tous les revenus de la ville de Bar, de quelque nature qu'ils soient, qu'ils aient pour origine les propriétés de la ville, des conventions, des taxes, des impôts, des octrois, sont centralisés entre les mains du receveur municipal. Ils ne sortent de sa caisse que sur mandats délivrés par le maire, conformément au budget arrêté par le conseil municipal et approuvé par ordonnance du roi. Le montant des baux ou des adjudications se verse aux époques fixées dans ces actes; les receveurs d'octroi versent tous les dix jours; le receveur général verse le montant des impositions tous les trois mois. Il arrive souvent que ces différentes recettes sont réalisées avant que les dépenses ne soient faites ou mandatées, et le receveur a alors en caisse des sommes considérables. Il ne serait pas bon qu'il les conservât. Cela ne serait pas bon pour la ville, pour qui ces sommes dormiraient et resteraient improductives; cela n'est pas bon pour la comptabilité dont la première règle consiste à ne pas laisser à la disposition des comptables plus d'argent que n'en réclament les besoins du service. Le receveur, obéissant en cela aux instructions sur la comptabilité, après s'être assuré du montant des mandats délivrés ou à délivrer par le maire, verse ce qu'il aurait de trop en caisse au trésor, entre les mains du receveur général; et tant que cet argent, que la ville peut retirer au fur et mesure de ses besoins, reste au trésor, il produit un intérêt calculé sur le taux de trois pour cent par an. Les recettes faites par la ville se sont élevées, durant les dix années qui se sont écoulées, de 1837 à 1846, à 106,856 fr. 01 c. pour l'année la plus faible, à 177,754 fr. 33 c. pour l'année la plus forte : les autres années ont donné des chiffres intermédiaires, et on peut en conclure que sur un semblable mouvement de fonds les intérêts payés par le trésor n'ont pas été sans importance. En 1841, cette branche de revenu n'a produit à la vérité que 285 fr. 56 c., mais en 1846 elle a donné 1,969 fr. 53. La moyenne des dix années a été de 790 fr. 89 c.

§ 4. *Rétributions scolaires.* Lorsque, par la loi du 28 juin 1833, M. Guizot donna à l'instruction primaire cette forte impulsion qui l'a rendue si florissante, la ville de Bar ne fut pas la dernière à suivre le mouvement. Elle créa, dès 1835, quatre grandes écoles : deux à la Ville-Haute et deux à la Ville-Basse, ce qui donnait à chaque partie de la ville une école de garçons et une de filles. Un registre ouvert à la mairie reçut toutes les demandes d'admission. On déclarait le nom de l'enfant, la date de sa naissance, vérifiée à l'instant sur les registres de l'état civil, les noms des père, mère ou tuteur, leur profession, et on joignait à cette déclaration le certificat de médecin constatant que l'enfant était vacciné. Deux fois par an, pendant les vacances d'automne et pendant celles de Pâques, le maire, par un arrêté publié à son de caisse, les curés au prône, annonçaient que le moment était venu de faire les déclarations. Le conseil municipal délibérait ensuite sur les déclarations faites et prononçait les admissions. On n'admettait dans l'intervalle aux écoles que les enfants dont les parents ou n'habitaient point encore Bar à l'époque ordinaire des déclarations, ou avaient été dans l'impossibilité de se présenter à la mairie en temps utile. Cette règle, rapportée depuis, dans l'intérêt des enfants qui n'étant ni déclarés, ni admis, continuaient, disait-on, à courir les rues et ne devaient pourtant pas être victimes de la négligence de leurs parents, avait cependant ceci d'excellent que les cours n'étaient point troublés à tout moment par l'admission d'élèves nouveaux étrangers à la méthode et à la discipline de l'école, et de six mois en six mois il était fait aux pères de famille un appel public et solennel qui ne laissait point d'excuse à leur insouciance.

En 1836, 1837, les enfants qui jusque-là n'avaient fréquenté aucune école vinrent en grand nombre dans celles de la ville. C'étaient pour la plupart les enfants de pauvres parents, qui les laissaient sans instruction, faute de pouvoir payer les mois d'école. En 1838 on commença à reconnaître que ces enfants étaient instruits avec soin. Sans doute, on ne leur enseignait pas autant de choses que les instituteurs privés qui ont un peu la vanité des programmes étendus, mais ils possédaient bien les connaissances élémentaires, les seules dont la loi prescrivit l'enseignement. D'un autre côté, l'instruction privée dans la ville de Bar est à un prix assez élevé. Il arriva donc qu'en 1838 des parents non point riches, mais aisés, demandèrent l'admission de leurs enfants aux écoles. On accueillit favorablement leur demande, à cette condition seulement qu'ils paieraient 1 fr. 50 c. par mois. C'était peu pour eux, accoutumés à payer bien davantage, c'était quelque chose pour la ville qui perçut ainsi :

   En 1838.......... 853 fr.
   En 1839.......... 550
   En 1840.......... 402
   En 1841.......... 422
   En 1842.......... 464

Comme on le voit, le conseil municipal n'était pas bien sévère sur les admissions gratuites, et la perception, loin d'augmenter, allait en décroissant. Mais ce que le conseil désirait surtout, c'était que les enfants des familles riches vinssent partager l'instruction commune. Il fit de vains efforts pour atteindre ce résultat auquel répugnait la nature même des choses. L'enfant qui est destiné à un métier ou à une profession manuelle reste à l'école jusqu'à treize ans : c'est le moment où il entre en apprentissage; la lecture, l'écriture, le calcul et le dessin linéaire ont dû lui être enseignés complètement; il n'aura plus dans sa vie que peu d'heures à y donner. Mais l'enfant qu'on réserve aux travaux de l'esprit, aux professions libérales ne reste à l'école que jusqu'à neuf à dix ans et passe alors au collége; il suivra et complétera là ses études commencées à l'école. Les différences d'âge et de direction nécessitent donc pour ces deux enfants des écoles différentes. C'est ce que le conseil comprit en 1843. Dans sa séance du 13 janvier, il décida qu'il serait établi dans la rue du Bourg une école spéciale et payante, qui fut depuis transférée place de la Couronne. Le maître dut se borner à enseigner les matières que la loi déclare obligatoires, et l'enseignement gagna ainsi en force et en solidité ce qu'il pouvait perdre en étendue : la rétribution fut mise à portée des fortunes moyennes et fixée à 3 fr. 50 c.

par mois. Un an après, le 23 août, en réglant son budget de 1844, le conseil porta à 5 fr. par mois cette rétribution qui ne fut jamais payée à ce taux, car sur les réclamations des parents, elle fut, vingt jours après, définitivement fixée à 4 fr., et depuis, ce chiffre n'a point été modifié.

Cette école payante est en voie de prospérité; en 1848 elle compte soixante-cinq élèves, et il y a eu nécessité de donner à l'instituteur un jeune maître-adjoint. Le chiffre des revenus atteste aussi cette prospérité croissante :

En 1843, ils ont été de..... 1,039 50
En 1844, id. de..... 2,235 »
En 1845, id. de..... 2,922 25
En 1846, id. de..... 2,768 75

Dans ces chiffres sont confondus, avec les recettes de l'école payante, celles de quelques mois payés à 1 fr. 50 c. par des enfants qui suivent les écoles gratuites. Celles-ci entrent pour 450 fr. ou 1/6e environ dans le chiffre de 2,600 fr. qu'on peut regarder comme le montant ordinaire et annuel des rétributions scolaires.

Les revenus mobiliers de la ville s'élèveraient donc à 4,000 fr. environ, et les revenus de ses immeubles à 600 fr. C'est aux concessions autorisées par la loi, aux taxes, aux impôts, qu'elle doit demander le surplus de ses ressources.

DEUXIÈME SECTION. — CONCESSIONS PERPÉTUELLES OU TEMPORAIRES.

Les concessions de terrain que fait la ville sont ou perpétuelles ou temporaires. Elles sont perpétuelles quand elle cède une partie de la voie publique à titre d'alignement, ou une portion du cimetière pour y élever des monuments funèbres; elles sont temporaires quand elle permet à un citoyen d'user momentanément d'un abattoir ou de déposer pour quelques heures sa marchandise sur un champ de foire ou un marché. Dans tous ces cas, le prix de la concession n'est pas librement débattu entre la ville et le concessionnaire; il est réglé ou par un tarif qu'a sanctionné l'autorité supérieure, ou par un jury. Ce n'est déjà plus simplement la ville qui traite comme pourrait le faire tout autre propriétaire : à son droit de propriété s'unit le pouvoir municipal, qui lui prête, dans la sphère de ses attributions, son concours et sa force.

§ 1. *Concessions par voie d'alignement.* Le pouvoir municipal tient des lois des 24 août 1790 et 22 juillet 1791 le droit de régler tout ce qui intéresse la sûreté et la commodité du passage dans les rues, quais, places et voies publiques : la fixation de l'alignement est inhérente à ce droit, car elle a essentiellement pour objet de pourvoir à la sûreté, à la commodité, à la salubrité du passage dans tout ce qui se rattache à la voie urbaine. Et comme conséquence de ce droit d'alignement, le pouvoir municipal a celui de régler les tracés et la pente des trottoirs, de faire réduire les perrons, les escaliers, les entrées de cave, les auvents, d'ordonner la suppression des jettoirs ou gouttières, et des bornes placées au-devant des maisons. C'est une autorité très considérable, et pour l'exercer il y a chaque jour nécessité d'entrer en lutte avec l'intérêt privé, et de lui imposer des sacrifices auxquels il ne se résigne pas sans murmure. Ce n'est pas la partie la moins difficile de l'administration municipale. Les règlements pour les trottoirs, escaliers, auvents, demeurent toujours dans les attributions exclusives du maire; quant aux alignements des maisons, lorsqu'il n'existe pas pour la ville de plan d'alignement arrêté par l'autorité supérieure, l'aspect de la cité, la sûreté, la commodité, la salubrité des voies urbaines ne sont pas abandonnés pour cela au caprice et au libre arbitre des constructeurs; c'est encore le maire qui règle l'alignement lui-même, et de sa seule autorité. Mais aussitôt qu'il y a un plan dûment approuvé, il n'a plus qu'à le faire exécuter.

Il importe donc aux villes comme aux maires qu'il existe de tels plans. Le maire n'a plus alors à lutter contre les réclamations et les obsessions des citoyens qui le fatiguent pendant des semaines entières pour obtenir quelques centimètres de terrain, et le droit des citoyens n'est plus alors remis à la décision arbitraire d'un seul homme; il fléchit devant un plan général, discuté par le conseil municipal, approuvé par lui après une enquête publique *de commodo et incommodo*, et sanctionné par le conseil d'Etat que les parties lésées ont pu saisir de leurs réclamations. Une fois le plan arrêté, le maire renvoie à l'agent-voyer toute demande d'alignement; celui-ci reporte et fixe sur le terrain la ligne tracée au plan, et le maire, sur son rapport, rend un simple arrêté d'exécution.

Dès l'année 1819 le conseil municipal de Bar avait songé à faire arrêter le plan de la ville : il fut levé tel qu'il existait alors, et on y indiqua les changements et redressements à faire. L'instruction fut longue, elle rencontra des difficultés nombreuses, et pendant quelque temps le projet fut abandonné. Le conseil le reprit un peu avant 1840. Il prépara son nouveau travail sur le premier plan levé en 1819, et ce fut une faute que quelques alignements récemment donnés ont révélée. D'abord, ce plan levé en 1819 n'a point été levé avec la méthode et la précision parfaite qu'on a apportées depuis dans ces sortes d'opérations; ensuite, de 1819 à 1840, beaucoup de changements avaient été apportés aux constructions; les uns concordaient avec le projet de 1819, les autres en différaient, mais ni les uns, ni les autres ne figuraient au plan. Le travail de 1840 fut donc entrepris sur un plan en partie un peu inexact, en partie un peu incomplet.

En opérant, le conseil se préoccupa de cette idée, c'est que notre ville n'était point de celles qui se distinguent par la beauté des monuments, la richesse ou l'élégance des constructions, l'heureuse disposition des rues. Il fallait se borner à y maintenir, avec la sûreté et la facilité de la circulation, l'ordre et la régularité, sans toutefois sacrifier au désir exagéré d'une régularité extérieure les avantages d'une bonne distribution intérieure et la commodité des habitants. A Nancy, ville large, ouverte, aux longues rues, aux vastes places, aux édifices monumentaux, on a pu gêner les propriétaires dans l'intérêt de cette beauté extérieure qui fait l'admiration des étrangers et les attire parmi eux. A Bar, il eût été excessif de s'engager dans cette voie. Il vaut mieux que des rues soient un peu moins larges, et qu'on ne réduise pas des maisons, déjà trop peu profondes, à n'être plus que de simples façades. Quand le coup-d'œil en serait un peu blessé, il n'est point mal de laisser subsister dans une certaine mesure ces escaliers, ces descentes de cave qui ne gênent point essentiellement le passage et sont d'une utilité journalière et d'un si précieux avantage pour la desserte d'une maison. Le plan, débattu en 1840, soumis aux enquêtes, renvoyé après un premier examen par le conseil des bâtiments civils établi près de M. le ministre de l'intérieur, examiné et approuvé de nouveau par le conseil municipal, modifié par le conseil des bâtiments civils, a été enfin sanctionné par une ordonnance royale du 31 mai 1844, et depuis lors est la règle des alignements.

Lorsque cet alignement force le propriétaire à reculer sa

construction, celui-ci, aux termes de l'art. 50 de la loi du 16 septembre 1807, n'a droit à indemnité que pour la valeur du terrain délaissé ; par la même raison, s'il est contraint à avancer sa construction, il doit indemnité à la ville pour le terrain qu'elle lui concède. Mais on comprend que ce dernier cas est le plus rare : il arrive bien quelquefois que pour régulariser une rue la ville fait avancer de quelques centimètres, mais on procède bien plus souvent par voie de reculement et d'élargissement, et la ville paie plus d'indemnités qu'elle n'en reçoit. C'est seulement à partir de 1841 que ces indemnités ont été régulièrement réglées, et de 1841 à 1846 la ville a reçu et payé, savoir :

	Recette.	Dépense.
1841. —	1,266. —	230 28.
1842. —	» —	247 86.
1843. —	» —	655 40.
1844. —	» —	599 66.
1845. —	» —	600 »
1846. —	» —	860 03.

Ainsi, à part 1841, où une concession faite dans la rue Voltaire a valu une indemnité à la ville, dans les années suivantes elle a toujours eu à payer et rien à recevoir. Cependant, il pourrait arriver qu'elle eût droit à une indemnité, et, depuis 1844, on porte au budget des recettes une prévision de 25 fr. Nous verrons au budget des dépenses les prévisions pour indemnités à payer ; et, pour n'avoir plus à revenir sur cet article, nous ajouterons qu'aucune indemnité n'est accordée que sur le vote spécial du conseil municipal, après rapport de l'agent-voyer, et autant que possible sur le vu des titres d'acquisition du propriétaire indemnisé : pour éclairer les votes du conseil on tient note exacte, rue par rue, de toutes les indemnités précédemment accordées, et on les lui remet sous les yeux. Voici, pour quelques rues seulement, les indemnités qui ont été payées; elles sont calculées au mètre carré :

Rue Voltaire	30 fr.
— du Bourg	12
— de la Municipalité	12
— du Sac	8
— des Chènevières	6
— de Saint-Mihiel	5
— du Tribel	3

Ces prix ne sont pas toujours les mêmes pour la même rue. On prend en considération dans chaque rue le plus ou moins grand éloignement des centres d'activité ou d'affaires, le degré de fréquentation, l'emplacement, ce que telle ou telle destination peut y ajouter de valeur.

§ 2. *Concessions au cimetière.* Avant 1813, le cimetière de la ville de Bar était contigu à l'église Notre-Dame, et se trouvait limité par la rue des Chènevières au sud et par le jardin de l'hôpital civil au nord. A l'est régnaient des terrains en culture, dans l'un desquels avait été disposé un emplacement particulier pour la famille de M. le maréchal Oudinot. La grille qui fermait cet espace réservé s'ouvrait sur le cimetière et s'ouvre aujourd'hui sur le jardin de l'hospice qui s'est agrandi au sud de tout le terrain précédemment consacré aux sépultures.

Le 13 janvier 1813, MM. Rignier et Moreau, médecins de l'hospice et des prisons de la ville de Bar, exposèrent à M. le préfet que ce cimetière, situé près de l'hospice et d'habitations particulières, était loin d'avoir assez d'étendue pour une population qui avait successivement augmenté; que les fouilles se renouvelaient trop souvent, répandaient dans le voisinage des émanations délétères, et pourraient amener des fièvres du plus mauvais genre; qu'il était donc éminemment urgent de faire les inhumations dans un autre lieu. Plusieurs mois avant ce rapport, le conseil municipal, déjà frappé des inconvénients qu'il signale, avait demandé l'autorisation d'acquérir un nouveau cimetière, et, le 10 janvier 1813, un décret impérial lui avait accordé cette autorisation. Ce terrain, lieudit aux Chènevières, contenait 68 ares 81 centiares, et fut acquis au prix de 4,276 fr. 40 c., frais d'acte compris. Ce fut là que se firent les inhumations à compter du 20 février 1813. Un an plus tard on entoura ce cimetière de murs, dont la construction, adjugée le 20 août 1814 pour 11,242 fr. 27 c., coûta en définitive 11,761 fr. 27 c. En 1836, cet espace de terrain était déjà devenu insuffisant, et le maire proposa d'acquérir 65 ares de jardin qui en étaient voisins à l'est. L'acquisition fut faite; elle coûta, avec les frais, 10,696 fr. 66 c., et la dépense s'augmenta en 1838 de 5,561 fr. 89 c. payés pour construction de murs de clôture. La ville a donc payé en totalité, pour son cimetière actuel, 31,777 fr. 22 c. En 1840 elle en a cédé, pour l'emplacement du canal de la Marne au Rhin, 3 ares 52 centiares à l'extrémité nord, et elle a reçu pour prix de cette cession 686 fr. 40 c.

Mais ce cimetière, qui avait tant coûté, ne pouvait-il pas devenir un jour une source de revenus? Ne pouvait-on pas, comme dans beaucoup de villes, le diviser en deux parties distinctes, l'une destinée aux fosses communes, l'autre réservée pour des concessions perpétuelles ou temporaires. Partout ces concessions se font à prix d'argent, partout elles sont productives, parce que partout on aime à élever aux morts des monuments qui témoignent de l'affection et des regrets de ceux qui ont survécu. Et ce n'est point un impôt onéreux et forcé. Le souvenir pieux de la famille et quelquefois sa vanité peuvent bien la porter à s'y soumettre ; mais elle n'est point contrainte de le faire, et les terrains destinés aux fosses communes s'ouvrent pour tous indistinctement. Le conseil municipal sollicita donc et obtint, le 18 août 1837, une ordonnance royale qui autorisa la ville « à faire dans le » cimetière des concessions temporaires et perpétuelles de » terrains pour fondation de sépultures privées ou de familles. » Une zône de 13 mètres de largeur, tout le long des murs d'enceinte, fut réservée aux concessions; le centre du cimetière demeura affecté aux fosses communes. Dans ce centre même on put concéder les terrains couverts de monuments au jour de l'ordonnance; ceux pour lesquels on ne demanderait point de concession devaient, dans le délai de cinq ans, être rendus à l'usage commun. Des sursis partiels, trop facilement accordés aux importunités des familles, ont entravé jusqu'ici l'exécution régulière et complète de cette dernière disposition. Le prix de la concession à perpétuité fut fixé à 40 fr. le mètre carré, dont 30 fr. pour la ville et 10 fr. pour le bureau de bienfaisance. Il restait à régler les mesures d'exécution. Le maire y pourvut par un arrêté du 13 mai 1842, qui fait aujourd'hui la règle pour tout ce qui concerne les sépultures publiques, et comprend ce qui est relatif aux inhumations, exhumations, aux convois funèbres, aux concessions et monuments. Mais, avant de prendre cet arrêté définitif, il fallait s'assurer si le cimetière actuel était dans un emplacement convenable, s'il était suffisant pour la population, s'il ne faudrait pas, dans un avenir rapproché, ou le reporter ailleurs, ou établir de nouveaux cimetières pour quelques quartiers éloignés. L'autorité municipale eut donc à examiner et à résoudre toutes ces questions.

Je suis de ceux qui ont pensé que l'emplacement était convenable, suffisant, et que la création d'un cimetière nouveau ou d'une succursale n'était point nécessaire. Le décret du 23 prairial an XII exige que dans les villes les terrains destinés aux sépultures soient placés à 35 ou 40 mètres au moins de l'enceinte des habitations, qu'ils soient choisis de préférence au nord et qu'on y fasse des plantations. Le cimetière de la ville de Bar est au nord ; on a fait dans la partie achetée en 1813 des plantations qui devraient déjà avoir été continuées dans la partie achetée en 1837, notamment à l'est dans la zône réservée aux concessions ; il est à plus de 40 mètres de l'enceinte habitée. A la vérité, quelques maisons éparses en sont plus rapprochées ; mais ces habitations auraient disparu ou se seraient éloignées depuis longtemps si on avait ponctuellement exécuté à leur égard les prescriptions d'un autre décret du 7 mars 1808. D'après ce décret « nul ne » peut, sans autorisation, élever aucune habitation, ni creu- » ser aucun puits à moins de cent mètres des nouveaux cime- » tières. Les bâtiments existants ne peuvent être restaurés ni » augmentés sans autorisation ; les puits peuvent être comblés » en vertu d'ordonnance du préfet du département. » Si on avait tenu la main à l'exécution de ces mesures dictées par l'intérêt de la salubrité publique, il y a déjà longtemps que le cimetière se trouverait à plus de quarante mètres de toute habitation. Il a l'avantage d'être situé à une distance à peu près égale des points extrêmes de la ville, d'une ville qui, n'étant contenue par aucune enceinte, a une étendue bien plus grande que ne l'exigerait sa population. Mesurées à vol d'oiseau, ces distances sont, pour l'extrémité de la rue de Naga, de 1100 mètres ; de Marbot, 900 mètres ; de la rue des Clouères, 1200 mètres ; de la rue Montant, 800 mètres. Distance moyenne, 1,000 mètres, à partir des points extrêmes.

Le cimetière est donc central : il est de plus d'une étendue suffisante. Le décret du 22 prairial veut que « l'ouverture des » fosses pour de nouvelles sépultures n'ait lieu que de cinq en » cinq années : qu'en conséquence, les terrains destinés à » former les lieux de sépulture soient cinq fois plus étendus » que l'espace nécessaire pour y déposer le nombre présumé » des morts qui peuvent y être enterrés chaque année. » Il donne aussi pour la fosse et pour les espaces réservés sur les côtés, à la tête et aux pieds, des dimensions telles que chaque fosse occupe une superficie de 2 mètres 64 centimètres. La surface actuelle du cimetière, déduction faite du terrain occupé par les murs, est de 1 hectare 21 ares 01 centiare. La surface de la zône réservée est de 63 ares 27 centiares. Le terrain affecté aux fosses communes présente donc une surface de 67 ares 74 centiares. En déduisant de ce chiffre ce qui est occupé par la grande allée et les plantations, il restera une surface de 63 ares 40 centiares environ et une place suffisante pour 2,400 fosses, à raison de 2 mètres 64 centimètres superficiels pour chacune. La moyenne de la mortalité dans la ville de Bar, pour les quinze années qui se sont écoulées de 1833 à 1847, a été de 318,53 ou 320 en nombre rond. Les 2,400 fosses seraient donc suffisantes pour sept ans et six mois : c'est-à-dire que les fosses qui, aux termes du décret, ne doivent être rouvertes que de cinq en cinq ans, ne le seraient que de sept ans et demi en sept ans et demi. Et je calcule comme si toutes les inhumations devaient se faire dans la partie commune, tandis qu'il s'en fera un assez grand nombre dans la zône réservée; et je compte toutes les fosses à 2 mètres 64 centimètres superficiels, tandis que celles des enfants au-dessous de treize ans n'ont que 1 mètre 76 centimètres superficiels, un tiers environ en moins, et la mortalité des enfants au-dessous de treize ans est à la mortalité générale comme 5 est à 12.

Je sais bien que la population n'est pas stationnaire, qu'elle augmente de jour en jour, et que le cimetière qui suffirait aujourd'hui pourrait, après une révolution de quelques années, être tout à fait insuffisant. Mais cet accroissement de la population n'est point brusque et subit, il s'élève d'après une loi de progression que nous pouvons suivre dans le passé et qui nous éclairera sur les besoins de l'avenir. Si je remonte un peu haut, je trouve que la population de la ville de Bar était, au 1.er vendémiaire an XII (24 septembre 1803), de 9,601 habitants; en 1811, elle était réduite à 8,961, et en 1820 elle était remontée à 9,803. C'est-à-dire que pendant les vingt premières années de ce siècle qui embrassent les guerres de l'Empire, les deux invasions et les disettes de 1816 et de 1817, elle était restée stationnaire. De 1820 à 1840, années de paix et en général de prospérité, pendant lesquelles l'activité commerciale et industrielle se sont si largement développées parmi nous, la population a pris un accroissement progressif que le choléra a à peine retardé. Elle était de 9,803 en 1820; de 11,432 en 1825; de 12,520 en 1830; de 12,496 en 1835; enfin de 12,383 en 1840. Ainsi, en vingt années, de 1820 à 1840, la population s'est élevée de 9,803 à 12,383; elle s'est donc accrue d'un peu plus du quart. Mais cet accroissement rapide ne s'est accompli que de 1820 à 1830; depuis lors il a été peu sensible. En 1830, nous comptions 12,520 habitants, nous en avons en 1846, 12,673; et, si on y ajoute la population en bloc, 13,191. Or, c'est seulement quand notre population aura dépassé 19,000 âmes que le nombre de 2,400 fosses sera insuffisant et que nous sortirons des conditions voulues par le décret; nous sommes loin de là, rien ne peut faire présager une augmentation si considérable, et tous ceux qui existent aujourd'hui auront disparu de la terre longtemps avant que se manifeste la nécessité d'agrandir le cimetière actuel. Cet agrandissement, du reste, serait facile, puisqu'entre le mur du cimetière et la décharge du ruisseau de Naweton, il existe un terrain en culture qui pourrait être acquis sans difficultés, soit à l'amiable, soit par la voie de l'expropriation publique.

Reporter le cimetière ailleurs serait, du reste, à peu près impraticable. On ne peut pas le mettre au nord, puisqu'à cet aspect le canal de la Marne au Rhin baigne le pied d'un coteau très escarpé; à l'ouest ce sont les terrains du port, terrains bas, humides, que les infiltrations du canal ou le niveau de la rivière tiennent toujours baignés d'eau; au sud, c'est la Ville-Haute, et par-delà la Ville-Haute des bois et des friches, il est vrai, mais des bois et friches, assis sur un fond de roches dures et compactes, recouvert seulement de trente ou quarante centimètres de terre végétale. On ne peut point y creuser de fosses, on n'y a jamais établi de cimetière, même quand les familles riches et influentes habitaient toutes la Ville-Haute, et que la Ville-Basse n'avait encore que quelques maisons éparses et non des rues serrées et populeuses. Il faudrait donc se rejeter à l'est, mais à l'est s'étend le quartier de Marbot, et plus loin se déploie un coteau de vignes qui se repose sur un sol pierreux et très difficile à fouiller. Et puis, un cimetière établi dans cet endroit, aussi près qu'on pourrait des berges du canal, serait encore à 1,800 mètres de la rue de Naga, à 1,700 mètres de la rue Montant, à 2,000 mètres de la rue des

Clouères. Ces distances sont calculées à vol d'oiseau, et si l'on tient compte des tours et détours des rues, des usages religieux et civils d'un pays où le clergé, après avoir conduit le corps à l'église, le mène au cimetière, où les parents et amis vont chercher le convoi à la maison mortuaire et y ramènent la famille, personne ne proposera de choisir un emplacement si excentrique, à moins qu'on ne veuille employer des corbillards et des voitures; mais ceci entraînerait une si lourde dépense pour les citoyens, et pour la ville à charge de qui resterait l'inhumation des indigents, qu'on n'y a même pas pensé.

On a donc conservé le cimetière actuel ; si le nouveau tracé du chemin de fer lui enlève encore du terrain, ce seront trois ares au plus, et trois ares dans la partie réservée qui ne sera de longtemps entièrement occupée, si toutefois elle doit l'être jamais. Cependant il se fait chaque année un certain nombre de concessions. Elles ont produit :

En 1842............ 810 fr.
En 1843............ 5,195
En 1844............ 1,800
En 1845............ 2.130
En 1846............ 5,476

Sans doute, quand la plupart des familles auront acquis des espaces réservés, le revenu diminuera ; mais il en est encore beaucoup qui n'ont point fait d'acquisition, de nouvelles familles s'établissent à Bar, d'autres y arrivent à la fortune, et on ne risque guère d'être trompé dans ses prévisions en portant chaque année au budget une recette de 2,000 fr. pour produit des concessions au cimetière.

§ 3. *Grand abattoir.* Les abattoirs particuliers sont en général tenus avec trop peu de soin. On n'y prend pas de précautions suffisantes quand on abat les animaux ; quelques-uns échappant à des coups mal assurés ont parcouru la ville furieux et menaçants ; d'autres ont occasionné des accidents dans ces abattoirs même où il était loisible à des étrangers de pénétrer au moment de l'abattage. Les débris qui restaient là souvent pendant plusieurs jours sans être enlevés, le sang qui coulait dans les rues, répandaient une odeur infecte et insalubre. De plus, dans le secret d'un abattoir particulier, un boucher plus avide que scrupuleux abattait ou des veaux trop jeunes, ou même des animaux mal sains ou malades.

Toutes les villes ont donc intérêt à substituer à ces abattoirs particuliers des abattoirs publics. Là toutes les précautions de sûreté, de propreté, de salubrité sont assurées par la vigilance d'un préposé, et le contrôle de la police s'exerce sur la nature et la qualité des viandes. Les villes à octroi ont un motif de plus pour créer de tels établissements ; le registre de l'abattoir doit concorder, en effet, avec le registre de l'octroi, et ces deux services se contrôlant l'un par l'autre, toute fraude serait bientôt découverte.

La ville de Bar a obtenu, à la date du 4 mars 1830, une ordonnance royale qui interdit toutes les tueries particulières et y substitue un abattoir public. Néanmoins, et par respect pour le principe de la liberté des industries, l'ordonnance porte que « les bouchers et charcutiers de la ville seront libres » de tenir des échaudoirs et des abattoirs hors de la ville, » dans les communes voisines, sous l'approbation de l'auto- » rité locale. » L'abattoir public de la ville de Bar fut ouvert le 23 avril 1832 ; placé sur le quai des Minimes, traversé par une prise d'eau du canal, aéré par un large courant d'air du sud au nord, surveillé par un préposé qui y réside, il offre toutes les conditions importantes de sûreté et de salubrité. Un règlement du 22 octobre 1831, approuvé par M. le ministre du commerce le 16 avril 1832, détermine toutes les mesures relatives à l'abattage des bestiaux, à la perception des droits et à la poursuite des contraventions. Le droit d'abattage est :

Pour chaque bœuf, taureau ou vache, de..... 1 fr. 50 c.
Pour chaque veau au-dessous d'un an, de..... » 40
Pour chaque mouton, agneau ou chevreau, de. » 25

Dans les dix années qui se sont écoulées de 1837 à 1846, les recettes du grand abattoir ont été de 30,706 fr. 80 c., ce qui donne une moyenne de 3,070 fr. 68 c. par année. La recette la plus forte a été de 3,407 fr. 20 c., elle a été faite en 1838 ; la plus faible est celle de 1844, elle a été de 2,575 fr. 85 c. On peut donc porter au budget une prévision de 3,000 fr,

A la vérité, ce n'est point là un revenu net, il est grevé des frais de surveillance et d'entretien, et la ville a dû, pour se le procurer, acheter et construire l'abattoir. Les frais de surveillance et d'entretien s'élèvent à 800 fr. environ par année, (six cents francs pour le traitement du préposé, et 200 fr. pour entretien du bâtiment et du mobilier). Le terrain a été acheté le 27 septembre 1830 au prix de 16,160 fr., frais compris, et la construction a coûté 17,330 fr. 86; ces deux sommes réunies présentent un total de 33,490 fr. 86 c. La ville, en établissant cet abattoir, a donc placé utilement son argent ; elle en retire plus de 6 p. 0/0, elle a été plus heureuse que Paris, qui ne retire de ses cinq abattoirs, dont la construction lui a coûté 18 millions, que un million dont il faut déduire cent mille francs au moins pour frais de surveillance et d'entretien.

Mais ce revenu est devenu aujourd'hui plus précaire qu'il n'était par le passé. La loi du 12 mai 1846 a ordonné que la taxe des bestiaux sur pied à l'entrée des villes se percevrait non par tête, comme cela s'est toujours pratiqué jusqu'alors, mais au poids. Or, ce poids comprenant non seulement la viande livrée à la consommation, mais encore la vidange et les issues de l'animal, les bouchers ont pensé qu'il serait plus avantageux pour eux de ne faire entrer en ville que des viandes dépécées. L'un d'eux, usant donc de la faculté qui leur était réservée par l'ordonnance du 4 mars 1830, a établi un abattoir sur le territoire de la commune de Véel, et n'introduit plus en ville pour alimenter son étal que de la viande à la main. Il y trouve l'avantage de ne payer le droit d'octroi que sur la viande qui est véritablement livrée à la consommation, droit plus élevé toutefois, presque double de celui que paie la viande sur pied (6 fr. par 100 kilog. au lieu de 3 fr. 70 c.), et de se soustraire entièrement au droit d'abattage. Mais c'est pour lui un grave inconvénient et une dépense assez lourde d'avoir constamment à amener sa viande de son abattoir dans la ville. Il est donc probable que cet exemple trouvera peu d'imitateurs et que le revenu de l'abattoir aura été plutôt menacé qu'atteint.

Cependant cette menace même a suffi pour éveiller l'attention de l'autorité municipale. N'était-ce pas tout à la fois son droit et son devoir d'organiser, dans l'intérêt de la salubrité, un service spécial et une surveillance particulières, pour ces viandes d'animaux tués au-dehors et mises en vente à l'étal du boucher, sans visite préalable, soit à l'abattoir, soit sur le marché public. Un arrêté du maire de Nantes, du 2 décembre 1835, déclaré obligatoire par arrêt de la cour de cassation du 13 mai 1841 *(Dalloz, v.° commune n.° 1097)* porte :
« Toutes les viandes mortes de boucherie apportées du dehors
» à Nantes, pour la consommation de cette ville, quels que

» soient les introducteurs et en quelque dimension et quantité
» que soient les viandes, ne peuvent être introduites que le
» samedi de chaque semaine, jour du marché forain pour cette
» denrée, et elles doivent être conduites directement au lieu
» du marché, et non ailleurs, pour y être vendues et vérifiées
» préalablement. » On s'est demandé si des dispositions semblables ne devraient pas être adoptées à Bar ; on a dû aussi se demander si la modification apportée dans le mode de perception du droit d'octroi sur le bétail ne rendait pas nécessaires quelques changements au tarif de l'abattage. Ces questions ont été mises à l'étude et ne pourront être résolues que quand une expérience de quelque durée aura permis d'apprécier la portée des prétentions des bouchers, et de préciser les résultats qu'amènera l'exécution de la loi du 12 mai 1846.

§ 4. *Abattoirs à porcs.* — Jusqu'au 2 prairial an XII (23 mai 1804), les bouchers ont tué dans les rues mêmes de la ville, au-devant de leur domicile, les veaux et moutons destinés à la consommation. C'est seulement à partir de cette époque qu'un arrêté municipal leur enjoignit de se renfermer dans leurs maisons. Mais ce qui avait été défendu aux bouchers demeura permis aux charcutiers et aux particuliers qui tuaient des porcs. Ils continuèrent non seulement à les tuer, mais à les griller et échauder au milieu des voies publiques. C'était un usage incompatible avec toute bonne police de la voirie, qui n'en subsistait pas moins défendu par son ancienneté et par les habitudes de la population. Le règlement municipal du 30 fructidor an XIII (17 septembre 1805) n'avait pas tenté de le supprimer, et l'avait plutôt en quelque sorte consacré, tout en lui imposant certaines restrictions. Ainsi, il était défendu de griller des porcs avant ou après le coucher du soleil, et de les griller dans les rues qui avaient moins de 6 mètres 50 centimètres de largeur. (Art. 20.) L'art. 53 faisait défense « de
» répandre dans les rues les débris provenant de la vidange
» des porcs ; il était spécialement enjoint à ceux qui en
» tuaient de faire nettoyer sur-le-champ et balayer la place
» sur laquelle ces animaux auraient été grillés et vidés ; comme
» aussi de casser et mettre en tas la glace occasionée par
» l'eau répandue en lavant ces porcs. » Plus tard, et petit à petit, les particuliers renoncèrent à tuer leurs porcs, et prirent l'habitude de s'approvisionner chez les charcutiers. Ils

trouvèrent alors intolérable qu'on s'exposât à des incendies en grillant les porcs près des habitations, et que pour les nettoyer on encombrât les rues d'ordures et de glaces. Ils demandèrent donc et ils obtinrent facilement de l'autorité municipale que certaines places bien ouvertes, éloignées des quartiers fréquentés, où l'eau aurait un écoulement rapide, fussent exclusivement désignées pour l'abattage des porcs. Les voisins de ces places finirent, à leur tour, par réclamer contre ces désignations, et, forte de l'appui que venaient lui prêter les intérêts privés, la police put supprimer entièrement un usage abusif. Ce fut ainsi qu'à partir du 7 octobre 1830 il ne fut plus permis à personne, charcutier ou simple citoyen, de ne tuer, griller et nettoyer des porcs ailleurs qu'à l'abattoir que la ville venait de faire établir sur la place des Gravières. Il n'y eût de réserves faites que pour les particuliers qui, élevant des porcs pour leur consommation, conservèrent le droit de les faire abattre chez eux, pourvu que ce fût dans un terrain clos et séparé par la voie publique. On reconnut aussi que pendant l'hiver, par les temps de neige et de verglas, il serait difficile aux habitants de la Ville-Haute de ramener de la Ville-Basse les porcs tués, et, pour ces cas exceptionnels, on leur permit de les faire abattre, soit dans la rue du Tribel, auprès du parapet, soit sur la place dite le Château. L'abattoir, muni de pompes, de chaudières, de brouettes, d'établis, fut mis en adjudication, et l'adjudicataire autorisé à percevoir pour chaque porc abattu, savoir :

Pour droit d'attache...	»	05
Pour droit de langueyage...	»	10
Pour jouissance du local et des ustensiles.	»	45
Total...	»	60

Le droit de langueyage n'était pas nouveau. Les porcs sont sujets à une maladie qu'on nomme ladrerie, qui se manifeste principalement par des ampoules sur la langue, et qui rend la chair de ces animaux malsaine et malfaisante. D'après le règlement du 30 fructidor an XIII (17 septembre 1805), « il ne
» pouvait être vendu aucun porc sur les foires et marchés,
» que préalablement il n'eût été visité par l'expert langueyeur
» ou artiste vétérinaire, à l'effet de constater s'il est ou s'il
» n'est pas atteint de la maladie connue sous le nom de ladre-
» rie ; il devait être payé audit expert, par le vendeur, une

» rétribution de 0,10 c. par chaque porc visité et vendu. » En créant un abattoir public, la ville n'avait pas entendu supprimer cette visite préalable faite par un expert, elle exigea de l'adjudicataire qu'il la fît faire lui-même, et lui concéda le droit de 0,10 c. pour langueyage. Mais déjà, depuis 1825, il était reconnu en jurisprudence que « si la loi du 24 août 1790
» autorise les corps municipaux à faire des règlements pour le
» débit et la salubrité des comestibles exposés en vente pu-
» blique, aucune loi ne leur permet d'établir des taxes pour
» l'exécution de ces règlements ; qu'au contraire, les lois de
» finances, votées chaque année et contenant le budget des
» recettes, interdisent formellement toutes les contributions
» directes ou indirectes, sous quelque dénomination que ce
» soit, autres que celles autorisées par ces lois. (1) » Le droit de langueyage était une véritable contribution imposée au vendeur de porcs. M. le ministre de l'agriculture demanda donc qu'il cessât d'être perçu, et après quelque résistance dans l'intérêt de la salubrité publique, le conseil municipal, cédant à l'autorité de la loi et de la jurisprudence, le fit disparaître du bail passé le 16 décembre 1832 et de tous ceux qui ont suivi. On prit seulement le soin de mentionner dans le bail que « l'adjudicataire serait obligé de souffrir les visites
» journalières des commissaires de police, et de leur donner
» pleine et entière satisfaction sur toutes les demandes qu'ils
» pourront lui faire, en ce qui concerne le service dont il est
» chargé. (Art. 13.) » L'examen et la visite des porcs continua donc à subsister, la taxe seule disparut, et les commissaires de police ne pouvant toujours veiller par eux-mêmes à cette partie du service, on créa, en 1843, pour les seconder, un inspecteur des viandes payé par la ville, et qui est chargé de s'assurer de la salubrité de toutes les viandes exposées en vente, soit sur pied, soit dépécées.

Le fermier de l'abattoir perçoit pour chaque porc « un droit
» de 0,50 c., au moyen duquel il est tenu de mettre à la dis-
» position des charcutiers et des particuliers tous les usten-
» siles destinés au service de l'établissement, et de fournir le
» bois nécessaire pour l'alimentation du feu sous les chau-
» dières. (Art: 8.) » Son bail a été renouvelé le 19 décembre 1846, pour cinq ans, à compter du 1.er janvier 1847, et il paie

(1) Cour de cassation, 22 février 1825, p. 25, t. 341.

à la ville, pour chaque année, 1,055 fr. De 1840 à 1847, le fermage annuel n'était que de 1,005 fr. De 1837 à 1840, il avait été de 1,065 fr. On porte au budget la somme fixée au bail; mais cette recette est atténuée de quelques frais d'entretien qui s'élèvent environ à 50 fr., année moyenne.

Le terrain sur lequel est établi l'abattoir n'a point été acheté, il a été pris sur une place publique. Les bâtiments ont été construits en deux fois, et les deux adjudications se sont élevées à 4,339 fr. « On aurait dépensé pour le mobilier 1,582 fr.; ensemble, 5,921 fr. » C'est là, du moins, ce qui ressort de la comptabilité un peu obscure et irrégulière qui a été tenue pour cet objet. Mais quand même la dépense aurait dépassé ce chiffre, et elle ne peut l'avoir excédé de beaucoup, ce serait encore de l'argent plus avantageusement placé que celui du grand abattoir.

§ 5. *Marchés.* — « Les jours et places pour la tenue de mar-
» chés sont fixés ainsi qu'il suit : les mardi et vendredi sur le
» place de la Municipalité, dans l'enceinte de ladite place en-
» tourée de haies; les mercredi et samedi sous la halle de la
» Ville-Haute. » Ainsi s'exprimait l'art. 93 du règlement du 30 fructidor an XIII (17 septembre 1805). Depuis lors on a continué les marchés les mardi et vendredi à la Ville-Basse, les mercredi et samedi à la Ville-Haute. Mais ces derniers marchés sont sans importance; on n'y voit d'ordinaire que deux ou trois bouchers et quelques jardiniers. A la Ville-Basse, au contraire, il a fallu ajouter un troisième jour à ceux qui y étaient fixés. Les personnes, en effet, que le travail retient tous les jours dans les ateliers, celles qui ne reçoivent que le dimanche matin le salaire de leur semaine ou de leur quinzaine, éprouvaient quelques difficultés pour s'approvisionner, et étaient forcées de passer par l'intermédiaire des revendeurs. On a donc établi, à leur intention, un marché du dimanche ; d'abord les jardiniers seuls y venaient, plus tard les bouchers forains se sont réunis à eux, et aujourd'hui les habitants de la campagne commencent à y apporter leurs denrées.

Les marchés s'ouvrent le matin au son du beffroi, c'est-à-dire à cinq heures, du mois d'avril au mois d'octobre, et à six heures pour les autres mois. Le règlement que j'ai cité déterminait aussi des heures précises de clôture; mais il est tombé en désuétude à cet égard, et les marchés se ferment le plus ordinairement entre dix et onze heures.

La loi du 18 juillet 1837 (art. 31), qui ne fait que reproduire en ce point l'art. 7 de la loi du 11 frimaire an VII, met au nombre des revenus communaux « le produit des droits de » place perçus dans les marchés d'après les tarifs dûment au- » torisés. » C'est en vertu de ces lois qu'un tarif arrêté par le conseil municipal le 16 février 1832 et approuvé par le préfet le 9 février 1833, fixe ainsi qu'il suit les droits de location des places sur les marchés :

« Par mètre carré de boutique ou étal sur table, ou à terre :
» 1.º pour les bouchers, les charcutiers, les marchands de poisson et de
» volaille... 20 c.
» 2.º pour les tripiers, coquetiers, marchands de beurre et marchands
» de grenouilles... 10
» 3.º Pour les jardiniers, marchands de légumes et de tous autres objets
» non spécifiés ci-dessus... 05

Ces droits sont perçus à chaque marché par les sergents de ville sous la surveillance du commissaire de police et versés à la fin de chaque mois dans la caisse municipale. Les marchés les plus forts rapportent de 30 à 40 fr., les plus faibles de 15 à 18 fr. Ceux du dimanche ne dépassent guères 16 fr. Dans les dix années qui se sont écoulées de 1837 à 1847, on a reçu 32,718 fr. 10 c., ce qui donne en moyenne 3,271 fr. 81 c. par an. La recette la plus forte est celle de 1846, elle a été de 4,095 fr. 40 c., c'est l'année 1839 qui a donné le moindre produit, il ne s'est élevé qu'à 2,675 fr. 55 c.

On porte au budget une prévision de 3,000 fr. Cette recette est une recette brute, et nous trouverons au chapitre des dépenses la somme allouée aux sergents-de-ville et au commissaire de police à titre d'indemnité. Ce prélèvement est d'un 10.ᵉ dont 1/2 pour le commissaire de police et moitié pour les autres agents.

Les denrées apportées au marché sont fournies par les communes environnantes du département de la Meuse, et par celles du département de la Marne et de la Haute-Marne qui sont limitrophes. La ville de Bar est située dans une vallée resserrée par des coteaux dont les sommets sont arides et en certaines parties incultes. Les vallées plus riches de la Meuse et de la Saulx lui fournissent le poisson et le gibier : c'est surtout la Marne et la Haute-Marne qui lui envoient les veaux et la volaille. Le rayon d'où se tirent ces approvisionnements est plus étendu que ne pourrait le faire supposer la population de la ville de Bar. Et pour sortir des généralités et donner une idée complète du mouvement des marchés, je consignerai ici le détail exact de l'un d'eux. C'est un marché du mois de septembre, du mois où toutes les récoltes sont faites, où les chasses sont ouvertes, où toutes les provisions arrivent en abondance. C'est un marché du vendredi qui est le jour où ils sont le mieux approvisionnés. Le vendredi 26 septembre 1845, il était venu au marché 326 individus qui appartenaient à 53 communes et qui avaient amené avec eux 78 voitures. Parmi ces communes, la plus éloignée de celles du département de la Meuse était située à 45 kilomètres de la ville de Bar, celles de la Marne en étaient situées à 25 kilomètres en moyenne.

Les marchands au nombre de 326 se subdivisaient en :

Marchands de poissons..	9
— de gibier, de volaille, beurre et œufs..	76
— de viande de boucherie et de porc.	38
— de fromages.	7
— de fruits.	23
— de légumes.	161
— de sucrerie, de ferrailles, de vêtements, de chaussures.	12
Total	326

Il est du devoir de l'administration municipale de veiller à ce que les marchés soient bien approvisionnés, et à ce que les consommateurs puissent acheter directement les denrées sans entrer en concurrence avec les revendeurs et aubergistes qui les leur feraient surpayer. Sur ce dernier point, le pouvoir des maires est très étendu, et la cour de cassation est allée jusqu'à décider que « l'interdiction faite par un règlement municipal
» de vendre ou acheter des fruits ailleurs qu'au marché, doit
» être entendue en ce sens qu'il n'est pas même permis d'en
» vendre ou acheter sur les lieux de leur production pour être
» livrés directement au domicile de l'acheteur (1). » Le règlement municipal du 17 septembre 1805 contient à ce sujet plusieurs dispositions très sages. Il défend à tous les forains connus pour faire habituellement le commerce des denrées destinées à l'approvisionnement des marchés, arrivant à la ville la veille desdits marchés dans l'après-midi, de vendre à aucune personne, et sous aucun prétexte, tout ou partie desdites provisions sur les chemins, dans la ville, ou dans des maisons particulières. (Art. 89.) Le commissaire de police est

(1) Cour de cassation, 13 décembre 1844. § 45. t. 616.

tenu d'obliger ces marchands à exposer leurs marchandises sur les marchés (même article), où ils doivent rester séparés des personnes connues dans la ville pour exercer l'état de cossonniers, revendeurs ou revendeuses. (Art. 90.) Il est interdit aux aubergistes, traiteurs, et à tous ceux qui vendent des comestibles en détail, d'aller au-devant de ceux qui en apportent à la ville, de se présenter sur les marchés ou d'y envoyer quelqu'un pour acheter en leur nom, avant neuf heures, du 1.er octobre au 31 mars; avant huit heures, du 1.er avril au 30 juin; avant sept heures, du 1.er juillet au 30 septembre. (Art. 91, 92.) Il faudrait une surveillance très exacte et une vigilance très active pour assurer la complète exécution de ces mesures, et quoique leur utilité soit évidente, nous n'osons pas dire qu'elles soient ponctuellement observées. Souvent, en effet, dans les commissions du budget et même dans le sein du conseil municipal on a reproché aux agents de manquer de la fermeté et du soin nécessaires dans l'accomplissement de cette partie de leurs devoirs. On a cité des marchands forains qui, arrivés la veille du marché, dans l'après-midi, avec une voiture de provisions, avaient tout vendu avant le marché, et n'y exposaient rien en vente. On a dit que des revendeurs allaient au-devant des forains et leur achetaient leurs denrées sur les routes et dans les rues; on en a indiqué qui se présentaient au marché à l'heure d'ouverture, en même temps que les particuliers auxquels ils faisaient alors concurrence; d'autres avaient pour les remplacer, dans ce commerce prohibé, des entremetteurs connus; la viande de boucherie, apportée par les bouchers de la campagne, avait été vue enlevée en quartier par les bouchers de la ville. On a su, enfin, que des marchands venus sur le marché conservaient soigneusement dans leurs paniers des denrées qu'ils ne montraient pas et pour lesquels ils avaient un placement assuré après la clôture du marché. Ce sont là autant d'abus, autant de violations du règlement que la ferme volonté de l'autorité municipale et les condamnations judiciaires sauront sans doute bien réprimer. Ce qui importe, c'est de ne tolérer de la part des préposés à la surveillance aucune négligence dans cette partie du service et de punir par des réprimandes d'abord, et par des retenues ou des diminutions de traitement quand les réprimandes sont sans effet, ceux qui, par faiblesse ou sous prétexte d'ignorance, laissent commettre de telles infractions aux règlements municipaux. Il faut défendre et protéger les droits et les intérêts du consommateur direct, de celui pour lequel les marchés publics ont été plus spécialement créés.

Quant à la régularité et à l'abondance des approvisionnements, l'autorité municipale n'y peut rien d'une manière directe. Ce qui appelle le marchand, c'est le consommateur, c'est la certitude de vendre la marchandise et de la vendre à un prix raisonnable. Mais il viendra plus facilement encore s'il est sûr de trouver, moyennant une rétribution modérée, un emplacement convenable et commode pour étaler ses denrées et placer ses voitures, et s'il compte qu'une bonne police lui prêtera son concours et protégera ses intérêts. L'autorité municipale peut lui assurer ces avantages. On ne sait point assez ce qu'il se commet de petits vols sur les marchés. Les femmes sont réunies au nombre de dix à douze autour d'un étal; elles ont des paniers, des cabas, des pelisses; elles peuvent prendre la marchandise comme pour l'examiner, se l'approprier comme si elles allaient la payer, partir comme si elles oubliaient de le faire, et tout cela pendant que le marchand est occupé à répondre à cinq ou six personnes différentes, à discuter les prix, à peser, à recevoir son argent. Ce sont là autant de facilités offertes aux gens de mauvaise foi, autant d'excuses prêtes s'ils sont surpris; aussi la constatation de ce genre de délits est-elle difficile et la répression rare. Il faudrait par cela même que l'œil de la police s'y portât avec plus de soin; il n'est pas impossible de saisir ces voleuses dont le nombre, après tout, n'est pas si considérable, et quelques condamnations suffiraient pour faire cesser les plaintes que j'ai recueillies de la bouche des marchands et assurer à leur commerce une sécurité qu'ils réclament avec instance.

On a pu voir par le tarif que j'ai rapporté plus haut, que les marchands ne paient rien pour leurs voitures qui, cependant, encombrent les rues et les abords de la place; ils ne donnent qu'une très modique somme pour l'emplacement que leurs denrées occupent sur le marché. Et cependant, si modique qu'elle soit, le conseil municipal a dit à plusieurs reprises que c'était beaucoup encore, puisque marchands et marchandises restaient exposés à la neige et à la pluie en hiver, au soleil en été, et que la ville ne leur fournissait aucun abri. Aussi la question d'un marché couvert a-t-elle été agitée presque chaque année depuis dix ans. On ne peut point toutefois pressentir encore une solution.

Cette solution présente en effet des difficultés de plus d'un genre. Le choix de l'emplacement n'est pas la moindre. Il faudrait, en effet, un local abordable de plusieurs côtés, autour duquel pût s'établir une circulation large et facile. Il faudrait que ce terrain fût assez central pour qu'on y vînt également bien de tous les quartiers ; il serait à désirer qu'il fût nu ; on n'aurait point à faire la double dépense de raser des bâtiments pour en élever d'autres. La place Municipale remplit toutes ces conditions : mais nous n'avons dans la ville que cette seule place ; elle est indispensable pour les fêtes publiques, les réunions générales, les prises d'armes de la garde nationale. On ne saurait donc s'en priver pour en faire un marché couvert. D'un autre côté, les propriétaires des maisons qui bordent la place, les commerçants qui y sont établis demandent instamment que le marché reste sur la place : ils ont, disent-ils, des droits acquis ; leur commerce souffrirait si on le transportait ailleurs. De droits acquis, ils n'en ont pas : on a établi le marché sur la place Municipale dans un intérêt public ; l'intérêt public peut exiger qu'on le porte sur un autre emplacement, et l'usage même ancien ne donnerait aucun droit de s'y opposer. D'ailleurs, l'usage ici n'est pas d'une si ancienne origine ; car dans les premières années de ce siècle le marché se tenait sur la place de la Couronne. Les habitants de la place n'ont donc point de droits acquis dans le sens rigoureux du mot : toutefois, une administration équitable doit prendre en très grande considération leur réclamation, le prix auquel ils ont acquis leurs maisons, les sacrifices qu'ils ont faits en vue de l'établissement du marché, le développement qu'a pris et que prend dans ce quartier le commerce, presque restreint auparavant à la seule rue d'Entre-deux-Ponts. C'est sur cette base que s'étaient établies en dernier lieu les délibérations du conseil, et M. le maire avait été autorisé à traiter avec le propriétaire des deux maisons situées rue Voltaire, n.os 12 et 14. Ces deux maisons avaient un jardin assez vaste, de belles caves que les marchands de légumes auraient volontiers louées, une prise d'eau sur le canal, et une sortie sur la Rochelle. Donc, sans trop s'éloigner de la place, on trouvait là, avec toutes les conditions nécessaires à l'établissement d'un marché public, une rue nouvelle unissant la Rochelle et le centre de la ville, qui ne communiquent aujourd'hui que par l'entrée beaucoup trop resserrée de la rue Rousseau. La Ville-Haute y arrivait aisément par les Quatre-vingt-Degrés ; Couchot en était rapproché par le petit pont de Juillet et la rue de l'Abattoir.

On faisait alors deux objections contre le choix de cet emplacement : il était trop restreint suivant les uns, trop cher suivant les autres. La première objection ne paraît pas fondée : les deux maisons réunies offraient une superficie de 2,060 mètres carrés. En donnant à la rue 10 mètres de large sur 78 mètres de longueur, on diminuait cette superficie de 780 mètres carrés. Il en restait 1280, et dans les marchés les plus nombreux il n'y a jamais plus de quatre cents mètres occupés par les marchands. Il en restait donc 880 ; c'était plus qu'il n'en fallait pour une circulation aisée, pour établir des pompes et fontaines, pour ménager aux caves un accès facile.

Mais si l'emplacement était assez étendu, il faut convenir que la dépense menaçait d'être très élevée. Au prix d'acquisition, qui eût été de plus de 75,000 fr., frais compris, il y avait à ajouter les dépenses de construction du marché. Or, à en juger par ce qui s'est fait jusqu'ici, ces dépenses sont énormes. Le marché couvert de Metz, qu'on aime trop à citer et qu'on a le tort de se proposer pour modèle, qui couvre 4,000 mètres de terrain et qui est trop grand même pour une ville comme Metz, a coûté 333,133 fr. 60 c. : encore les fondations, l'aile droite et une partie de la façade, qui avaient été faites et terminées avant la révolution par M. de Montmorency, évêque de Metz, ne figurent-elles pour rien dans cette dépense ; Metz a un autre marché couvert, la halle aux légumes, place Saint-Jacques, qui couvre 1240 mètres carrés, sous laquelle règnent des caves, dont la charpente est simple et légère et la couverture en zinc : il a coûté 100,000 fr. En imitant donc ce marché plus modeste, qui est bien construit et bien distribué, on aurait encore eu à dépenser à Bar en frais tant d'acquisition que de construction, plus de 200,000 fr. C'était beaucoup.

Il est vrai que la dépense d'un marché couvert n'est pas tout à fait sans compensation. Le tarif des places serait plus élevé qu'il ne l'est sur un terrain découvert : les marchands ne s'en plaindraient pas, car ceux des nôtres qui ont voulu se mettre à l'abri de la pluie ont traité avec un entrepreneur qui, à chaque marché, leur fournit une table couverte d'une toile au prix de 15 c. le mètre par marché. Il y a soixante échoppes de cette espèce, d'un mètre et demi chacune, ce qui, pour les 156 marchés de l'année, doit donner un revenu de 1,800 fr. environ. Si la ville fournissait l'abri, elle toucherait ce revenu, et pourrait imposer dans la même proportion tous les marchands indistinctement, ce qui ferait monter la somme à 4 ou 5,000 fr. A ce taux les marchands paieraient beaucoup plus cher que sur le marché couvert de Metz, et cependant la ville de Bar ne retirerait pas de son argent plus de 2 pour cent. C'est qu'en effet dans toutes les villes le revenu est minime, relativement aux frais de premier établissement, d'entretien et de surveillance. Il en est ainsi pour les marchés de Paris; le marché couvert de Metz ne rapporte pas plus de 10,000 fr. : la halle aux légumes de la même ville offre seule des avantages, elle rapporte 7,800 fr.

Malgré ces objections le conseil avait passé outre et autorisé M. le maire à acheter les deux maisons au prix de 70,000 fr. Le propriétaire demandait 72,000 fr. Le conseil, qui pensait avoir fixé le prix de l'immeuble à sa haute valeur, trouva la prétention trop élevée : il maintint le chiffre de 70,000 fr. et l'acquisition ne fut pas réalisée.

La question reste donc à résoudre. Les discussions précédentes semblent seulement avoir dégagé ceci : c'est qu'un marché couvert est nécessaire et devra être construit dans un avenir peu éloigné; c'est qu'il devra être central et autant que possible rapproché de la place Municipale; c'est qu'il faudra se borner dans la construction à des plans modestes et peu coûteux, éviter tout ce qui viserait à être monumental pour s'en tenir à une bonne et commode distribution intérieure; peut-être même, pour diminuer la dépense, se familiarisera-t-on avec l'idée de ces marchés à deux étages qui couvrent un double espace avec une seule toiture, et que l'Angleterre a adoptés dans plusieurs de ses grandes villes.

§ 6. *Marché aux bestiaux.* On amène aux marchés ordinaires des mardis et vendredis des veaux et des porcs en assez grande quantité. Ces animaux sont destinés à la consommation, et n'entrent en ville que pour y être abattus. Les premiers vendredis de chaque mois il y a un marché spécial où l'on amène des porcs, notamment des porcs de lait, des bœufs et des vaches. Ces animaux ne sont point amenés pour les besoins de la boucherie : ce sont les cultivateurs des environs qui viennent à ce marché ou vendre, ou acheter du bétail, suivant les nécessités de leur exploitation ; c'est là que les habitants de la ville et des campagnes s'approvisionnent des porcs qu'ils élèvent et nourrissent chez eux.

Le développement qu'a pris l'agriculture, les transactions multipliées qu'elle amène, l'aisance répandue dans les campagnes, l'amélioration qu'ont éprouvée en ces derniers temps les diverses races d'animaux ; le désir qu'avait le propriétaire éleveur de montrer ses produits, et l'avantage qu'il trouvait à les vendre dans une réunion publique, étaient autant de causes réunies qui réclamaient la création d'un marché spécial. Cette création remonte à 1835 : c'est le 14 août de cette année que M. le maire demanda au conseil municipal et en obtint l'autorisation nécessaire à cet effet. A peine ouvert, le marché prospéra, et vendeurs et acheteurs affluaient sur la place de l'Abattoir où il avait été primitivement établi. Ce fut bientôt sur cette place, dans les rues et les quais environnants, un encombrement tel que la circulation en fut entravée. Un arrêté du 9 octobre 1840 prescrivit donc, par mesure de police, que les porcs, les moutons et les veaux seraient placés sur la place des Gravières, et on abandonna le quai de la Rochelle, depuis l'abattoir jusqu'au grand pont, pour les chevaux et bêtes à cornes. Cependant le marché prenait une extension de plus en plus considérable ; les emplacements indiqués devenaient insuffisants ; alors, par un arrêté du 4 septembre 1841, le marché fut transporté au pâquis de la Ville-Basse : c'est là qu'il se tient depuis cette époque. On pourra se faire une idée de l'activité de ce marché et du mouvement des transactions quand on saura que dans les six premiers marchés de 1848 on a amené 1177 porcs, porcs de lait ou lancerons, 39 bœufs et 921 vaches. 80 à 100 de ces vaches ou bœufs sont vendus pour la consommation : le reste ne fait que paraître sur le marché pour être ensuite emmené dans les campagnes. Ces chiffres sont parfaitement exacts pour les têtes de bétail soumises au droit d'octroi. Les chevaux n'en payant aucun, on ne tient pas note de leur nombre, et je ne puis le faire qu'approximativement. Je suis plutôt au-dessous qu'au-dessus de la vérité en le mettant à 400 pour les six premiers marchés de 1848. La prospérité toujours croissante du marché de Bar a frappé l'attention de toutes les communes un peu considérables qui nous environnent, et n'a point échappé au conseil général du département.

Ayant à s'expliquer en 1847 sur les demandes de Gondrecourt, Treveray, Ligny, qui réclamaient l'autorisation d'ouvrir chaque mois un marché aux bestiaux, le conseil général appuya ces demandes et émit le vœu que ces marchés se tinssent à Gondrecourt le mardi, à Treveray le mercredi, à Ligny le jeudi qui précéderaient le premier vendredi du mois, de telle sorte que les marchands de bestiaux, descendant des Vosges, avaient de jour en jour des étapes non interrompues jusqu'à Bar. Depuis lors le village de Condé a demandé que cette ligne d'étapes se prolongeât jusqu'à lui : son marché serait fixé au lendemain de celui de Bar, au premier samedi du mois.

Ces marchés aux bestiaux amènent à Bar un concours assez notable de vendeurs et d'acheteurs, et profitent ainsi d'une manière indirecte à l'octroi qui s'améliore de tout accroissement dans la consommation. C'est le seul revenu que la ville de Bar retire de ce marché qui occasione cependant des soins et des dépenses de police et de voirie. Mais on a craint, en établissant une taxe sur le bétail qui serait amené, de l'empêcher de venir ; et dans la délibération du 14 août 1835, le conseil municipal a partagé l'avis du maire : « qu'il convenait » de ne percevoir aucun droit sur les bestiaux exposés en » vente. » L'animal, si c'est une vache ou un bœuf, entre donc en ville moyennant un passe-debout délivré par l'octroi au propriétaire contre un versement de 15 fr. 10 c. Les 15 fr. ne sont qu'une consignation que l'octroi restitue à la sortie de l'animal ; les 10 centimes sont le prix de la quittance ou passe-debout, prix qui revient non à la ville, mais à l'Etat qui fournit ces quittances par l'intermédiaire de la régie des contributions indirectes. Le montant de la consignation pour un porc de lait est de 60 c., pour les lancerons et les veaux de 4 fr., plus le droit de quittance de 10 c.

Les choses ne se sont pas toujours passées ainsi. Dans l'origine, le marché était franc, et ceux qui y amenaient du bétail n'avaient rien à consigner, mais payaient seulement les dix centimes de timbre du passe-debout. Ce n'est que plus tard qu'on a exigé, d'après les art. 24 et suivants du règlement de l'octroi, les consignations contre lesquelles tout le monde réclame aujourd'hui. Les receveurs d'octroi disent que la presse est quelquefois telle, et le nombre de ceux qui entrent avec du bétail si considérable, qu'ils risquent souvent d'omettre une ou plusieurs consignations, ce qui entraînerait pour eux une responsabilité et une perte assez graves. Les habitants de la campagne qui font entrer une ou plusieurs têtes de bétail n'ont pas toujours l'argent nécessaire pour faire la consignation, et on en a vu forcés de laisser leurs vaches dans les auberges en-dehors du rayon de l'octroi et battre la ville pendant des heures entières pour trouver de quoi consigner. Ils préféreraient mille fois payer vingt centimes au lieu de dix centimes et n'avoir point à consigner. On pourrait donc fixer un droit d'entrée de 10 c. pour chaque vache ou bœuf, de 05 c. pour chaque veau ou porc lanceron, de 02 c. 1/2 pour chaque porc de lait, et, pour conserver l'égalité entre tous les vendeurs de bestiaux, on ferait payer aux marchands de chevaux, qui n'ont rien à payer à l'entrée, 10 c. pour la place que chaque cheval occupe sur le marché.

Les receveurs verraient avec plaisir cette modification, car s'ils restaient encore exposés à des erreurs, ce ne pourrait plus être que des erreurs de très faible importance; les vendeurs de bestiaux, délivrés de la consignation, se soumettraient volontiers à payer en échange un droit qui n'excéderait pas 10 c. par tête de gros bétail. La ville n'y perdrait rien : les fraudes ne seraient pas plus possibles qu'elles ne le sont aujourd'hui, parce que chaque jour de marché on fait un recensement chez tous les bouchers, et chez les propriétaires de bestiaux; parce qu'un animal ne peut être tué qu'à l'abattoir, et que le préposé ne permet l'abattage que sur la représentation de la quittance des droits d'entrée : ce serait revenir à ce qui se faisait autrefois, à ce qui s'est fait sans que la ville en éprouvât de préjudice. Elle y gagnerait même, car si modique que soit le droit que j'ai indiqué, il produirait encore environ 300 fr. par an, ce qui aiderait à couvrir les dépenses de balayage, d'entretien et d'appropriation du marché.

Le changement que je propose n'a rien de contraire aux dispositions légales qui régissent les octrois. Le règlement prévoit même qu'un tel changement peut devenir nécessaire. Il porte en note à l'art. 27 : « Dans les communes où l'affluence des
» bestiaux à un marché ou à une foire est considérable, on
» pourra se dispenser d'exiger la consignation ou le cautionne-
» ment des droits. Dans ce cas, le règlement doit indiquer les
» formalités et les dispositions nécessaires pour prévenir l'abus
» de cette exemption, afin que les préposés puissent avoir une
» connaissance exacte des bestiaux qui seraient vendus pour

» rester dans l'intérieur, et de ceux qui en sortent pour toute
» autre destination. » Ces lignes tracent au conseil municipal
la marche qu'il aurait à suivre s'il voulait substituer à la consignation qui est onéreuse pour tout le monde, un léger droit d'entrée que les vendeurs de bestiaux consentiraient volontiers à acquitter.

§ 7. *Foire du jeudi après l'Ascension.* Si les marchés aux bestiaux prennent chaque jour plus de développement, les foires, au contraire, sont d'année en année moins nombreuses et plus abandonnées. On comprend, en effet, qu'il y a quarante ans, quand il ne fallait pas moins de soixante-douze heures pour aller de Bar à Paris, et que la dépense de ce voyage était plus de quatre fois ce qu'elle est aujourd'hui, quand les magasins de la ville étaient médiocrement assortis, que certaines marchandises même ne se trouvaient dans aucun d'eux, on conçoit qu'une foire pouvait être de quelque utilité. Des marchands étrangers en grand nombre venaient à un jour donné étaler les nouveautés du commerce et de l'industrie, présenter un choix d'objets très variés, et suppléer à ce que les magasins ordinaires ne pouvaient offrir. L'acheteur attendait l'ouverture de la foire pour faire les emplettes annuelles, espérant toujours que les marchands nomades lui donneraient à meilleur marché les produits d'un goût plus nouveau. Mais aujourd'hui Paris et Bar sont à moins de vingt-deux heures l'un de l'autre. Trois ou quatre voitures par jour les mettent en communication. Les magasins que trente années de paix et de prospérité ont multiplié parmi nous rivalisent d'activité, et s'enrichissent des modes de la capitale presqu'au moment même où elles paraissent. Les marchands du dehors n'auraient à offrir ni un assortiment plus nombreux, ni des marchandises plus nouvelles, ni des conditions meilleures, et forcément ils ont renoncé à un commerce qui ne leur présentait plus d'avantages. Déjà, depuis plusieurs années, la foire n'est plus fréquentée que par des marchands de jouets d'enfants et de sucreries, par des baladins, des sauteurs, des entrepreneurs de spectacles en plein vent.

Sous l'Empire, la ville faisait construire à ses frais les baraques des marchands et les leur louait ensuite. Elle dépensait de 500 à 550 fr. et en retirait sept à huit cents. De 1819 à 1827, on concéda à un entrepreneur le droit exclusif de construire les baraques et de recevoir des marchands le prix de leurs places à un taux fixé par son adjudication. Le prix du bail était de 240 fr. Il paraît que, même à ce prix, le fermier gagnait peu, puisque de 1827 à 1838 il ne consentit à continuer de construire les baraques qu'autant qu'il ne paierait à la ville aucune rétribution. En 1838, deux entrepreneurs se disputèrent la concession. La ville mit donc de nouveau le bail en adjudication ; elle imposa à l'entrepreneur l'obligation de construire à ses frais cent trente mètres au moins de baraques, et d'augmenter cette longueur dans la proportion des besoins ; elle lui défendit, sous peine de dommages-intérêts envers la ville, d'exiger, ou même d'accepter des marchands à un prix supérieur à celui du tarif arrêté par le conseil municipal le 30 mars 1808, et approuvé. Ce prix est pour toute la durée de la foire, pour chaque mètre de longueur :

De 6ᶠ 20ᶜ pour les baraques.
De 1 50 pour les plats-bancs.
De » 60 pour les tables.
De » 40 pour les marchandises étalées à terre.

Lorsque les marchands restent après l'expiration de la durée légale de la foire, qui est de huit jours, ils paient à l'adjudicataire, pour chaque jour supplémentaire, un dixième du prix ci-dessus fixé. Le maire est seul juge et juge souverain de toutes les contestations qui peuvent s'élever entre l'adjudicataire et les marchands relativement aux prix soit des places, soit des baraques, soit des constructions supplémentaires. Avec ces conditions, le bail fut pris pour neuf années, moyennant une redevance annuelle de 207 fr. 50 c., payée à la ville. En 1847, l'adjudicataire consentit bien encore à exécuter les clauses de l'adjudication précédente, mais sous la réserve qu'il ne paierait aucune redevance. Pour 1848, il ne voulut construire de baraques qu'autant qu'on lui assurerait l'occupation de cent mètres au moins. Il paraît donc difficile qu'à l'avenir la ville retire, comme elle l'a fait par le passé, quelque revenu de la location des places à la foire. L'entrepreneur actuel élève d'année en année ses prétentions, qui sont, du reste, un peu justifiées par l'état de décadence des foires ; et quel est celui qui voudra faire les frais d'un matériel assez considérable de poteaux, planches, bancs, rayons, tables, pour entrer en concurrence avec lui, et se risquer dans une entreprise d'un avantage au moins douteux"

Il y a deux ans les habitants du quartier de Couchot ont demandé que la foire fût transportée au pâquis de la Ville-Basse, où, disaient-ils, les saltimbanques, d'année en année plus nombreux, les ménageries, cirques, théâtres, trouveraient un espace que ne pouvait leur offrir la place Municipale. Cette demande se trouvait fortifiée par une réclamation des habitants de la rue Voltaire qui se plaignaient qu'on permît à l'entrée de leur rue l'établissement d'un spectacle, ce qui était pour eux une gêne, et par les obstacles que cela opposait à la circulation, et par le bruit continuel et fatigant des tambours et des annonces publiques. La place Municipale, au contraire, dans l'intérêt de son commerce menacé, insistait pour que la foire ne fût pas déplacée. Il est d usage, en effet, que le dimanche et le lundi de la Pentecôte les campagnes environnantes arrivent à Bar en foule, tant pour visiter les curiosités et les spectacles d'acrobates que pour faire des emplettes. Les magasins d'Entre-deux-Ponts et de la rue Rousseau, au-devant desquels passe toute cette foule, sont constamment remplis d'acheteurs, et la recette de ces deux journées est considérable. Si la foire était placée au pâquis de la Ville-Basse, les campagnes s'y rendraient directement et n'auraient pour la plupart à traverser aucune des rues occupées par le commerce, où tant d'étalages de natures diverses les appellent et les sollicitent. On aurait sans doute au pâquis quelques théâtres de plus, mais en ville on vendrait beaucoup moins, et les transactions souffriraient de ce changement ; la réclamation fut portée au conseil municipal qui, sans vouloir s'engager pour l'avenir, maintint pour l'année la foire sur la place Municipale : la question ne s'est pas représentée depuis.

§ 8. *Vidange des fosses d'aisance.* — Lorsqu'on parcourt les budgets et les comptes communaux de 1811 à 1842, on y voit figurer invariablement, sous le titre ci-dessus rappelé, une recette qui varie de 60 à 72 fr. Dans l'origine, l'adjudicataire fournissait, en outre, à la ville vingt tombereaux de grève.

A partir de 1842, cette recette a entièrement disparu du budget. Sans doute, l'ouverture et la vidange des fosses d'aisance présente des dangers ; l'ouvrier imprévoyant, asphyxié par des gaz méphytiques, court risque de périr victime de son imprudence, et les fosses ouvertes répandent dans l'air des émanations infectes et insalubres. Le maire peut donc, dans l'intérêt de la sûreté et de la salubrité publiques, prescrire toutes les mesures de police et toutes les précautions qui doivent accompagner l'ouverture des fosses et l'extraction des matières fécales (1). Mais il dépasserait les limites de son autorité s'il conférait à certaines personnes le droit exclusif d'opérer la vidange des fosses d'aisance de la ville, et défendait à toutes autres d'exercer cette profession. Louer ce droit exclusif, ce serait créer au profit d'un individu, dans l'intérêt de la caisse municipale, le véritable monopole d'une industrie, ce qui est formellement interdit par nos lois (2). Or, c'est ce qu'avait fait la ville de Bar de 1811 à 1842, quand la jurisprudence était encore incertaine. Elle concédait à un entrepreneur le droit exclusif et privilégié de la vidange des fosses d'aisance, qu'il devait opérer à un prix qui n'excéderait pas 0,30 c. par mètre cube, et elle prescrivait à cet adjudicataire diverses mesures de sûreté, de salubrité et de propreté. Ce droit exclusif disparaissant devant les décisions d'une jurisprudence devenue constante, il a fallu renoncer à la mettre en adjudication, et faire disparaître du budget ce revenu qui était en dernier lieu de 60 fr. par an.

§ 9. *Droit de pesage, mesurage et jaugeage.* — Ce titre figure dans les cadres imprimés de tous les budgets, et la loi du 18 juillet 1837, dans son art. 31, § 8, porte de tels droits au nombre des recettes ordinaires des communes. A Bar, on n'a jamais perçu de droits de cette nature ; je ne vois pas qu'on en perçoive davantage dans les villes qui nous environnent, Verdun ou Commercy, et à Metz, il y a quelques années, ces droits ne rapportaient annuellement que 100 fr.

Les municipalités ont bien le droit de pourvoir au pesage et mesurage publics sur les places et marchés; mais elles ne peuvent point imposer l'obligation de recourir au bureau de mesurage pour toutes les denrées et marchandises exposées en vente. Les particuliers et les marchands sont toujours libres de peser, mesurer et jauger pour leur compte personnel, et à l'aide de poids et mesures réguliers et légaux, les marchandises par eux achetées ou vendues ; le recours au pesage public ne devient obligatoire qu'en cas de contestation entre le ven-

(1) Cour de cassation, 19 juillet 1832, S. 33, 1. 896.
(2) Cour de cassation, 18 janvier 1838, S. 38, 1. 319.

deur et l'acheteur (1). Il est facile de comprendre que dans cet état de la législation et de la jurisprudence les droits de pesage ne produiraient rien, car les contestations en pareille matière sont très rares, et quand il en arrive, l'habitude sur les foires et marchés est de recourir à la complaisance du marchand le plus voisin, qui permet volontiers, et sans rétribution, l'usage de ses balances.

§ 10. *Droits de voirie.* — La loi du 18 juillet 1837, art. 31, § 8, met au nombre des recettes ordinaires des communes les produits des droits de voirie, et chaque année la loi des recettes autorise la perception de ces droits quand les tarifs en ont été approuvés par le gouvernement. C'est une des ressources du budget de la ville de Paris. Et on ne s'en étonnera pas si on se reporte au décret du 27 octobre 1808, qui fixe le tarif des droits de voirie pour la capitale. On n'y trouvera pas moins de 110 articles grevés de droits plus ou moins élevés, variant entre 4 et 50 fr. Mais serait-il opportun d'établir, dans une petite ville, des taxes sur les réparations et les reconstructions des maisons, de faire payer la permission d'avoir un abat-jour, un balcon, une corniche, une enseigne? Sans doute, si faible que fût le droit, il ne serait pas tout à fait sans importance à Bar, où la mairie statue chaque année sur trois à quatre cents demandes relatives à la voirie; mais cela ne gênerait-il pas, ne ralentirait-il pas cette activité de construction qui s'est manifestée parmi nous, surtout depuis quelques années? Nous devons déjà à ce mouvement des améliorations notables, l'élargissement des rues, l'embellissement des façades; ne l'arrêtons donc point dans son essor. Plus tard, sans doute, on pourra fixer des droits de voirie modérés. Aujourd'hui ce serait peut-être empêcher ou suspendre dans la ville des travaux qui profitent à la salubrité et à la propreté pour lesquelles il y a encore tant à faire.

3.e SECTION. — IMPOTS, TAXES, OCTROI.

Nous avons épuisé le chapitre des droits que la ville peut percevoir en échange de concessions, et ces droits s'élèvent à 9,055 fr. Il ne reste plus maintenant pour sources de revenus que les taxes et impôts autorisés par la loi, les attributions que

(1) Cour de cassation, 7 mars 1835, S. 35, t. 305.

la loi accorde aux communes sur certaines contributions, et la part qu'elle leur fait dans le produit de quelques amendes. Nous allons examiner en détail et successivement chacun des articles de cette nouvelle division.

§ 1. *Centimes additionnels aux contributions foncière et mobilière.* — Toutes les communes n'ont pas de revenus propres, toutes ne sont point dans le cas de faire des concessions à prix d'argent, et toutes cependant ont besoin de ressources pour faire face à leurs dépenses. Aussi la loi du 11 frimaire an VII, art. 7, porte-t-elle au nombre des ressources communales « la quan- » tité de centimes additionnels aux contributions foncière et » personnelle qu'il sera jugé nécessaire d'établir pour com- » pléter les fonds des dépenses communales ; » elle ajoute « que » ces centimes ne pourront jamais excéder le maximum qui » sera déterminé chaque année après la fixation du principal » de l'une et l'autre contribution. » Le maximum déterminé chaque année par la loi de finances n'a jamais dépassé cinq centimes ; mais les communes pouvaient voter moins de cinq centimes, et les centimes votés portaient non seulement sur les contributions foncière et personnelle, mais aussi sur la contribution mobilière. Aussi l'art. 31 de la loi du 10 mai 1818 porte : « Il sera, comme précédemment, imposé en sus cinq » centimes au principal de la contribution foncière et de la » contribution personnelle et mobilière pour subvenir aux » dépenses des communes, à l'exception de celles qui auront » déclaré que cette contribution leur est inutile. » La ville de Bar n'est malheureusement pas de celles qui peuvent faire une semblable déclaration, et son conseil municipal a toujours été dans la nécessité de voter le maximum des centimes autorisés par la loi. Dans les dix années de 1837 à 1846, cet impôt n'a jamais produit à la ville plus de 2,359 fr. 45 c., et jamais moins de 2,266 fr. 80 c. L'année moyenne est de 2,310 fr. 35 c. On porte au budget une prévision de 2,000 fr.

§ 2. *Attribution sur la contribution des patentes.* — Antérieurement à la loi du 25 avril 1844, il était fait sur le montant des rôles des patentes un prélèvement de 15 centimes par franc. » 2 centimes étaient affectés aux frais de confection des rôles, » les 13 centimes restants étaient affectés d'abord aux déchar- » ges et réductions, et l'excédant aux dépenses municipales.

» (Loi du 2 vendémiaire an XIII, art. 40.) » Sous l'empire de cette loi la ville a touché dans les sept années, de 1837 à 1844, une somme de 19,949 fr. 03 c., ce qui donne pour chaque année un revenu de 2,849 fr. 86 c, Entre l'année du produit le plus élevé et celle du produit le plus faible, il n'y a pas une différence de 150 fr.

Depuis la loi du 25 avril 1844, l'attribution faite aux communes sur le principal des patentes est toujours de 8 centimes, quelle que soit d'ailleurs la somme des décharges et des dégrèvements. En vertu de ces dispositions, la ville a touché :

En 1844....... 3.998^f 66.^{c}
En 1845....... 2.975 46.
En 1846....... 2,968 48.

La différence qui existe entre la recette de 1844 et celle des années suivantes provient de ce que, dans la première année de l'application de la loi nouvelle, les classements des patentables avaient été faits avec une exactitude trop rigoureuse, plus conforme à la lettre qu'à l'esprit de la loi. Le ministre recommanda pour les années subséquentes plus de modération dans l'application des tarifs, et le revenu de la ville s'est trouvé, à peu de chose près, ce qu'il était auparavant. La somme portée en prévision au budget a varié : il serait sage de ne pas porter plus de 2,500 fr. Avant 1844, cette ressource ne se réalisait jamais pendant le cours de l'exercice; le décompte de la contribution des patentes d'une année n'était dressé qu'au mois d'août de l'année suivante. Lorsque ce compte avait été arrêté par le préfet, les receveurs des finances tenaient compte aux receveurs municipaux des 8 centimes attribués aux communes, et à Bar on les portait en recette au budget supplémentaire de l'exercice courant. Aujourd'hui la somme attribuée aux communes étant fixe et ne dépendant plus d'un décompte ultérieur, les receveurs des finances font aux receveurs municipaux des décomptes et versements trimestriels, comme pour les autres contributions.

§ 3. *Amendes de police rurale et municipale.* Le code pénal, art. 466, attribue exclusivement le produit des amendes de police rurale et municipale aux communes où la contravention a été commise. On réunit à ces amendes celles qui sont prononcées par les conseils de discipline de la garde nationale. D'après une ordonnance du 30 décembre 1823, elles sont toutes également versées dans la caisse du receveur de l'enregistrement, appliquées ensuite aux communes suivant l'état de recouvrement, que le préfet arrête sur la proposition du directeur des domaines, et mandatées au profit de chaque receveur municipal qui touche directement du receveur de l'enregistrement. De 1837 à 1846, ces amendes ont produit 8,078 fr. 26 c., ce qui donne en moyenne 807 fr. 82 c. par an.

§ 4. *Amendes de police correctionnelle.* D'après un décret impérial du 1.er juillet 1809, ces amendes appartiennent aux communes pour deux tiers. Encore toutes les communes n'ont-elles point droit à prendre part dans cette affectation. On en fait un fonds commun, et on n'admet au partage de ce fonds que les communes les plus nécessiteuses, et en nombre assez restreint pour que celles qui sont appelées reçoivent une somme telle qu'elle puisse leur être réellement utile. Ainsi le veulent et l'ordonnance du 30 décembre 1823, que j'ai citée plus haut, et une instruction du 29 janvier 1824 qu'est venue confirmer une circulaire ministérielle du 22 janvier 1840. La ville de Bar n'est pas comprise dans l'état de répartition, et nos budgets, de 1837 à 1846, ne se sont accrus en rien du produit des amendes de police correctionnelle.

§ 5. *Amendes de grande voirie.* L'art. 115 du décret du 16 décembre 1811 attribue un tiers des amendes de grande voirie à la commune du lieu du délit, et un second décret du 29 août 1813 règle le mode de recouvrement et de versement de ces amendes. Elles ont produit à la ville de Bar, de 1837 à 1846, un revenu annuel moyen de 45 fr. 95 c., et, dans les dix années, 459 fr. 57 c.

§ 6. *Permis de chasse.* La délivrance des permis de chasse donne lieu au paiement d'un droit de 10 fr. au profit de la commune, dont le maire est appelé à donner un avis sur la délivrance du permis. Cette commune est celle du domicile ou de la résidence de celui qui demande le permis. C'est la loi du 3 mai 1844 qui a introduit dans son art. 5 cette disposition en faveur des caisses municipales. La ville de Bar a touché :

   En 1844.................. 720 fr.
   En 1845.................. 1140
   En 1846.................. 1240

Lors de la discussion de la loi du 3 mai 1844, on avait manifesté la crainte que ces 10 fr. à payer au profit des communes, en sus des 15 fr. qu'on payait précédemment au profit de l'Etat, ne portassent le permis de chasse à un prix trop élevé, ce qui, disait-on, en ferait considérablement diminuer le nombre. L'expérience a prouvé que cette crainte était mal fondée. Depuis que le prix du permis de chasse a été élevé de 15 fr. à 25 fr., il en a été délivré un plus grand nombre, non seulement dans la ville de Bar, mais dans tout le département. Dans le département on avait délivré 2,089 permis de chasse en 1842, et 2072 en 1843; en 1846 on en a délivré 2110, et, en 1847, 2,253. On en délivrerait plus encore si le braconnage était plus sévèrement réprimé. Mais il faut bien convenir que depuis 1846 les braconniers, que la promulgation de la loi avait d'abord effrayés, ont reparu en grand nombre, et qu'ils se livrent audacieusement et en tout temps à la chasse et à la pêche bien plus encore. En attribuant aux communes 10 fr. sur chaque permis, on avait espéré en 1844 intéresser les habitants des campagnes à la répression des délits, et obtenir d'eux qu'ils signalassent à la justice les délinquants que tout le monde dans un village connaît parfaitement. Mais peu de personnes prennent souci de la chose publique au point de s'exposer dans son intérêt à des haines personnelles, et en ceci la loi de 1844 a trop bien présumé de notre vertu civique.

§ 7. *Amendes pour délits de chasse.* Les amendes pour délits de chasse sont attribuées aux communes sur le territoire desquelles les délits ont été commis, mais déduction faite des gratifications accordées aux gardes ou gendarmes rédacteurs des procès-verbaux. (Loi du 3 mai 1844, art. 19.) Une ordonnance royale du 5 mai 1845 fixe cette gratification suivant l'importance des amendes, attribue ensuite à l'Etat pour frais de régie cinq pour cent du produit et dispose que ce qui restera après ce double prélèvement sera versé aux communes sur le territoire desquelles les infractions auront été commises. La ville de Bar n'a reçu, de 1844 à 1846, que 47 fr. 50 c. Cette recette appartient à l'exercice 1846.

§ 8. *Primes d'engagements volontaires.* D'après l'art. 34 de la loi du 21 mars 1832, les engagements volontaires doivent être contractés devant les maires des chefs-lieux de canton dans les formes que le code civil a prescrites pour les actes de l'état civil. La tenue des registres d'engagement et l'expédition des actes qui y sont inscrits, exigeant des frais de papier et d'écritures, le ministre de la guerre a décidé (circulaire du 22 septembre 1818) qu'il serait alloué aux maires une indemnité de 3 fr. par chaque acte d'engagement. Cette recette, pour les dix années de 1837 à 1846, a produit à la ville de Bar 324 fr. ou 32 fr. 40 c. par année, ce qui équivaut à un peu plus de dix engagements par an. Il y en a eu seulement sept en 1839, et on en a reçu dix-neuf en 1846.

L'art. 31 de la loi du 21 mars 1832, portant qu'il n'y a dans les troupes françaises aucune prime d'engagement, il serait convenable de changer l'annotation portée au budget, et de substituer aux mots : « Primes d'engagements volontaires » ceux-ci : « Expéditions des actes d'engagements volontaires. » Le titre serait plus conforme à la vérité, et ne ferait pas naître de fausses idées sur la nature de la recette.

§ 9. *Expéditions des actes de l'état civil.* Les lois des 20 septembre 1792 et 3 ventôse an III, ont soumis les expéditions des actes de l'état civil à un droit qui devait être perçu par les officiers chargés de la tenue des registres. Le produit de ce droit est perçu par les employés des municipalités, et, conformément à une instruction générale du 15 décembre 1826, versé à la diligence des maires dans les caisses municipales. Le receveur est chargé de veiller à ce que ce versement se fasse chaque trimestre.

Le décret du 12 juillet 1807 contient le tarif des droits à percevoir suivant la nature de l'acte et l'importance de la population. A Bar, il est perçu pour chaque expédition d'un acte de naissance, de publication de mariage ou de décès, 30 c.; pour chaque expédition d'un acte de mariage ou d'adoption, 60 c. Le produit de ces droits pour les dix années qui se sont écoulées, de 1837 à 1846, s'est élevé à 618 fr. 10 c. C'est environ 60 fr. par an en moyenne; on porte au budget une prévision de 50 fr. Cinq fois en dix ans on s'est trouvé au-dessous de ce chiffre, cinq fois il a été dépassé; il n'a jamais été au-dessous de 36 fr. 30 c. ni au-dessus de 71 fr. 10 centimes.

§ 10. *Expéditions des actes administratifs.* On ferait bien de réunir cet article au précédent; on le maintient chaque année au budget avec une prévision de 3 fr., et en dix ans il n'a produit que 75 c. C'est la loi du 7 messidor an II qui a consacré pour tout citoyen le droit de demander extrait ou expédition des titres renfermés aux archives nationales. Ils doivent être délivrés à raison de 75 c. par rôle. Un avis du conseil d'Etat du 4 août 1807 porte que ce droit n'est dû que pour les deuxièmes et ultérieures expéditions, les premières expéditions devant toujours être délivrées gratuitement.

§ 11. *Imposition pour l'instruction primaire.* La loi organique de l'instruction primaire du 28 juin 1833 porte, art. 13 : « En cas d'insuffisance des revenus ordinaires des communes » pour l'établissement des écoles primaires, communales, élé- » mentaires et supérieures, il y sera pourvu au moyen d'une » imposition votée par le conseil. » Cette imposition qui ne peut excéder trois centimes additionnels ne portait d'abord que sur le principal des deux contributions foncière, personnelle et mobilière. Les lois de finances, à partir de 1835, ont décidé que cette contribution porterait indistinctement sur les quatre contributions directes. Jusqu'en 1842, la ville de Bar avait fait face avec ses ressources ordinaires aux dépenses obligatoires de l'instruction primaire. C'est seulement à partir de l'exercice 1842 que le conseil municipal a usé de la faculté que lui conféraient les lois précitées et a ajouté au principal des quatre contributions directes un impôt de trois centimes additionnels, affectés spécialement aux dépenses de l'instruction primaire. Cet impôt a produit :

En 1842.............. 2,647f 14c
En 1843.............. 2,840 94
En 1844.............. 2,963 29
En 1845.............. 3,081 73
En 1846.............. 3,035 71

En se réglant sur les recettes effectives des dernières années, on porte au budget une prévision de 3,000 fr.

§ 12. *Imposition pour les chemins vicinaux.* Lorsque les ressources ordinaires des communes sont insuffisantes pour l'entretien des chemins vicinaux, la loi du 21 mai 1836 donne aux conseils municipaux le droit de voter pour ce service des centimes spéciaux en addition au principal des quatre contributions directes. Le maximum de ces centimes est fixé à cinq. (Art. 2, §§ 1 et 2.) Avant 1842, le conseil municipal de Bar n'avait point usé de cette faculté, et avait toujours su trouver dans ses revenus ordinaires de quoi subvenir aux dépenses des chemins comme à celles de l'instruction primaire. C'est à partir de 1842 qu'il a imposé des centimes additionnels pour la dépense des chemins, et à compter de cette année, il a toujours voté non le maximum de cinq centimes, mais quatre centimes seulement. Cet impôt a produit :

En 1842.............. 3,484f 16c
En 1843.............. 3,770 48
En 1844.............. 3,997 95
En 1845.............. 4,155 89
En 1846.............. 4,094 53

Dans cette dernière année on avait porté au budget une prévision de 4,000 fr.

§ 13. *Frais de perception des centimes communaux.* Cet article ne figure au budget que pour ordre. Les percepteurs qui font recette de certaines impositions, au profit des communes, ont droit à recevoir, pour frais de perception, 03 c. par franc du montant de ces impositions. La loi de finances du 20 juillet 1837 a ordonné (art. 5) que ces trois centimes seraient recouvrés avec le montant des impositions communales et versés dans la caisse des communes, à charge par celles-ci d'en tenir compte aux percepteurs à titre de dépense municipale. Cet article ne produit donc en réalité rien à la ville ; la même somme figure à la recette et à la dépense; ainsi, en 1846, on voit figurer à la recette, pour frais de perception des impositions communales, la somme de............ 282 80
Et à la dépense, sous la même rubrique, pareille somme de..................................... 282 80

§ 14. *Octroi.* Toutes les ressources que j'ai précédemment énumérées, revenus immobiliers et mobiliers, concessions, taxes, impôts, ne s'élèvent pas à 28,000 fr., et les dépenses de la ville, de 1837 à 1846, ont été de 1,212,087 fr. 96 c., ce qui donne en moyenne 121,208 fr. 79 c. par an. Durant ces dix années, la dépense annuelle de la ville n'a jamais été au-dessous de 98,622 fr. 20 c., c'est le chiffre de l'année 1838 ; elle est allée quelquefois jusqu'à 148,211 fr. 40 c., c'est la dépense de 1843. Où donc prendre les 80 à 100 mille francs qui, durant ces dix années, étaient nécessaires chaque année pour combler le déficit du budget?

Il fallait absolument avoir recours à des contributions imposées sur les habitants. Les contributions sont de deux natures. « Ou bien on demande directement aux contribuables
» une portion de revenu qu'on leur suppose : c'est l'objet des
» *contributions directes;* ou bien on leur fait payer une somme
» quelconque sur certaines consommations qu'ils font avec
» leur revenu : c'est l'objet des *contributions indirectes.* (Say.
» *Economie politique*, liv. 3. ch. x.) » Comme il n'existe pas en France d'autres modes de contributions, il était nécessaire de s'adresser à l'une ou à l'autre de celles-là. Pouvait-on songer à se faire une ressource ordinaire d'une augmentation de centimes frappant les quatre contributions directes? J'ai montré plus haut que la contribution foncière était grevée de 69 c. 1/4 additionnels, la contribution personnelle et mobilière de 66 c., les portes et fenêtres de 37 c. 8/10.e, les patentes de 30 c. 8/10.e; et, par des tableaux de classement des contribuables, j'ai fait voir que c'étaient de petites cotes principalement, c'est-à-dire de cotes imposées sur des habitants peu aisés que se composait le montant des rôles. Si la législation avait permis de grever ces contribuables, en général fort peu riches, de cette charge énorme de 80 à 100 mille francs par an, et d'accroître dans une si forte proportion leurs centimes additionnels, encore n'eût-il pas été juste d'augmenter à ce point le fardeau déjà si lourd qui leur est imposé.

Pourquoi seuls entre tous auraient-ils supporté cette charge qui doit être commune à tous les habitants indistinctement, et parce que l'impôt les frappait déjà, était-ce une raison pour rejeter sur eux exclusivement une charge nouvelle? Cette mesure inique n'eût pas, du reste, été possible dans l'état actuel de la législation. Depuis que les recettes de la ville de Bar excèdent 100,000 fr., le concours des plus imposés n'est plus nécessaire, à la vérité, au conseil municipal, pour le vote de centimes extraordinaires. (Loi du 18 juillet 1837, art. 42.) Mais, quoique libre de délibérer seul sur ces impôts, le conseil ne peut cependant user de cette liberté que dans les limites fixées par la prudence du législateur. Son vote doit être sanctionné par une ordonnance royale (même loi, art. 40, § 2), et dans aucun cas, il ne peut dépasser le maximum qui est annuellement fixé par la loi de finances (id., art. 39). Or, ce maximum, les lois de finances, à partir de l'exercice 1840, l'ont fixé à 10 c. additionnels, et elles ne permettent de l'élever à 20 c. que pour l'acquit de condamnations judiciaires. Donc, à supposer cette double circonstance que le conseil voulût, contre toute justice, prendre sur les contributions directes le déficit de son budget, que son vote fût approuvé par ordonnance royale, encore ce vote n'aurait-il pu frapper qu'une imposition de 10 c. au plus. Et cette imposition ne s'exerçant que sur un principal de 101,190 fr. 16 c. n'aurait produit annuellement que 10,119 fr. 01 c. Il y a loin de là aux 80 à 100 mille francs qui étaient nécessaires.

Mais quand même la justice et la législation auraient donné au conseil la facilité de faire peser ces 80 à 100 mille francs sur les contributions directes, il eût encore été de sa sagesse de ne pas le faire et de recourir de préférence à l'impôt indirect. L'impôt indirect, en effet, a ceci d'avantageux, qu'il ne s'adresse pas à la personne du redevable directement, mais au produit, à la marchandise ; que par cela même il semble moins onéreux, et que se trouvant mêlé et confondu avec le prix de la denrée, il n'est nullement vexatoire et s'acquitte plus facilement ; qu'il se perçoit par petites portions, insensiblement, à mesure que le contribuable a le moyen de l'acquitter ; que celui qui le paie en fait le paiement avec d'autant plus de facilité qu'il ne le supporte presque jamais en définitive ; que le plus souvent il se borne à l'avancer, et se le fait rembourser plus tard par les acheteurs des denrées et marchandises sur lesquelles il a été perçu. Sans aucun doute, pour conserver à l'impôt indirect ces avantages, il faut apporter dans son emploi certaines réserves : ainsi, en taxant, on doit considérer quelles denrées sont de première nécessité pour les classes pauvres ; quels sont les objets qui favorisent le travail et accroissent, par conséquent, la prospérité de la société, quels sont ceux qu'un impôt, même minime, retiendrait dans les mains du producteur et éloignerait du marché ; on ne doit frapper ces objets que d'une taxe excessivement modérée en se rappelant toujours qu'un impôt léger, mais souvent répété, produit beaucoup plus qu'un impôt élevé, puisque celui-ci a pour effet immédiat de réduire le nombre

des consommateurs, et qu'un impôt excessif provoque la fraude, parce qu'alors le profit de la fraude en surpasse le danger (1). Avec ces restrictions, l'impôt indirect est plus facile à supporter, se perçoit plus facilement, et rapporte proportionnellement plus que l'impôt direct. C'était donc naturellement à lui que la ville de Bar devait avoir recours pour combler le déficit de son budget. Cette ressource même lui était indiquée par l'art. 147 de la loi du 28 avril 1816, qui porte que : « lorsque les revenus d'une commune seront in-
» suffisants pour ses dépenses, il pourra y être établi, sur la
» demande du conseil municipal, un droit d'octroi sur les
» consommations. » Cet article n'est que la reproduction de la disposition plus générale de la loi du 9 germinal an v, qui permet de pourvoir aux dépenses communales par des contributions indirectes et locales. Or, l'octroi est la seule contribution indirecte permise aux villes. Ces octrois dont l'origine remonte aux concessions que le roi Jean fit aux officiers municipaux en 1352, 1353, 1354 (2), avaient été supprimés par la loi du 19 février 1791, et ce fut cette loi du 9 germinal an v qui permit à l'administration d'en créer de nouveaux dans les villes auxquelles l'insuffisance de leurs revenus rendrait cette ressource nécessaire. L'octroi de Bar qui était affermé en 1789 pour un, deux ou trois ans, à raison de 30,340 fr. par an, y compris les droits de mouture aux moulins de la ville, fut supprimé par la loi de 1791, et rétabli par arrêté du préfet de la Meuse, du 23 germinal an VIII. Sept jours après, le 1.er floréal an VIII (21 mai 1800), les droits fixés par le tarif furent perçus aux bureaux d'entrée.

Dans les dix années de 1837 à 1846, le produit brut de cet octroi, en y comprenant les amendes et les frais d'escorte, a été de 910,811 fr. 03 c., ce qui donne une moyenne de 91,081 fr. 10 c. L'année la plus forte a été 1846, et la plus faible 1839. Voici, au surplus, le tableau de ce produit par année :

1837..............	86,629 97
1838..............	79,216 32
1839..............	77,376 31
A reporter.....	243,222 60

(1) J.-B. SAY. *Economie politique*, liv. 3, ch. x, passim.
(2) BACTLY, *Histoire financière de la France*. t. 1. p. 103.

Report	243,222 60
1840	80,867 32
1841	89,154 41
1842	100,901 76
1843	94,162 27
1844	95,225 18
1845	102,035 39
1846	105,242 10
Total	910,811 03

Les objets de consommation sur lesquels portent les taxes d'octroi ne sont point laissés entièrement aux choix des autorités locales. Le décret impérial du 17 mai 1809, copié en quelque sorte par l'ordonnance royale du 9 décembre 1814, et confirmé par la loi du 28 avril 1816, ne permet (art. 16) de porter au tarif que les objets compris dans les cinq divisions suivantes :

1.° Boissons et liquides;
2.° Comestibles;
3.° Combustibles;
4.° Fourrages;
5.° Matériaux.

Et la législation indique dans chaque division quels objets peuvent être taxés, quels objets ne doivent pas l'être. (Décret du 17 mai 1809, art. 13 à 35. Ordonnance du 9 décembre 1814, art. 11 à 24.)

Ainsi, dans la première division sont compris les vins, vinaigres, cidres, poirés, bières, hydromels, eaux-de-vie, esprits, liqueurs et eaux spiritueuses.

Dans la seconde, les objets servant habituellement à la nourriture des hommes, à l'exception toutefois des grains et farines, des fruits autres que les fruits secs et confits, du beurre, du lait, des légumes et autres menues denrées.

Dans la troisième sont compris toute espèce de bois à brûler, les charbons de bois, de terre, la houille, la tourbe, les suifs, cires et huiles à brûler.

La quatrième division comprend les pailles, avoines, et tous les fourrages verts et secs de quelque nature, espèce ou qualité qu'ils soient.

Enfin, la cinquième division comprend les bois, soit en grume, soit équarris, façonnés ou non, propres aux charpentes, constructions, menuiserie, ébénisterie, tour, tonnellerie, vannerie et charronage; sont également compris dans cette division les pierres de taille, moëllons, pavés, marbres, ardoises, tuiles de toute espèce, briques, craies et plâtres.

C'est donc dans ce cercle que l'autorité municipale a à choisir les objets qu'elle veut assujettir aux taxes d'octroi, et le tarif qu'elle propose n'est exécutoire qu'après avoir reçu l'approbation du gouvernement. (Ordonn. du 9 déc. 1814, art. 7.)

Le tarif qui régit l'octroi de Bar a été approuvé par le roi le 8 mai 1840; il n'a subi depuis d'autres modifications que celles qui ont été rendues nécessaires par l'adoption de la loi du 12 mai 1846, qui a ordonné que le droit perçu jusqu'alors par tête sur les bestiaux introduits sur pied, serait à l'avenir perçu au poids. Voici quels ont été, sous l'empire de ce tarif, le mouvement de la consommation et le montant de la perception en 1846 :

	Objets soumis aux droits.	Quantités auxquelles s'applique la taxe.	Quotité de la taxe.	Quantités soumises au droit pendant l'année.	Produit des droits par objet.	Total des droits par chapitre.
			fr. c.			
BOISSONS ET LIQUIDES	Droits constatés	»	» »	» »	9,254 33	
	Vins en cercles et en bout.	l'hectolitre.	» 85	14,691 76	12,492 27	
	Alcool pur	id.	3 60	462 86	1,667 74	
	Alcool dénaturé. 1re classe.	id.	1 28	» »	» »	
	Id. 2e classe.	id.	1 12	» »	» »	
	Id. 3e classe.	id.	» 96	» »	» »	32,956 09
	Id. 4e classe.	id.	» 80	» »	» »	
	Bière importée	id.	3 75	10 28	38 64	
	Id. fabriquée à l'intérieur	id.	3 »	1,786 09	5,358 27	
	Vinaigre	id.	» 85	462 03	396 16	
	Huile d'olive	les 100 kilo.	10 »	2,322 »	232 20	
	Huile commune	id.	4 »	87,987 »	3,519 48	
COMESTIBLES	Taureaux châtrés et non châtrés	par tête.	25 »	15 »	375 »	
	Bœufs et vaches	id.	12 »	678 »	8,136 »	
	Godins et génisses	id.	6 »	26 »	156 »	
	Veaux de 75 à 100 kilo	id.	4 »	145 »	580 »	
	Id. de 50 à 75 kilo	id.	2 50	1,377 »	3,442 50	
	Id. de 30 à 50 kilo	id.	2 »	1,690 »	3,380 »	
	Moutons et brebis	id.	1 »	2,898 »	2,898 »	37,624 66
	Porcs au-dessus de 75 kilo.	id.	3 »	2,330 »	6,990 »	
	Id. au-dessous de 75 kilo.	id.	2 »	569 »	1,138 »	
	Sangliers, chèvres, chevreuils	id.	2 »	15 »	30 »	
	Porcs de lait et chevreaux.	id.	» 20	87 »	17 40	
	Agneaux et marcassins	id.	» 50	24 »	12 »	
	Viande dépecée, fraîche ou salée	le kilo.	» 06	169 596 »	10,175 76	
	Harengs, le baril de	35 kilo.	» 40	735 »	294 »	
				A reporter		70,580 75

	Objets soumis aux droits.	Quantités auxquelles s'applique la taxe.	Quotité de la taxe.	Quantités soumises au droit pendant l'année.	Produit des droits par objet.	Total des droits par chapitre.
				Report.............		70,580 75
			fr. c.			
COMBUSTIBLES.	Suif en branche........	le kilo.	» 03	19 079 »	572 37	
	Id. fondu............	id.	» 04	5,561 »	222 44	
	Chandelle.............	id.	» 05	5,641 »	282 05	
	Bois de charme, hêtre....	le stère.	» 50	14,059 50	7,029 76	
	Bois blanc et chêne......	id.	» 30	4,019 50	1,205 85	
	Bois de charbon.........	id.	» 40	2,306 »	922 40	15,668 38
	Ecailles................	id.	» 25	2,794 »	698 99	
	Fagots de ménage.......	le cent.	1 25	186,953 »	2,342 97	
	Id. de ramilles.......	id.	» 75	36,422 »	652 04	
	Charbon de bois.........	l'hectolitre.	» 15	6,260 »	939 »	
	Braise de four et braisette.	id.	» 10	1,172 »	117 20	
	Houille................	les mille kil.	1 »	666,580 »	666 58	
	Coke..................	id.	1 50	11,150 »	16 73	
FOURRAGES.	Foins secs.............	les 100 kilo.	» 25	1,224,935 »	3,056 96	
	Id. verts.............	id.	» 15	» »	» »	
	Paille..................	id.	» 15	897.669 »	1.348 87	
	Avoine................	l'hectolitre.	» 15	14,703 80	2,206 49	6,638 79
	Graine de pavôts.........	id.	» 85	» »	» »	
	Graine de colza...........	id.	» 75	25 60	19 20	
	Graine de navette et cameline.	id.	» 60	6 40	3 84	
	Graine de lin, faines, chénevis	id.	» 35	9 80	3 43	
MATÉRIAUX.	Planches de chêne, orme, fresne, noyer (25 cent. de larg. sur 04 cent. d'épaiss.	les 100 mèt	» 25	1,027,030 »	2,568 60	
	Planches de sapin, hêtre, etc., (25 cent. de larg. sur 26 mill. d'épaisseur)....	id.	» 10	1,110,480 »	1,110 48	
	Bois de construction : chêne, orme, fresne, en grume ou équarri.....	le stère.	» 60	230 75	138 45	9,094 77
	Id. sapin, hêtre et tous autres bois.................	id.	» 50	958 »	479 »	
	Echalats, lattes, échancillons	le mille.	» 50	1,367,150 »	683 69	
	Pierre de taille..........	le mêt. cube	» 50	3,341 30	1,670 65	
	Id. de roche........	id.	» 30	1,889 56	566 85	
	Ardoises, tuiles, briques...	le mille.	1 »	1,005,947 »	1,005 95	
	Chaux, plâtre, ciment....	l'hectolitre.	» 10	7,724 »	772 40	
	Marbre de construction...	le mêt. cube	10 »	9 87	98 70	

Total général........ 101,982 69

Il y a à ajouter à cette somme le montant des frais d'escorte et des amendes. D'après les art. 16 et 18 du tarif, conformes aux dispositions de l'art. 37 de l'ordonnance du 9 décembre 1814, tout conducteur d'objets soumis à l'octroi qui veut traverser seulement la commune et qui ne consigne pas les droits, est accompagné par un employé qui l'escorte depuis le bureau d'entrée jusqu'au bureau de sortie; les frais de cette escorte sont par chaque troupeau de bétail de 60 c., et de 15 c. par chaque voiture. En 1846, il y a eu 252 troupeaux et 9,296 voitures escortés, ce qui a produit un revenu de 151 fr. 20 c. pour les troupeaux et de 1,394 fr. 40 c. pour les voitures : au total, 1,545 fr. 60 c.

Quant aux amendes, elles sont prononcées par les tribunaux ou réglées par le maire, qui est autorisé, sauf l'approbation du préfet, à faire remise par voie de transaction de la totalité ou de la partie des condamnations encourues. Ces amendes et saisies se sont montées en 1846 à 1713 fr. 81 c.

Ces deux sommes, l'une de 1,545f 60c pour les produits des escortes, l'autre de....... 1,713 81 pour le montant des saisies et amendes, réunies
à celle de................ .... 101,982 69 qui forme le montant des droits perçus, donnent
un total de................ 105,242 10, ce qui est précisément le chiffre porté pour 1846 au tableau du produit brut de l'octroi.

Il y aurait bien à ajouter à ceci une recette qui ne laisse pas que d'être considérable, c'est celle des consignations sur passe-debout. Mais cette recette n'est qu'une recette d'ordre, et rien n'en reste à la ville. Celui qui ne fait que la traverser, et qui consigne les droits qui seraient dus pour la marchandise qu'il fait entrer, reçoit, au moment où il fait sortir cette marchandise, les droits par lui consignés à l'entrée. La ville restitue au bureau de sortie ce qui lui a été consigné au bureau d'entrée. Ces consignations se sont montées en 1846 à 19,680 fr. 11 c. Il n'y a point là de recette réelle.

Le tableau ne présente, comme je l'ai dit, que le produit brut : il faut maintenant arriver au produit net en établissant quelles charges pèsent sur le produit brut. Ces charges ne sont pas sans importance, comme on pourra s'en convaincre par le tableau sommaire qui suit ; elles se sont élevées :

En 1837 à... .... 21,417f 90c
En 1838 à............. 19,806 14
En 1839 à............. 19,427 95
En 1840 à............. 21,640 03
En 1841 à.. .... 22,237 36

A reporter...... 104,529 38

Report........	104,529 38
En 1842 à..............	24,854 93
En 1843 à..............	24,400 90
En 1844 à..............	25,096 36
En 1845 à..............	25,562 74
En 1846 à	25,834 46
Total.......	230,268 77

Le revenu brut, pendant ces dix années, a été de 910,811 fr. 03 c., et la déduction ayant été de 230,268 fr. 77 c., c'est une diminution de 23,026 fr. 87 c. par chaque année en moyenne, et une réduction de plus de vingt-cinq pour cent sur le produit brut. Il est bon d'examiner en détail les éléments de cette diminution de 25 p. 0/0.

On comprend bien que pour percevoir les taxes d'octroi il est nécessaire d'avoir des receveurs et préposés; que pour prévenir et déjouer la fraude il faut organiser un service de surveillance; que ce personnel a besoin de bureaux placés aux entrées principales; qu'il faut que ces bureaux soient entretenus, éclairés, et quelques-uns chauffés; que des registres, des impressions, des papiers, doivent être fournis aux employés. De là une double cause de dépense, dépense de personnel, dépense de matériel.

Le personnel comprend dix-sept employés.

Huit sont attachés à un service sédentaire : ce sont les huit receveurs, qui touchent les traitements suivants :

Receveur central, c'est le receveur des contributions indirectes qui perçoit, pour le compte de la ville, les droits sur les liquides consommés à l'intérieur, et en entrepôt fictif; il reçoit..... .... 300 »
Le receveur du bureau du grand Pont-Neuf reçoit. 775 »
— du Moulin-du-Comte..... 650 »
— de la rue de Véel........ 525 »
— de la côte de Behonne ... 450 »
— du pâquis de la Ville-Haute 325 »
— du petit Pont-Neuf...... 325 »
— de la rue Montant....... 250 »
Le service actif se compose de huit employés également :
Un brigadier au traitement annuel de.......... 800 »

A reporter.......... 4,400 »

Report	4,400 »
Quatre surveillants qui reçoivent 550 fr. chacun.	2,200 »
Trois surnuméraires à 400 fr. chacun	1,200 »
Au-dessus du service actif comme du service sédentaire, on a placé un surveillant général, chef du service, qui le dirige et en est responsable; il est nommé par le ministre des finances, sur la proposition du maire; c'est le préposé en chef, qui reçoit un traitement de	1,200 »
Total	9,000 »

Dans son traité *Des Peines et des Récompenses* (tome 2, liv. 1, chap. VII), Bentham établit qu'abstraction faite du bonheur de l'individu, l'intérêt du service exige qu'on mette le fonctionnaire public au-dessus du besoin dans tous les emplois où il pourrait abuser à son profit des pouvoirs de sa place; et il cite à ce sujet M. de Launay, fermier général de Frédéric II, qui obtint du roi l'augmentation des appointements des commis visiteurs, en lui faisant observer « qu'en général les « hommes ne demandent pas mieux que d'être honnêtes, mais » qu'il faut toujours leur en laisser la possibilité. » Or, les traitements dont je viens de donner le chiffre ne fourniraient pas à la plupart de ceux qui les reçoivent le moyen de vivre, eux et leur famille. Aussi n'est-ce là qu'une portion de leur traitement. C'est le traitement fixe : ils reçoivent en outre une part dans des remises qui leur sont accordées sur les produits de l'octroi. Ces remises, fixées par une décision de M. le ministre des finances, du 4 août 1826, sont de 5 p. 0/0 sur les produits de 40 à 50,000 fr. et de 7 1/2 p. 1/0 sur les produits qui dépassent 50,000 fr. Ils n'ont rien sur les quarante premiers mille francs. Ils se trouvent dans la position de ces employés des maisons de commerce qui reçoivent une part dans les bénéfices. Plus le produit de l'octroi s'élève, plus leurs remises sont fortes, plus par conséquent leur traitement s'améliore. Ils sont donc intéressés à remplir leurs fonctions avec exactitude, et à apporter le plus grand zèle dans l'exercice de leur surveillance. Ce système de remises a un second avantage : c'est que la part de chaque employé n'est pas déterminée d'avance comme pour le traitement fixe. Celui-ci est acquis à l'employé par le seul fait qu'il a occupé l'emploi, quel qu'ait été son dévoûment à ses devoirs et son activité. Il n'en est pas de même des remises. C'est le maire qui en fait la répartition, et il peut prendre en considération le zèle des uns, la mollesse et l'insouciance des autres. Ces remises, comme on le voit, varient avec les revenus de l'octroi. En 1837, elles n'avaient produit que 3,803 fr. 26 c., elles se sont élevées à 4,514 fr. 60 c. en 1846.

De plus, les employés reçoivent une part dans le produit des amendes. Sur le produit total, on fait la déduction des droits fraudés et des frais, et le surplus se partage par moitié entre la ville et les employés qui ont constaté la fraude et rédigé les procès-verbaux. Dans la répartition de la moitié attribuée aux employés rédacteurs des procès-verbaux, ceux qui ont concouru à la rédaction, quel que soit leur grade, l'employé simple, le brigadier, le préposé en chef, tous ont une part égale. Il y a aussi des procès-verbaux dressés dans le seul intérêt de la régie des contributions indirectes; la ville n'a rien alors dans le produit des amendes; mais l'employé de l'octroi qui a concouru à la rédaction du procès-verbal reçoit de la régie une part dans ces amendes.

La régie des contributions indirectes accorde encore aux employés de l'octroi des taxations. A l'entrée des villes, le droit perçu sur les liquides, sur les vins, par exemple, n'est pas seulement un droit d'octroi : il y a aussi un droit d'entrée perçu au profit du trésor. Ce sont les employés d'octroi qui touchent ce droit revenant au trésor, et le reversent dans ses caisses. Pour ce service qu'ils rendent, il leur est accordé par l'administration des contributions indirectes une remise de 3 1/4 p. 0/0 sur le montant des droits par eux perçus.

Ces diverses bonifications qui accroissent le traitement des employés sont toutes à la charge de l'octroi, et l'octroi supporte encore une autre déduction au profit des employés des contributions indirectes. Ceux-ci, en effet, relèvent le compte des entrepositaires de boissons soumises aux droits d'octroi, celui des brasseurs, des distillateurs, des marchands en gros. C'est sur leur relevé que se perçoit la portion de droit acquise à la ville : il était donc juste que la ville rémunérât ce service; elle paie, en effet, pour cet objet une indemnité d'exercice fixée par l'art. 91 de l'ordonnance du 9 décembre 1814 à 5 p. 0/0 du montant des droits perçus.

Si maintenant je récapitule ces observations en chiffres, et si je recherche quelle a été cette charge du personnel pour 1846, je trouve que le personnel de l'octroi a touché :

En appointements fixes réduits à ce chiffre par des vacances ou des retenues	8,964f 85c
En gratifications et remises	4,514 60
Et que les employés de la régie ont reçu pour indemnité de frais d'exercice	1,010 87
Prélèvement pour le personnel	14,490 32

Et, avant de quitter le personnel, si l'on veut connaître exactement le montant total de ce qu'ont touché les employés de l'octroi en 1846, je dirai qu'ils ont reçu, outre les traitements fixes et les gratifications et remises ci-dessus relevés, 760 fr. 92 c. pour leur part dans les amendes, et enfin 580 fr. 78 c. représentant les 3 1/4 p. 0/0 que leur alloue la régie sur le montant des droits qu'ils perçoivent pour son compte ; ces quatre sommes réunies, présentant le total de ce qu'ils ont reçu en 1847, s'élèvent ensemble à 14,821 fr. 05 c.

Passons à la dépense du matériel. Elle se compose des loyers et des réparations locatives des bureaux, de l'entretien du mobilier, des frais de bureau du préposé en chef et du service, du chauffage et de l'éclairage des bureaux, des impressions livrées par la régie et de toutes autres impressions.

La ville de Bar a sept bureaux d'octroi. Trois sont sa propriété ; elle loue les maisons où sont placés les quatre autres.

Le loyer annuel du bureau du Moulin-du-Comte est de	152f » c
Celui du bureau de la rue de Véel, de	115 »
— du Petit-Pont-Neuf	140 »
— de la rue Montant	80 »
Ensemble	487 »
Les réparations locatives faites aux bureaux d'octroi en 1846 ont coûté	194 »

D'après l'art. 91 de l'ordonnance du 9 décembre 1814, il est accordé aux préposés en chef des octrois des frais de bureau. Ces frais de bureau ont été fixés pour le préposé de Bar-le-Duc à 100 francs. Cette somme figure donc au matériel, quoiqu'en réalité et pour la majeure

A reporter	681 »

Report..............	681	»
partie, cela dût être porté en augmentation de traitement...........................	100	»
Le chauffage et l'éclairage des bureaux a coûté. Tous les bureaux sont éclairés par un reverbère placé au-dehors. Un seul est chauffé et éclairé intérieurement : la plupart, en effet, sont la chambre d'habitation du receveur, qui est chauffée pour les besoins du ménage; le bureau central seul, au grand Pont-Neuf, a un local entièrement distinct et séparé du logement du receveur : c'est là que se réunissent les employés, là que se donnent les ordres et que se règle le service. L'éclairage et le chauffage de ce bureau sont donc indispensables.	175	31
Tous les registres de l'octroi, et ils sont nombreux, sont fournis par la régie. Ces fournitures se sont élevées, pour 1846, à..........	497	51
D'impressions autres que celles livrées par la régie, il n'y en a eu que pour la modique somme de.................................	7	20
Total des dépenses du matériel.....	1,461	02
Joignez à ces dépenses du matériel celles du personnel, relevées plus haut par.............	14,490	32
Le total est de......	15,951	34
Nous avons vu que le produit des droits et des escortes se montait à........	103,528	29
Si nous en déduisons les 15.951 f. 34 c. ci-dessus.	15,951	34
Il reste en produit net.......	87,576	95

Mais ce produit net n'entre point tout entier dans les caisses de la ville. L'art. 75 de la loi du 24 avril 1806 avait décidé que sur les octrois de toutes les villes, qui ont au moins 20,000 fr. de revenu, ou au moins 4,000 âmes de population, il serait fait une retenue de 10 p. 0/0 pour le pain de soupe des troupes. Ainsi, la destination et l'emploi de la somme servait à justifier une retenue, un impôt qui ne pèse que sur certaines villes, sur les plus pauvres, sur celles qui, n'ayant point de revenus propres, suffisants à leurs besoins, sont dans la nécessité de recourir aux impôts indirects. Toujours attaqué, ce prélèvement qui n'est point équitable, n'en a pas moins toujours été maintenu. Et la loi du 28 avril 1819, sans rappeler ce prétexte abusif du pain de soupe des troupes, porte : « Le produit net des octrois, dans toutes les communes où il » en est perçu, sera soumis au profit du trésor à un prélè- » vement de 10 p. 0/0 à titre de subvention. » Sur les 87,576 fr. 95 c. formant le produit net de l'octroi en 1846, il a été perçu, au profit du trésor, une subvention de 8,757 fr. 69 c., de telle sorte que l'octroi en a eu à supporter, outre les dépenses du personnel et du matériel se montant à 15,951 fr. 34 c., ce prélèvement de 8,757 fr. 69 c. pour le dixième destiné au trésor, ce qui porte la charge totale à 24,709 fr. 03 c. Puisque le dixième du trésor ne se perçoit sur les produits de l'octroi que déduction faite des dépenses du matériel, et que dans ce matériel sont compris les loyers des bureaux d'octroi, il semble que la ville, propriétaire des trois bureaux du grand Pont-Neuf, de la côte de Behonne et du pâquis de la Ville-Haute, devrait prélever quelque chose pour le loyer de ces trois bureaux. Il n'en est point ainsi. Seulement les frais d'acquisition de ces bureaux ont été pris à l'origine sur les produits de l'octroi, de manière que l'Etat n'a point touché son prélèvement du dixième sur le montant de ces acquisitions. (Décision du directeur général de 1824. Lettre du préfet, 19 août 1824.)

Dans le tableau que j'ai donné des charges de l'octroi, je les ai relevées en 1846 pour 25,834 fr. 46 c., et cependant celles que je viens d'énumérer, les seules qu'on ait déduites avant le prélèvement du dixième, ne s'élèvent qu'à 24,709 fr. 03 c. La différence, qui est de 1,125 fr. 43 c., provient de deux causes. D'abord, le compte de l'octroi se clôt au 31 décembre de l'année, et ce compte ne comprend de dépenses du matériel que celles qui ont été faites et soldées par le service de l'octroi dans le courant de l'année. Mais le 31 décembre, l'exercice n'est pas clos, et l'autorité municipale a pu mandater dans les mois de janvier, février et mars, des dépenses faites en 1846. Cette année, en effet, on a payé sur les fonds municipaux des dépenses relatives à une balance à bascule, destinée à peser le bétail introduit sur pied, dépenses qui se montaient à 209 fr. 40 c. En second lieu, les amendes figurent dans le produit brut : mais la totalité de ces amendes ne reste pas à la ville ; une portion sert à couvrir les frais de poursuites, une portion à payer la part qui revient aux employés, et en 1846 le versement fait à ce titre a été de 915 fr. 96 c.; réunis aux 209 fr. 40 c., cela donne 1,125 fr. 36 c. Il ne reste plus qu'une différence de 07 c. qui provient de ce qu'on a fixé le dixième du trésor à 8,757 fr. 76 c., tandis qu'il ne devait être que de 8,757 fr. 69 c. La charge totale supportée par l'octroi en 1846 est donc bien, comme je l'avais porté au tableau, de 25,834 fr. 46 c.

Il y a encore au compte de l'octroi une recette assez considérable, mais qui ne profite en rien à la ville et qui revient tout entière au trésor. Elle ne figure au compte de l'octroi que pour ordre. Je veux parler des quittances timbrées, qui sont délivrées par les employés à ceux qui acquittent les droits d'octroi. Ces expéditions timbrées des registres d'octroi sont remises au service de l'octroi par la direction des contributions indirectes, et l'octroi reverse au trésor le prix du timbre de celles de ces quittances qu'il a délivrées. En 1846, le prix des expéditions timbrées des registres de l'octroi s'est élevé à 4,027 fr. 90 c. Cette somme tout entière a été attribuée au trésor qui se trouve ainsi avoir reçu de l'octroi de la ville, en 1846 :

1.º Pour le prélèvement du dixième............................ 8.737 76
2.º Pour remboursement des impressions fournies par la régie... 497 51
3.º Pour indemnité, pour frais d'exercice....................... 1,010 87
4.º Pour prix des expéditions timbrées des registres de l'octroi... 4,027 90
                                            Ensemble.......... 14,294 04

En dernier résultat sur cet octroi de 1846, dont le produit brut était de 105,242 fr. 10 c., il n'est entré dans la caisse municipale que 79,407 fr. 64 c.

Il n'est pas inutile, non plus, de rechercher quelle proportion existe entre les frais de perception et les produits bruts de l'octroi. En prenant les chiffres du compte dressé par l'octroi pour 1846, nous trouvons que le produit brut, amendes non comprises, a été de 103,520 fr. 29 c., et que les frais de perception se sont montés à 15,951 fr. 34 c. C'est-à-dire que ces frais s'élèvent à 15 4/10.ᵉ p. 0/0 du produit. C'est une dépense relativement très élevée, qui tient sans doute à ce que dans une ville ouverte, comme l'est la nôtre, et qui occupe une grande étendue de terrain, la surveillance est plus difficile et par conséquent plus coûteuse. Dans les villes fermées, Paris, Lille, Metz, Brest, Strasbourg, Toulon, les frais de perception ne dépassent pas 10 p. 0/0. Ils ne sont même que de 7 p. 0/0 à Toulon, et de 6 p. 0/0 à Paris. A Verdun et à Vitry, villes en partie fermées, en partie ouvertes, ils ont été, en 1846, d'un peu plus de 11 p. 0/0 pour Vitry, et d'un peu plus de 12 p. 0/0 pour Verdun. Dans les villes tout à fait ouvertes, au contraire, je ne vois que Rennes où ces frais soient de 8 p. 0/0 ; dans toutes les autres grandes villes, ils dépassent 10. A Amiens, ils sont de 12 ; à Nantes et à Angers, de 14 ; à Bordeaux et à Marseille, de 15 ; et enfin à Rouen, de 17 p. 0/0. Nous nous trouvons donc même au-dessus de la moyenne des villes ouvertes.

Si développées que soient les observations qui précèdent, tout n'est pas encore dit sur le service de l'octroi, quand on s'est borné à ces détails. Il a été dressé (1) un tableau des octrois de France, dont les produits se sont élevés à 400,000 fr. et au-dessus, pris sur une année moyenne, composée des exercices 1839, 1840 et 1841. Dans ce tableau, qui comprend vingt-deux villes, on voit que la quotité de l'impôt, par tête d'habitant, a été en chiffres ronds :

De 33f »c pour Paris ;
De 19 » pour Lyon, Marseille, Rouen ;
De 18 » pour Bordeaux, Toulon, Toulouse, Versailles ;
De 15 » pour Nantes ;
De 14 » pour Angers, Montpellier, Orléans, Rennes ;
De 13 » pour Nîmes ;
De 12 » pour Reims ;
De 11 » pour Brest, Metz ;
De 10 » pour Caën ;
De 9 21 pour Strasbourg.

Metz qui figure dans ce tableau pour 11 fr 11 c., donnait, en 1846, 12 fr. 12 c., près d'un dixième en sus. Pour la même année 1846, Vitry-le-François, donne 10 fr. 39 c., Nancy, 9 fr. 32 c., Verdun, 9 fr. 30 c., et enfin Bar-le-Duc, 8 fr. 16 c. Nous sommes au dernier degré de l'échelle ; mais les petites villes qui nous environnent, Saint-Mihiel et Commercy, ont un chiffre encore infiniment moins élevé que nous. C'est que moins une ville a de population et d'importance, moins on sent le besoin des grandes améliorations. Les édifices commu-

(1) H. SAY. *Administration de la ville de Paris.* Ch. VI, p. 123.

naux sont moins nombreux et d'une construction plus simple; la voirie ne reçoit guère de perfectionnements, l'éclairage est réduit au strict nécessaire, les services d'instruction et de sûreté publiques ne sont pas richement dotés. Ne nous étonnons donc point qu'à Paris l'octroi soit pour la population une charge quatre fois plus lourde qu'à Bar. C'est à Paris pourtant et pour Paris surtout, qu'on a demandé souvent en ces derniers temps la suppression de l'octroi : on n'avait pas réfléchi, sans doute, qu'en supprimant l'octroi, il fallait supprimer en même temps toutes ces institutions, tous ces monuments, tous ces embellissements dont Paris s'enorgueillit à juste titre, qui appellent dans son sein des voyageurs de tous les pays, voyageurs dont les dépenses toujours actives, toujours renouvelées, alimentent le commerce et vivifient l'industrie parisienne. Supprimer l'octroi à Paris, ce serait nuire aux classes qu'on croirait favoriser; comment songerait-on à le supprimer à Bar, où il est une charge quatre fois moins lourde.

Remarquons même que ce chiffre de 8 fr. 16 c. n'est point réellement la quotité de l'impôt par tête. Car, pour la répartition, on opère sur la population officielle ; la population en bloc ne figure point dans cette répartition. Néanmoins, cette population qui peuple les pensionnats, les casernes, les hôpitaux, les prisons, prend sa part des consommations, et supporte sa part dans les taxes qui les frappent. Et si on la fait entrer dans la répartition, l'impôt par tête ne sera plus que de 7 fr. 88 c.

Ajoutons qu'il n'est point exact de prétendre que cet impôt pèse également sur le pauvre et le riche. Certes, les classes malheureuses ne paient rien des taxes prélevées sur les fourrages ou sur les matériaux. Le riche consomme en combustible énormément plus que le pauvre. Les consommations et les taxes ne resteraient donc égales entr'eux, si toutefois on peut dire qu'elles sont jamais égales, que pour les comestibles et les liquides, et ces deux articles ne donnent pas même les sept dixièmes du produit. Pour le pauvre, la taxe serait donc en réalité réduite à 5 fr. 35 c.

Je sais qu'on trouve encore une telle taxe exagérée, et qu'on maintient qu'elle est exhorbitante, puisqu'elle pèse sur ceux-là même qu'on dispense des 2 fr. 40 c. de la taxe personnelle, puisqu'elle frappe non seulement le père de famille comme l'impôt direct, mais chacun des membres de la famille. Mais n'est-il pas vrai d'abord que les classes pauvres, proprement dites, supportent en réalité l'impôt dans une proportion fort au-dessous de la moyenne, de cette moyenne même réduite à 5 fr. 35 c.? N'est-il pas vrai de plus que cet impôt leur profite plus qu'à aucune des autres classes de la société; si l'octroi n'existait pas à Bar, si la ville en était réduite aux 28 ou 30,000 fr. qui composent la somme de tous ses autres revenus, il faudrait qu'elle pourvût d'abord aux dépenses que la loi a déclarées obligatoires et qui lui sont forcément imposées. Elle aurait nécessairement un receveur municipal pour faire ses recettes et ses dépenses, elle aurait des employés pour les travaux d'administration et des frais de bureau pour ces employés, dépense de 7,000 fr. au moins. La police, qui coûte 3,000 fr., ne serait pas supprimée. On ne laisserait pas sans surveillants les propriétés rurales confiées aujourd'hui à des gardes champêtres qui reçoivent entre eux plus de 1,000 fr. Il faudrait bien payer la subvention des chemins vicinaux de grande communication, et entretenir ceux de moyenne et de petite communication; ils sont portés au budget pour 4,000 fr. On n'abandonnerait pas sans les réparer, les églises, les presbytères, la maison commune, tant d'autres édifices communaux, les ponts, les acqueducs, les pompes, les fontaines, dont l'entretien revient à plus de 6,000 fr. On n'éteindrait pas tous les becs de gaz et tous les reverbères, pour faire cesser cette dépense d'éclairage qui est de 9,000 fr. L'autorité supérieure ne souffrirait pas que les aliénés errants et sans secours troublassent la paix publique, et que leur abandon accusât son imprévoyance ou son incurie, et on dépense annuellement plus de 5,000 fr. pour les aliénés. Voilà déjà plus de 35,000 fr. de dépenses obligées : c'est à celles-là qu'il faudrait pourvoir d'abord.

Toutes les ressources se trouvant épuisées, tous les autres services seraient donc supprimés. Je ne parle point de la ville retombant alors dans la condition semi-barbare d'un village entièrement privé de revenus, ne donnant plus de subvention aux ministres des divers cultes, fermant les portes de son collége, licenciant sa garde nationale et sa compagnie de pompiers, laissant les immondices accumulés dans les rues mettre également en péril la sûreté et la salubrité publiques. Mais que deviendraient les asiles, les écoles, les cours industriels?

Ils ne s'ouvriraient donc plus pour les enfants du pauvre et de l'ouvrier. L'hospice n'aurait plus de lits à guérison pour les malades, le bureau de bienfaisance plus de secours pour les nécessiteux, les bureaux de charité plus de médecins, les femmes en couches plus de soins gratuits. Qui souffrirait le plus d'un tel état de choses, si jamais il pouvait se réaliser? Les classes pauvres, elles surtout. Car s'il est une part des taxes qu'elles ne supportent pas, celle qui pèse sur les fourrages et les matériaux, s'il en est une autre, celle du combustible, qui pèse peu sur elles, elles profitent avec tous les autres citoyens des avantages d'ordre, d'administration, de police que ces revenus assurent à la ville, et elles prennent part toutes seules à ces allocations que le budget assure largement aux établissements d'instruction gratuite, de charité et de bienfaisance. Quand donc, au nom de ces classes, on murmure contre l'octroi, on parle réellement contre leurs plus vrais intérêts.

Maintenons donc cet impôt nécessaire, et d'ailleurs plus équitablement réparti qu'on ne le croit généralement.

Est-ce à dire que le tarif actuel de l'octroi doive être conservé sans pouvoir jamais recevoir de modifications. Une doctrine si absolue a toujours été loin de la pensée du conseil municipal, et d'année en année il lui a été fait des propositions qui avaient pour but ou de frapper de la taxe d'octroi des articles nouveaux, ou de réduire la taxe perçue sur certains articles. Quelques-unes de ces propositions furent accueillies, et des tarifs nouveaux prenaient alors la place des anciens tarifs. Des délibérations du conseil municipal de 1834, 1835, 1836, 1837 amenèrent l'adoption du tarif sanctionné par le roi le 6 mai 1838, et deux ans après, le 8 mai 1840, sur une nouvelle délibération du conseil, une ordonnance royale substituait à ce tarif de 1838 celui qui est actuellement en vigueur.

Depuis 1840, de nouvelles propositions se sont produites dans le conseil. Les bouchers établis en ville ont demandé la réduction des droits d'octroi sur la viande. La quantité de bière passible du droit était évaluée d'après la contenance de la chaudière, seulement on déduit sur cette contenance 20 p. 0/0 pour tenir lieu de tous déchets de fabrication. Tout excédant à la quantité ainsi réduite n'est imposable qu'autant qu'il est de plus du dixième de cette quantité. (Loi du 28 avril

1816, art. 110 et 111.) Mais les employés ont fait observer que si cet excédant était moindre du dixième, il devait, quoi qu'exempt des droits du trésor, être frappé du droit d'octroi, parce qu'il était livré à la consommation, et on n'a fait aucune objection solide à cette observation des employés. On a soutenu que la bougie stéarique n'étant ni du suif, ni de la cire, ne figurait point au tarif de l'octroi. On a demandé que la volaille, le gibier, le poisson fussent imposés. En-dehors du conseil, on a signalé le savon comme un article facilement imposable et devant donner un produit assez important.

Quant à la prétention élevée pour la bougie stéarique, ceux qui l'élevaient ne se sont point encore hasardés à la porter devant l'autorité judiciaire, et cette bougie a jusqu'ici régulièrement acquitté le droit perçu sur la chandelle : la demande des bouchers a été examinée et laissée à l'étude, parce qu'elle n'était point suffisamment éclaircie, et que s'il est dangereux de se décider avant de pouvoir parfaitement apprécier la portée de sa décision, cela est dangereux, surtout en matière d'impôts. Une commission du conseil a déjà reconnu que l'exemption jusqu'ici accordée aux brasseurs devait cesser, que ce serait rentrer dans l'esprit de la loi, qui est d'ailleurs entendue et appliquée en ce sens dans les autres villes. Resteraient donc deux questions : une pour le savon, l'autre pour la volaille, le gibier et le poisson.

En règle générale, et hors le cas de nécessité pressante, il ne me semble point bon d'augmenter les impôts. Ceux qui les perçoivent, ceux qui en déterminent l'emploi ne répugnent pas à ces augmentations. Cela donne plus d'importance au service dont les premiers sont chargés, et les autres ont plus de facilités et de ressources pour mettre à exécution les plans, les projets, les améliorations, si l'on veut, qu'ils méditent ou qu'ils ont conçues. C'est là une tendance contre laquelle il est bon de se tenir en garde. Un impôt une fois établi se supprime difficilement, et par cela même, je voudrais qu'on n'en établît de nouveaux qu'avec une extrême réserve. La nécessité seule les justifie à mes yeux, et ici la nécessité ne me paraît pas évidente.

Ce n'est pas que je veuille m'épargner l'examen des deux taxes proposées. Peut-être même n'est-il pas sans utilité d'en peser les avantages et les inconvénients.

Le savon est imposé à Vitry-le-François ; le savon blanc et

gris paie 0,04 centimes par kilogramme, le savon noir et vert 0,02 centimes par kilogramme. On ne voit pas trop comment le savon a pu être introduit dans le tarif, car il ne rentre dans aucune des cinq divisions qu'établit la loi du 28 avril 1816, ou du moins il a fallu une grande bonne volonté pour le classer, comme on l'a fait à Vitry, parmi les matériaux. Il a produit en cette ville en 1846, savoir : le savon blanc et gris, 1,149 fr. 76 c., et le savon noir et vert, 9 fr. 90 c. Certainement cela ne mériterait pas qu'on taxât ce dernier savon et qu'on introduisît au tarif un nouvel article pour un produit de 15 fr. environ. Quant au savon blanc et gris, il est indispensable aux besoins des ménages ; la propreté et la salubrité sont également intéressées à son emploi, et quand, dans un pays voisin, de riches souscriptions donnent aux classes les moins aisées la faculté de laver gratuitement leur linge, le moment serait-il bien choisi pour frapper d'un impôt un objet dont l'emploi importe si fort à la santé publique ? De plus, nous habitons une ville industrielle, et diverses industries, les teintureries en rouge principalement, se servent du savon dans leurs préparations. Ainsi, une taxe sur le savon atteint tout à la fois le travail, les nécessités de la vie dans ce qu'elles ont de plus essentiel, dans la propreté sans laquelle il n'y a point de santé, et cette taxe n'a point pour elle l'excuse d'être indiquée par une loi qui paraît au contraire l'exclure.

Le poisson, le gibier, la volaille sont évidemment dans la classe des objets imposables ; mais y a-t-il des motifs suffisants pour les imposer ? Comment imposera-t-on le poisson de rivière ? Si l'on ne fait point de distinction, on frappera donc du même impôt les qualités inférieures qui se vendent 80 c. le kilogramme, le brochet qui vaut 2 fr. 50 c., et la truite qui n'est jamais guères au-dessous de 5 fr. le kilogramme. Un impôt aussi inégal peut-il être juste ? Si l'on veut faire des distinctions, il faudra donc, au bureau d'entrée, ouvrir les paniers, peser et manier chaque pièce, au grand préjudice de la qualité de la marchandise. Ce sont là des embarras réels, et je ne vois point que les villes qui nous environnent, Metz, Nancy, Verdun, Vitry, aient trouvé le moyen de les vaincre et aient imposé le poisson d'eau douce. A Metz et à Vitry, les huîtres et la marée fraîche sont taxées. Nancy taxe aussi les huîtres. A Metz et à Nancy, populations quadruples de celle de Bar, les huîtres, sous la taxe énorme de 40 c. le cent, n'ont produit que 799 fr. pour la première de ces villes, et 551 fr. pour la seconde. Vitry fait payer 50 c. par bourriche, et a touché 7 fr. 75 c. Dans la même proportion, Bar aurait perçu 12 fr. 90 c. Ce n'est donc pas là un produit sérieux. J'en dirai autant de la marée. Metz, qui la frappe d'une taxe de 20 c. par kilo, n'en a retiré que 1,538 fr. Nancy, où la taxe est de 10 c. seulement, et où le saumon est taxé avec la marée, n'a perçu que 715 fr. 20 c. A Vitry, la taxe est de 05 c. et le produit de 65 fr. 35 c., ce qui donnerait à Bar environ 108 fr. C'est bien la peine, en vérité, d'introduire un article nouveau dans le tarif, d'arrêter les diligences à l'entrée, ou de détacher un surveillant pour les vérifier à l'arrivée.

Tous les chiffres que je donne sont extraits des comptes officiels des octrois des villes de Metz, Nancy, Verdun et Vitry, pour l'année 1846. Deux de ces villes, celles qui nous avoisinent de plus près, celles auxquelles nous pouvons le mieux nous comparer sous le rapport de la population, des habitudes, des besoins, Verdun et Vitry, n'ont imposé ni le gibier ni la volaille. Et toutes deux cependant sont situées dans des pays fertiles, également abondants en volaille et en gibier, et où un faible droit n'aurait arrêté en rien la consommation qu'une production féconde rend nécessaire. Ce sont même ces deux villes et leurs environs qui alimentent de volaille et de gibier le marché de Bar. Si nous frappons ces objets d'un droit, n'avons-nous pas à craindre que les approvisionnements de notre marché n'en souffrent, et que les frais de la taxe, joints à ceux du voyage, ne laissent point au producteur un bénéfice égal à celui qu'il trouverait sans sortir de chez lui. Il n'aurait plus d'intérêt alors à se déplacer pour fournir aux besoins de notre consommation.

A Metz et à Nancy la volaille et le gibier sont imposés ; mais la taxe y fût-elle plus élevée qu'elle ne l'est, elle n'éloignerait pas les producteurs du marché. Où donc ailleurs les habitants de ces riches vallées de la Meurthe et de la Moselle trouveraient-ils un écoulement pour leurs produits ? Où donc auraient-ils une consommation égale à celle de Metz, qui a ses 42,976 âmes de population, joint une garnison de 8 à 10,000 hommes, des écoles d'artillerie et de génie, et un nombreux état-major.

Et cependant, à Metz, le gibier, qui est grevé de droits très élevés, 30 c. le kilo de chevreuil ou de sanglier, 40 c. par tête

de lièvre, 10 c. par perdrix ou bécasse, le gibier n'a produit que 2,240 fr. 10 c. A Nancy, le chevreuil paie 5 fr. par tête, le marcassin et le sanglier de 1 fr. 50 c. à 6 fr., le lièvre 25 c., les perdrix et bécasses 05 c.; et le produit total, pour une population de 38,795 habitants, sans compter la population flottante, n'a été que de 1,047 fr. 30 c. A Bar, le sanglier et le chevreuil sont le seul gibier imposé : le droit d'entrée était de 2 fr. par tête; il a produit 30 fr. en 1846. Je voudrais qu'on fît aussi la part des embarras de la perception. « Les adminis-
» trations municipales auront égard, disait l'art. 56 de la loi
» du 27 vendémiaire an VII, à ce que le mode de perception
» entraîne le moins de frais possible et le moins de gêne qu'il
» se pourra pour la liberté des citoyens. » Restera-t-on dans l'esprit de la loi quand il faudra visiter à l'entrée les carnassières des chasseurs, ou chercher dans le fond d'un panier une perdrix ou une bécasse. La facilité même de soustraire ces objets à la surveillance de l'octroi ne fera-t-elle point naître l'idée de la fraude, et ne doit-on point soigneusement éviter tout ce qui peut amener des discussions, des fraudes, des résistances ?

A Metz, la volaille a produit 18,792 fr. 48 c. A Nancy, pas tout à fait moitié de cette somme, 8,350 fr. 01 c. Le droit à Metz est de 40 c. par tête de dinde ou dindon, 15 c. par oie, 10 c. par poulet et canard, 05 c. par pigeon. A Nancy, le droit est de 25 c. par dindon, 05 c. par oie, canard, chapon, poularde, poulet, 03 c. par pigeon. — On a consommé à Metz 4,961 dindons, 40,681 oies; 92,954 poulets et canards, et 28,209 pigeons. La consommation pour Nancy a été de 6,391 dindons, 127,058 oies, canards, chapons, poulets, et 13,312 pigeons. Quand même on établirait à Bar un droit égal à celui de Nancy, et personne sans doute ne songerait à fixer un droit plus élevé, il ne faut pas croire pour cela que cette taxe produirait dans la proportion précise de la population de Nancy à celle de Bar. Nancy, avec 38,795 habitants, perçoit 8,350 fr. fr. 01 c.; et il semblerait que Bar, avec 12,673, dût percevoir 2,672 fr. Un tel calcul ne serait pas exact : les grands centres de population, tels que Metz et Nancy, sont aussi des centres de richesse, de mouvement et d'affaires. Les consommations des objets qui ne sont plus de première nécessité s'y accroissent dans la proportion, non de la population seulement, mais du luxe, de l'activité, de l'affluence de tous ceux qu'y appellent leurs intérêts ou leurs plaisirs. Si Bar consommait en volaille proportionnellement autant que Nancy, il faudrait que chaque année il y entrât 2,045 dindons, 38,658 oies, poulets ou canards, et 4,259 pigeons. Or, les renseignements que j'ai recueillis près des aubergistes, des marchands de volaille, de ceux qui suivent les marchés, accusent une consommation infiniment plus restreinte.

Ce serait donc pour un revenu médiocre, en définitive, qu'on établirait un impôt nouveau dans un temps où la perception des taxes les plus anciennement, les plus justement établies ne se fait pas sans difficultés, souvent même sans résistances ; on se mettrait au hasard de voir diminuer des approvisionnements qui ne viennent pas déjà en trop grande abondance, ni en qualité supérieure ; à quoi bon cette innovation quand la création d'aucune taxe nouvelle n'est indispensable. On fait, à la vérité, cette objection : la viande destinée à la consommation du pauvre est taxée, pourquoi ne taxerait-on pas la volaille réservée à la consommation du riche? La question, comme je viens de le montrer, n'est pas tout entière dans ces termes restreints. Et à supposer qu'il n'y eût que ce point à examiner, est-on bien fondé à faire ainsi deux classes nettes et tranchées de ce qu'on appelle les riches et les pauvres. Les riches, et j'ai montré par les tableaux de contribuables combien peu il y en a parmi nous à qui ce nom conviendrait, où finissent-ils? où commencent les pauvres? N'est-ce pas par des nuances et des dégradations insensibles qu'on descend des uns aux autres? N'est-il pas vrai que les prétendus riches ne pourraient consommer seuls les 15 à 20,000 têtes de volaille qui entrent en ville? N'est-il pas vrai que l'artisan, l'ouvrier, n'en sont plus réduits, comme avant la Révolution, à se priver de viande ou à ne manger que de la viande de porc? La statistique ne nous apprend-elle pas que sur les marchés voisins, ceux de Rheims par exemple, la volaille qui y est si abondante et si belle, n'est pas toute consommée par les classes aisées, et que les classes intermédiaires et mêmes inférieures ne sont pas privées de cette alimentation, si toutefois c'est une privation. Et si c'en est une, n'est-il pas vrai qu'en frappant la volaille d'un impôt on recule de plus en plus le moment où cette privation cessera?

En repoussant ces taxes sur le savon, le gibier, la volaille, je ne veux pas dire qu'on ne puisse remanier le tarif de l'octroi, et y apporter quelques améliorations qui, du reste, dans mon opinion, seraient peu importantes. Mais ce n'est point dans la voie que l'on semble indiquer que je voudrais m'engager ; j'en suivrais une un peu différente. Je rechercherais quels objets de nécessité première peuvent être dégrevés utilement pour le consommateur plutôt que pour le marchand, et sur quels autres objets on peut reporter ce dégrèvement sans nuire à la population. Et pour faire mieux comprendre ma pensée par deux exemples, j'imposerais sur la bougie stéarique, qui vaut plus du double de la chandelle, un droit double de celui qui pèse sur la chandelle, et je porterais à 8 fr. 80 c. par chaque hectolitre d'alcool le droit qui n'est aujourd'hui que de 3 fr. 60 c., tandis qu'il est de 6 fr. 60 c. à Vitry, de 10 fr. 50 c. à Metz, et de 12 fr. 50 c. à Nancy. Je le frapperais même d'un droit supérieur à 8 fr. 80 c., si la loi du 28 avril 1816 n'interdisait aux villes (art. 149), d'imposer sur les boissons des droits supérieurs à ceux qui sont perçus à l'entrée, au profit du trésor. Je le ferais avec d'autant plus de sécurité que ce n'est point là une consommation nécessaire, que nulle boisson même n'est plus nuisible à la santé, que c'est elle dont l'usage immodéré engendre ces dérangements de l'esprit, ces tremblements nerveux qui ne sont déjà plus l'ivresse, mais qui révèlent les premières atteintes de la folie et du délire, de ce *delirium tremens* qui conduit tant de victimes dans nos asiles d'aliénés (1).

(1) Ce qui précède était écrit lorsque dans sa séance du 11 mai 1849, le conseil municipal a entendu le rapport d'une commission chargée de réviser le tarif de l'octroi et d'y proposer les modifications qu'elle jugerait nécessaires. Sur ce rapport, et après discussion, le conseil a décidé qu'il demanderait au gouvernement de modifier le tarif actuel, en ce qui concerne les articles suivants, de la manière indiquée au tableau ci-dessous :

Désignation des objets.	Tarif actuel.	Tarif proposé.
Alcool pur, l'hectolitre	3f 60c	5f » c
Taureaux, bœufs, génisses, moutons, brebis, chèvres, agneaux et chevreaux, les 100 kilog.	3 70	3 20
Porcs et porcs de lait	3 70	3 50
Dindons et dindes, par tête	»	» 20
Oies, poulets, canards, poules, poulardes et coqs, par tête	»	» 05
Chevreuils et sangliers, par tête	2 »	»
Lièvres, par tête	» 20	»
Le baril de harengs	» 40	supprimé.
Poissons salés ou fumés, indistinctement, par 100 kilog.	»	1 »
Bougie stéarique, acides-stéarique, margarique et autres propres à remplacer la cire, par kilogramme	» 05	» 10

Le conseil a demandé en outre que l'art. 13 du règlement portât formellement que toutes les bières qui sont livrées à la consommation intérieure payassent le droit d'octroi, quelle que fût leur origine.

Je voudrais finir sur l'octroi, et pourtant je ne puis abandonner ce sujet sans ajouter quelques observations sur la consommation individuelle. En rapprochant le montant total des objets entrés du chiffre de la population, je trouve qu'en 1846, la consommation par tête a été, savoir :

Pour le vin, de 201 litres ;
Pour l'alcool, de 3 litres 65 c. ;
Pour la bière, de 14 litres 17 c. ;
Pour le suif ou la chandelle, 2 kil. 390 gr.;
Pour l'huile commune (le tarif ne distingue pas entre les huiles), 6 kil. 930 gr.;
Pour le bois de charme, hêtre, charbonnette, écailles, 1 stère 82 c.;
Pour les fagots de ménage, 14 fagots 75 centièmes ;
Pour les ramettes, 6 fagots 81 c.;
Pour la houille, 32 kil.;
Pour le coke, 860 gr.

Si je compare ces consommations à celles des villes fermées ou partie ouvertes et partie fermées qui nous environnent, c'est-à-dire à Metz et à Verdun, où les remparts et les portes rendent la fraude moins praticable, je trouve :

	A Metz.	A Verdun.
Pour le vin...........................	91 litres	137 litres.
Pour l'alcool...........................	5 litres 43 c.	»
Pour la bière...........................	52 litres 27 c.	34 litres 36 c.
Pour le bois de chauffage...........	0 90 centistères.	1 stère 32 c.
Pour les fagots de ménage........	8 fagots 88 c.	10 fagots 18 c.
Pour les faguettes et fascines......	»	30 faguettes 35 c.
Pour la houille...................	331 kilos.	46 kilos 03 gr.

On voit que ces comparaisons ne peuvent être consultées qu'avec une extrême réserve, car les consommations varient avec les localités, et déjà à Metz on voit la bière et la houille remplacer le vin et le bois.

La viande mérite un examen à part, et cet examen même doit être précédé de quelques explications. En 1846, la taxe se percevait par tête, quel que fût le poids de l'animal; nous

Il demande enfin que la consignation ou cautionnement des droits payés à l'entrée pour les bestiaux soit supprimée à l'avenir, les jours de foire et des marchés mensuels du premier vendredi de chaque mois, et qu'il soit payé pour droit de place sur les marchés ou foires :

Pour chaque taureau, bœuf, vache, génisse ou cheval. »f 10c
Pour chaque veau et porc........................... » 05
Pour chaque porc de lait........................... » 01

Ces diverses demandes sont aujourd'hui soumises à l'approbation du gouvernement.

ignorons donc le poids exact des bestiaux livrés à la consommation en 1846. Mais, pour 1847, la loi a exigé que la taxe fût perçue au poids, et comme nous connaissons le nombre de têtes entrées en 1847, il nous est facile d'avoir le poids moyen d'une tête. C'est :

Pour chaque bœuf ou vache............	475 kil.
Pour chaque veau.......................	54
Pour chaque mouton ou brebis.........	33
Pour chaque chèvre ou chevreau......	40
Pour chaque agneau	7
Pour chaque porc gras.................	78
Pour chaque porc de lait...............	16

Le nombre de têtes entrées en 1846, multiplié par le poids moyen de chaque bête, donne le nombre de kilogrammes introduit. Mais ce n'est là que le poids brut, il y a à déduire la peau, le sang, la graisse, les issues pour connaître ce qui reste en poids net, ce qui est réellement vendu au consommateur. Les expériences faites sur la proportion qui existe entre le poids net et le poids brut n'arrivent pas toutes au même résultat; la raison en est simple : c'est que la déduction varie suivant que l'animal est plus ou moins gras, suivant que dans les habitudes du pays on amène aux boucheries des animaux plus ou moins graissés. A Paris, où la viande est de qualité très supérieure, et où il n'entre que du bétail de choix, le poids moyen de la viande produit par chaque animal est :

Pour les bœufs.....................	325 kil.
Pour les vaches.....................	230
Pour les veaux......................	65
Pour les moutons....................	22
Pour les porcs......................	75

Lorsqu'en 1846 le conseil municipal transforma la taxe par tête en une taxe au poids, on estima que le poids net était :

Par chaque bœuf ou vache, de.........	230 kil.
Par chaque veau.....................	22 »
Par chaque mouton...................	17 50
Par chaque porc.....................	63 50

Depuis, les employés ont dit à plusieurs reprises que cette évaluation devait être modifiée, et qu'il leur semblait qu'on serait plus près de la vérité si, toutes issues déduites, on estimait qu'il reste réellement en viande que l'on consomme :

Pour les bœufs et vaches, moitié du poids brut, ou 237k 500g.
(Les bœufs donnent plus de moitié, les vaches moins.)

Pour les veaux 3/5e, ou.....	33k	»g.
Pour les moutons, brebis, chèvres, etc., moitié ou...	16	»
Pour les porcs 4/5e ou.....	63	»

En opérant sur cette base, qui n'est qu'approximative, les bestiaux entrés sur pied, en 1846, ont donné... 505,042 kil.
A quoi il faut ajouter la viande fraîche ou salée qui est entrée en quartiers et dépecée......... 169,596

Total............. 674,638

Ce qui donne par personne une consommation de 53 kil. 707 gr.

J'aurais voulu pouvoir distinguer la viande de porc, car il n'est pas hors de propos de remarquer que toute cette viande ne se consomme pas en ville, que le lard et les jambons salés sont en partie destinés à l'exportation, et vont alimenter notamment la célèbre foire aux jambons qui se tient à Paris dans la semaine qui précède Pâques. Mais on ne peut pas faire cette distinction pour la viande à la main : les viandes dépecées entrent sans distinction d'espèce; du reste, il y a réellement très peu de porc introduit de cette manière, le tarif étant moins favorable à cette viande quand elle est dépecée. Quant à la viande sur pied, les états d'octroi distinguent soigneusement la nature et l'espèce de bétail, et en 1846, sur les 505,041 kil. introduits sur pied, le porc figure pour 182,012 kil., plus du tiers.

Nos consommations pour le vin et la viande, telles que les accusent les états d'entrée de l'octroi, ont donc été en 1846, par tête, de 201 litres pour le vin, et de 53 kil. 707 gr. pour la viande. On peut comparer ces consommations à celles des dix villes de France les plus fortement imposées (1) :

A Paris on consomme	104	litres de vin et	60	kil. de viande.
A Toulouse	—	222	—	60
A Bordeaux	—	200	—	66
A Nîmes	—	170	—	60
A Lyon	—	167	—	52
A Nantes	—	163	—	51
A Marseille	—	153	—	38
A Strasbourg	—	46	—	47
A Rouen	—	24	—	44
A Lille	—	12	—	38

(1) H. SAY. *Sur l'administration de Paris.* Ch. 6, p. 127 et 132.

Pour le vin, nous nous trouverions classés dans ce tableau an troisième rang, entre Bordeaux et Nîmes; pour la viande au cinquième, entre Nîmes et Lyon. Pour la viande, nous serions fort au-dessus de la consommation moyenne de la France, mais encore au-dessous de la consommation moyenne de l'Angleterre. Cette consommation moyenne était en 1847 :

Pour l'Angleterre, de......................	68 kil.
Pour la Belgique, de......................	42
Pour la France, de........................	24
A Paris, elle était, en 1789, de...............	70
— — en 1847, de............	55
Tandis qu'à Londres, en 1847, elle était de....	122 (2)

Pour clore maintenant ce qui a rapport à l'octroi, nous voyons qu'en 1846 le produit brut de l'octroi a été de 105,242 fr. 10 c., et son produit net de 79,407 fr. 64 c. Au budget, on avait porté en prévision un produit brut de 91,000 fr., et en dépense 23,850 fr., y compris le dixième de prélèvement, ce qui réduisait le produit net à 67,150 fr. On évalue toujours le revenu au-dessous du produit réel des années précédentes, d'abord parce que les revenus d'octroi sont variables et incertains, et qu'en fixant un chiffre modéré on se trouve en mesure de parer à toutes les éventualités, ensuite parce que les bonis, quand il en existe, se retrouvent aux chapitres additionnels du budget, où ils sont toujours nécessaires pour parer aux dépenses imprévues survenues dans le cours de l'exercice. Peut-être même a-t-on trop atténué cette ressource en augmentant d'année en année, dans les budgets, la prévision des recettes de l'octroi. Ainsi, pour 1837 et 1838, le produit brut n'était évalué que 73,800 fr.; en 1842 on le portait à 75,500 fr.; l'année suivante à 79,300 fr.; en 1844 à 81,600 fr.; en 1845 à 87,000 fr., et enfin à 91,000 fr. en 1846. Il serait prudent de ne pas dépasser 85,000 fr. Ces 85,000 fr., réunis aux 25 ou 30,000 fr. que la ville peut tirer de ses autres revenus, lui constituent une recette annuelle de 110 à 115,000 fr. Elle réunit à cette somme les recettes extraordinaires, qui sont très peu de chose, et que nous allons exposer en quelques mots. Nous verrons ensuite à quelles dépenses ces ressources doivent faire face.

(2) Michel CHEVALIER. *(Débats, 2 octobre 1847.)*

CHAPITRE II. — **Recettes extraordinaires.**

La ville n'a pas seulement des recettes ordinaires : il lui arrive aussi parfois d'en faire d'extraordinaires. Celles-ci n'ont rien de fixe ni d'assuré, comme leur titre même l'indique. Ce qui s'est présenté une fois peut ne pas se représenter. Il est donc inutile d'insister sur ces recettes et de les reprendre chacune en détail. Il serait fastidieux d'ailleurs d'énumérer un à un tous les objets de ces recettes dont la plupart sont d'une très minime importance. A quoi bon rappeler toutes les ventes d'arbres brisés, de vieux meubles hors de service, tous les rachats de cens qui n'excèdent pas quelques centimes. Je ne rappellerai donc ici que les recettes principales, et je les placerai sous les divers titres que présente le cadre imprimé du budget.

§ 1. *Aliénation d'immeubles.* La ville a vendu une maison qu'elle possédait rue des Clouères, et qu'elle louait antérieurement au département qui y plaçait les brigades de gendarmerie. Le prix de vente, qui était de 16,500, était payable en diverses annuités dont la première est venue à échéance en 1841. De 1841 à 1846, on a touché sept annuités se montant ensemble à 12,447 fr. 90 c.

En 1841, la ville a été forcée de céder au canal de la Marne au Rhin une portion du terrain du cimetière, et elle a reçu pour prix de cette cession une indemnité de 931 fr. 34 c.

§ 2. *Prix de ventes de meubles, matériaux.* Je ne parle pas des meubles de rebut qui ont été vendus : cela n'a aucune importance ; il en est autrement des matériaux. La ville ayant acheté des maisons pour ouvrir de nouvelles rues, elle a vendu les matériaux provenant des démolitions : cela a produit des sommes assez fortes. Si je ne le mentionne pas ici, c'est que j'ai pensé que cette recette n'étant en réalité qu'une atténuation de la dépense faite par la ville, il était plus convenable de porter cette déduction à l'article de la dépense. On la retrouvera donc à la 2.ᵉ section des dépenses extraordinaires.

Je me bornerai à rappeler ici les ventes faites en 1842 et 1846 de partie des peupliers et des marronniers des quais de la Rochelle et des Gravières. Ces ventes ont produit 3,878 fr.

§ 3. *Coupes extraordinaires de bois.* La ville ne possède point de bois, comme on a pu le voir dans l'énumération que j'ai donnée de ses propriétés. Dans un département où la plupart des communes ont de riches propriétés forestières, elle est du petit nombre de celles qui n'en possèdent pas, et je ne sache pas qu'elle en ait jamais possédé.

§ 4. *Impositions extraordinaires pour acquisitions et constructions.* Il n'y a point eu d'imposition extraordinaire pour cette fin : il n'y a eu qu'une imposition de 3,368 fr. payée en 1837 pour solder la dette arriérée. Ceci sera plus amplement expliqué aux dépenses, ch. 2, sect. 8. Arriéré.

§ 5. *Emprunt.* Il n'a pas été fait d'emprunt.

§ 6. *Legs et donations.* Les seules donations qui aient été faites à la ville l'ont été pour l'établissement des écoles et des salles d'asile. En 1837, le gouvernement a donné pour les écoles 1,500 fr.; et en 1838, 1839, 1842 et 1843, il a donné, soit pour créer, soit pour améliorer les asiles, 6,000 fr. Le conseil général du département a, lui aussi, concouru pour 300 fr. dans les frais de premier établissement de la salle d'asile de la Ville-Basse.

Telles sont les principales recettes extraordinaires faites pour la ville, de 1837 à 1846.

DEUXIÈME PARTIE. — *DÉPENSES.*

« Dans les affaires administratives, dit M. Vivien dans son
» rapport sur la loi du 18 juillet 1837, la plupart des droits se
» résolvent en dépenses; et s'il est nécessaire que les droits
» s'exercent, l'intérêt des contribuables et la prévoyance de
» l'avenir réclament les plus sévères précautions...

» Les dépenses des communes sont obligatoires ou faculta-
» tives.... les dépenses obligatoires sont celles que l'admi-
» nistration peut imposer aux communes malgré elles et à
» l'égard desquelles leur vote n'est point nécessaire ; elles
» sont tenues de les acquitter; en cas de refus le budget peut
» recevoir une inscription d'office, et l'administration a droit
» d'établir des contributions extraordinaires pour en assurer
» le paiement...

» Les conseils municipaux ont le droit de régler les dépenses
» communales, d'en augmenter ou d'en réduire le nombre et
» l'importance; c'est leur principale attribution. Mais à côté
» du droit de la commune se trouve le droit général de l'Etat
» et l'intérêt de l'avenir dont l'Etat est aussi le défenseur et
» le gardien. Toute dépense qui peut affecter l'Etat et les
» intérêts généraux est nécessaire et peut être exigée de la
» commune. Elle doit pourvoir également à celles qui ont
» pour objet l'exécution d'une loi, l'accomplissement d'une
» obligation publique ou privée. Enfin, parmi les dépenses
» purement communales, le gouvernement a droit d'imposer
» celles qui intéressent essentiellement l'existence même de la
» commune et dont le refus suspendrait, si l'on peut ainsi
» s'exprimer, la vie communale.

» Hors de ces catégories dans lesquelles une juste part est
» faite à toutes les nécessités, la commune rentre dans son
» droit, et ne peut être obligée par l'administration à aucune
» dépense qui n'aurait pas son aveu. »

Il faut donc distinguer entre les dépenses des communes : les unes, celles qui affectent soit l'Etat, soit les intérêts généraux dans le présent ou l'avenir, celles qui ont pour objet l'exécution d'une loi, l'accomplissement d'une obligation publique ou privée, celles qui intéressent essentiellement l'existence même de la commune, celles-là sont obligatoires. Toutes celles que la commune entreprend pour accroître le bien-être des habitants, pour donner à la vie commune plus d'aisance et d'activité, celles qui n'intéressent que la prospérité communale, celles, en un mot, qui ne sont point des dépenses nécessaires dans l'acceptation légale du terme, celles-là sont des dépenses facultatives.

Le conseil municipal ne peut refuser dans son budget un crédit pour l'acquittement des dépenses obligatoires : un tel refus serait illégal; le ministre n'en tiendrait pas compte, et la loi lui a donné le pouvoir de porter lui-même au budget et d'office celles des dépenses obligatoires que le conseil aurait ou omis ou refusé de voter. Quant aux dépenses facultatives, le conseil est maître de rejeter toutes celles qui lui sont proposées par le maire, et d'en proposer lui-même de nouvelles. Celles-là ne pourront être rejetées ou réduites que par l'ordonnance qui règle en définitive le budget. (Loi du 18 juillet 1837, art. 38, 39, 36.) C'est l'administration supérieure qui prononce sur leur convenance et leur opportunité.

La loi du 18 juillet 1837 contient, dans son art. 30, la nomenclature des dépenses obligatoires. Elles sont comprises sous vingt-et-un paragraphes; mais cette énumération n'est point limitative, et le § 22 ajoute qu'on doit ranger parmi les dépenses obligatoires, « généralement toutes celles qui sont » mises à la charge des communes par une disposition des » lois. » Et, en effet, plusieurs dépenses sont omises dans la nomenclature de l'art. 30, celles des chemins vicinaux, par exemple; d'autres, comme celles qui sont relatives aux aliénés, n'ont été mises à la charge des communes que par des lois postérieures à 1837.

Il semblerait que dans l'analyse à laquelle je vais me livrer, des dépenses de la ville de Bar, je devrais d'abord classer et examiner celles qui sont obligatoires, et passer ensuite aux dépenses facultatives. Mais cet ordre apparent amènerait une grande confusion. Aussi n'est-ce point celui qui est suivi dans les cadres du budget. Dans ces cadres, les chapitres disposés par ordre de matière contiennent, tout à la fois, des dépenses obligatoires et des dépenses facultatives. On les tient réunies, parce qu'elles ont trait au même objet. Pourrait-on scinder les dépenses de la garde nationale qui ne concernent qu'un seul et même service? Fera-t-on deux chapitres séparés des dépenses obligatoires et des dépenses facultatives entreprises pour les établissements de charité et d'instruction. Non sans doute; on a bien senti qu'il convenait, pour plus de clarté, de réunir dans la même section tout ce qui concernait le même service, et de comprendre dans cette section, et les dépenses que l'on faisait pour satisfaire aux prescriptions de la loi, et celles que l'on faisait au-delà de ces prescriptions dans des vues d'amélioration et de progrès. Nous suivrons donc l'ordre adopté par le budget. Il sera facile, d'ailleurs, en se reportant à l'art. 30 de la loi du 18 juillet 1837, de reconnaître le caractère obligatoire ou facultatif de la dépense.

Le budget des dépenses se compose de deux chapitres : 1.er chapitre, dépenses ordinaires; 2.e chapitre, dépenses extraordinaires.

CHAPITRE I.er — **Dépenses ordinaires.**

Le premier chapitre renferme sept sections :
1re Section : Frais d'administration, traitements.

2.ᵉ Section : Charges et entretien des biens communaux. Dépenses relatives à la salubrité, à la sûreté. Grande et petite voirie.
3.ᵉ Section : Garde nationale et dépense militaire.
4.ᵉ Section : Secours aux établissements de charité. Pensions.
5.ᵉ Section : Dépenses relatives à l'instruction publique et aux beaux-arts.
6.ᵉ Section : Culte.
7.ᵉ Section : Dépenses de timbre pour quittances et mandats. Fêtes publiques. Dépenses imprévues.

Nous allons reprendre successivement chaque section.

PREMIÈRE SECTION. — FRAIS D'ADMINISTRATION, TRAITEMENTS.

L'administration d'une ville ne peut exister qu'à la condition qu'elle aura des employés et des frais de bureau, un receveur municipal qui touche les revenus, un percepteur qui fasse rentrer les impositions. Si elle a un octroi, il faut, pour l'organiser, un personnel et un matériel. A l'intérieur des agents de police assureront le maintien de l'ordre, à l'extérieur des gardes champêtres veilleront sur les propriétés. Un architecte doit surveiller l'entretien des édifices publics, des propriétés communales, des voies de communication, et avoir à sa disposition des manœuvres chargés d'exécuter ses prescriptions et les réparations les plus urgentes. L'inspection des halles aux grains, des abattoirs publics, des viandes, des marchés sera confiée à la vigilance d'agents spéciaux. Si cette ville est le siége d'une justice de paix, si son activité commerciale et industrielle lui ont rendu nécessaires l'établissement d'une chambre consultative des arts et manufactures, et d'un conseil de prudhommes, c'est à elle à fournir aux menus frais de ces diverses juridictions.

Delà autant de causes de dépenses, autant d'articles compris dans la 1.ʳᵉ section. Nous allons les revoir un à un.

§ 1.ᵉʳ *Frais de bureau et employés de la mairie.* (Dépenses obligatoires; loi du 13 juillet 1837. art. 30, §§ 2, 3, 4, 5.) — En général, pour chaque article de dépense, le conseil municipal débat chaque année et en détail les sommes auxquelles la dépense peut monter, et vote un crédit proportionné à ce qu'il croit nécessaire. Il n'en est point ainsi pour l'article dont nous nous occupons. Le chiffre du budget est réglé à

l'avance par un arrêté des consuls du 17 germinal an XI. Cet arrêté porte, art. 1.er : « Dans toutes les villes qui ont 20,000 fr.
» de revenus et au-dessus, et dont la population est au-des-
» sous de 100,000 âmes, les frais d'administration qui consis-
» tent en abonnements de journaux, registres de l'état civil,
» entretien de la maison commune (non compris le loyer),
» bois, lumière, encre, papier, ports de lettres, impressions
» et affiches, les greffiers-secrétaires, commis, agents, huis-
» siers, sergents, appariteurs, sonneurs, gardes champêtres
» et employés quelconques, les fêtes nationales et dépenses
» imprévues, sont fixés à 50 c. par habitant, sur les états
» de population arrêtés au conseil d'Etat. » C'est en conséquence de cette disposition que, antérieurement à 1842, le budget portait une allocation de 6,191 fr. 50 c. pour une population de 12,383 habitants, allocation qui s'éleva, pour les années suivantes, à 6,263 fr., parce que le recensement de 1841 nous donnait une population de 12,526 habitants. Cette somme est donc portée au budget sans débat. Mais le maire est tenu, comme pour tous les autres crédits, de rendre compte de son emploi.

On se tromperait donc si l'on croyait que ce chiffre est un forfait avec le maire qui resterait chargé de pourvoir à toutes les dépenses portées dans l'arrêté des consuls. Dans la plupart des mairies, d'ailleurs, le crédit serait loin de suffire. A Bar, les dépenses d'entretien de la maison commune, de gardes champêtres, de fêtes publiques et les dépenses imprévues se sont montées en 1846, à 4,906 fr. 86 c., et ces quatre articles seuls auraient presque suffi à absorber le crédit. Aussi, depuis longtemps, dans nos budgets, ces quatre articles ont reçu des allocations spéciales, et on n'a laissé à la charge de l'article frais de bureau et employés de la mairie, que ce qui rentre rigoureusement dans cette catégorie. C'est ce qu'on fait dans la plupart des villes, et le ministre de l'intérieur a, par diverses circulaires de 1836 et 1838, approuvé cette marche.

Avec ce crédit de 6,263 fr., le maire a à pourvoir à des dépenses de personnel et à des dépenses de matériel. En 1846, les dépenses de matériel se sont montées à 1,327 fr. 80, savoir :

Bois et lumière.......................... 388f 54c
Impressions, papier, plumes, etc........ 357 16
         A reporter............ 745 70

Report..................	745 70
Registres de l'état civil.................	362 90
Journaux, y compris le *Bulletin des lois* ...	162 »
Ouvrages administratifs................	15 »
Ports de lettres......................	42 20
Total..........	1,327 80

Le personnel, malgré la multitude des affaires qui se traitent et se préparent dans la mairie d'une ville, ne se compose que de trois employés. Il y a aussi deux sergents-de-ville. Les trois employés sont : un secrétaire en chef, un secrétaire-adjoint, et un employé. Avant 1841, le secrétaire en chef recevait par année............................... 1,350^f
L'adjoint........................ 900
L'employé... 200

En 1841, le traitement du secrétaire en chef fut porté à...................... 1,450
Celui du secrétaire-adjoint à............... 1,000
Celui de l'employé à.................... 500

Le traitement de l'employé a été successivement de 600 fr. en 1843, de 700 fr. en 1844, de 750 fr. en 1845, de 800 fr. en 1846. Ainsi donc, en 1846, le chiffre des trois traitements était : Secrétaire en chef................. 1,450^f
Secrétaire-adjoint................. 1,000
Employé......................... 800

Mais ce traitement fixe ne constituait pas la totalité de leurs émoluments. Chaque année, en fin d'exercice, le maire leur distribuait une certaine somme à titre de gratification. Ces gratifications ont été, pour 1840, de.......... 200^f »^{c}
1841, de.......... 255 27
1842, de.......... 310 »
1843, 1844 et 1845, de.......... 350 »
1846, de.......... 470 »

De telle sorte qu'en cette année 1846, le secrétaire en chef a reçu........................... 1,640^f
Le secrétaire-adjoint............... 1,150
L'employé...................... 930

Total............ 3,720

Quant aux deux sergents-de-ville, tous deux sont logés : l'un à l'Hôtel-de-Ville dont il est le concierge, l'autre dans la maison de la Porte-Phulpin. Celui qui loge à l'Hôtel-de-Ville est de plus chauffé et éclairé. Avant 1841, leur traitement annuel était de 525 fr. Il a été porté à 540 fr. pour les années subséquentes. Mais eux aussi recevaient des gratifications qui ont été de 60 ^{f} » ^{c} en 1840.

   93 80 en 1841.
   100 » en 1842.
   110 » en 1843, 1844, 1845.
   120 » en 1846.

En sorte qu'en 1846, ils ont reçu chacun 600 fr., et ensemble 1,200 francs.

Il a donc été dépensé en 1846 pour matériel. 1,327^f 80 ^{c}
Traitement des trois employés............ 3,720 »
— des deux sergetns-de-ville....... 1,200 »
              6,247 80

Le maire n'épuisait pas toujours la totalité de son crédit. Il y a eu presque chaque année des restants libres annulés, très faibles avant 1841, plus forts depuis, et qui, pour les dix années, ont été de 970 fr. 47 c.

Avant de quitter cet article, j'ajouterai deux observations : l'une, c'est qu'à partir de 1847, les traitements ont été augmentés et fixés, savoir :

 Pour le secrétaire en chef, à........ 1,600 ^{fr}.
 — le secrétaire-adjoint, à........ 1,150
 — l'employé, à............... 900
 — chacun des sergents-de-ville, à.. 550

Ma seconde observation porte sur les traitements du secrétaire en chef et des sergents-de-ville. Le secrétaire en chef est aussi secrétaire du conseil de prud'hommes, dont les séances se tiennent à la mairie, généralement durant les heures de bureau. Il touche à ce titre un traitement annuel de 400 fr., ce qui fait qu'il reçoit réellement 2,000 fr. par année.

Quant aux sergents-de-ville, celui qui est concierge de l'Hôtel-de-Ville est chargé de préparer, approprier, tenir en état le cabinet du maire, les bureaux, la salle des séances du conseil, celles où s'assemblent les commissions, celles où se tiennent les diverses réunions électorales et publiques. Il reçoit, outre le logement, le chauffage et l'éclairage, un traitement annuel de .... 550ᶠ »ᶜ

Il est garde chef, chargé de surveiller les gardes champêtres, et touche à ce titre................... 155 »

Il perçoit avec le commissaire de police les droits de location des places aux marchés, et a, sur le dixième alloué pour frais de perception, un quart, qui a été, en 1846, de........................ 102 35

Il visite le finage pour s'assurer si l'élagage des chenilles a été fait, et reçoit pour cette course...... 12 »

Il doit monter à la glacière chaque fois qu'il en est requis, et délivrer de la glace à ceux qui en demandent. Il reçoit pour ce service une faible indemnité, qui est du dixième du prix de vente, et varie de 10 à 25 fr. Je porte 15 fr. en moyenne.................. 15 »

Il prépare ou fait préparer la salle de l'Hôtel-de-Ville où la musique de la garde nationale vient chaque semaine faire ses répétitions; il lui est alloué pour cet objet .... 30 »

Total................. 864 35

Le second sergent-de-ville, qui est logé à la porte Phulpin, reçoit, outre son logement, son traitement fixe de.. 550ᶠ »ᶜ

Il remplit près du conseil de prud'hommes des fonctions analogues à celles des huissiers près les tribunaux, et reçoit à ce titre.................... 100 »

Il touchait aussi le quart dans le dixième du droit de location des places aux marchés, ce qui valait encore 100 fr.; mais il a renoncé volontairement à cet avantage, qui est passé à l'un des agents de police.

Il touche donc en totalité.......... 650 »

§ 2. *Traitement du receveur municipal.* (Dépense obligatoire. Même loi, même article, § 6). Ce traitement, d'après le décret du 24 août 1812, consistait en remises proportionnelles, dont le maximum, pour les communes qui avaient plus de 10,000 fr. de revenu, était de 5 p. 0/0 sur les premiers 20,000 fr. de recettes ordinaires, et de 1 p. 0/0 sur les sommes excédant 20,000 fr. jusqu'à un million. Ce tarif n'était qu'énonciatif du

maximum des traitements; et ces traitements, conformément à l'art. 7 d'un autre décret du 30 frimaire an XIII, devaient être réglés définitivement dans le budget de chaque ville par le gouvernement, sur la proposition du conseil municipal, l'avis du sous-préfet et du préfet. Sous l'empire de cette législation, le traitement du receveur municipal de Bar était de 1,350 fr., et il est resté à ce taux pour les exercices 1837, 1838 et 1839. Mais en 1839, les 17 avril et 23 mai, il est intervenu deux ordonnances qui ont décidé : « qu'à l'avenir les traite-
» ments des receveurs consisteraient en remises proportion-
» nelles tant sur les recettes que sur les dépenses effectuées
» par ces comptables pour le compte desdites communes. »
Les remises sur les recettes et dépenses durent être calculées comme il suit :

Sur les premiers 5,000 fr., à raison de 2 » pour 100 sur les recettes.
2 » pour 100 sur les dépenses.
Sur les 25,000 fr. suivants, à raison de 1 50 pour 100 sur les recettes.
1 50 pour 100 sur les dépenses.
Sur les 70,000 fr. suivants, à raison de » 75 pour 100 sur les recettes.
» 75 pour 100 sur les dépenses.
Sur les 100,000 fr. suivants jusqu'à un million, à raison de............... » 33 pour 100 sur les recettes.
» 33 pour 100 sur les dépenses.

Néanmoins « les conseils municipaux durent toujours être
» appelés à délibérer sur la fixation des remises de leurs rece-
» veurs, sans toutefois que les proportions du tarif ci-des-
» sus puissent être élevées ou réduites de plus d'un dixième,
» et sauf décision de l'autorité compétente. » Ce fut d'après ces règles que le traitement du receveur municipal fut fixé pour les exercices postérieurs à 1837. Le conseil municipal demanda toutes les années que les remises fussent réduites d'un dixième, et l'autorité supérieure approuva cette réduction. Payé d'après le tarif ainsi réduit, le receveur municipal a reçu :

En 1840..................... 1,809f »c
En 1841..................... 1,812 56
En 1842..................... 1,949 67
En 1843..................... 1,992 38
En 1844..................... 1,952 05
En 1845..................... 1,962 30
En 1846..................... 1,999 02

Total pour les sept années... 13,476 98

Ce qui donne en moyenne, pour chaque année, 1,925 fr. 28 c., traitement qui excède de 575 fr. celui que le receveur touchait avant 1840.

§ 3. *Frais de perception des impositions communales.* (Dépenses obligatoires. Même loi, même article, § 6.) J'ai expliqué (page 93, § 13) la cause de cette dépense qui figure au budget de 1846, à la recette comme à la dépense, pour une somme de 282 fr. 80 c.

§ 4. *Traitement et frais de bureau du commissaire de police. Traitement des agents de police.* (Dépenses obligatoires. Même loi, même article, § 8.) Toutes les communes qui ont une population de 5,000 habitants doivent avoir un commissaire de police; celles qui comptent 20,000 habitants doivent en avoir deux. (Loi du 28 pluviôse an VIII, art. 12.) Le traitement de ces fonctionnaires est donc pour la commune une dépense obligatoire. L'administration supérieure a donc le droit d'inscrire cette dépense d'office au budget de la commune, si elle y était omise; toutefois, elle ne peut le faire qu'en se conformant au tableau des maximums de traitement et de frais de bureau, établis par la loi, suivant l'importance des populations. Pour Bar, ville de 10 à 15,000 âmes, le maximum du traitement est de 1,000 fr. (Loi du 23 fructidor an IX, art. 1.er; arrêté du gouvernement du 17 germinal an XI *in fine.*) Celui des frais de bureau est de 250 fr. (Décret du 22 mars 1813, non porté au Bulletin.) Malgré cette fixation des maximums, la commune reste libre d'accorder un traitement et des frais de bureau supérieurs; mais ce qui excède le maximum rentre dans la classe des dépenses facultatives.

En 1837, nous avions deux commissaires de police; leur traitement était de 1,000 fr., leurs frais de bureau de 250 fr. pour chacun; ensemble.......................... 2,500^f

En 1838, on leur adjoignit un agent de police; le balayage, l'arrosage, l'éclairage, exigeant une surveillance constante et des courses multipliées, on jugea nécessaire la création d'un agent chargé spécialement de ce service; son traitement fut porté à 600 fr. Les dépenses de police se montèrent donc à.. 3,100^f

En 1839, on reconnut qu'il serait bon que cet agent portât dans l'exercice de ses fonctions un costume; et, comme son traitement ne lui permettait guère d'en faire la dépense, on lui alloua 100 fr. pour son habillement triennal, et la dépense de 1839 s'éleva à.................................. 3,200^f

Quoiqu'il n'y eut point d'habillement à payer en 1840, la dépense resta fixée à 3,200 fr., parce que cette année on accorda une indemnité de 100 fr. à celui des deux commissaires de police qui était chargé de la police criminelle et qui était forcé de se déplacer assez souvent pour aller déposer comme témoin devant la cour d'assises.

En 1841, la dépense demeura ce qu'elle était en 1840, et fut de 3,200 fr.

En 1842, il y eut à y ajouter l'habillement triennal de l'agent de police, qui monta cette année à 162 fr. 50 c., ce qui porta la dépense totale à 3,362 fr. 50 c.

En 1843 et 1844, elle revint à 3,200 fr.

En 1845, on dut payer l'habillement triennal de l'agent de police ; il coûta cette fois 200 fr. et on jugea qu'il y avait lieu de porter à 700 fr. son traitement qui n'avait été jusque-là que de 600 fr. La dépense monta donc à 3,500 fr. ; diminuée des frais d'habillement en 1846, elle se réduisit pour cette année à 3,300 fr.

Le traitement de 1,000 fr. et de 1,100 fr., et les frais de bureau de 250 fr., n'étaient pas la seule rémunération accordée aux commissaires de police. J'ai dit (page 72, § 4) qu'ils avaient moitié du dixième de la location des places aux marchés, et ce dixième s'est élevé en 1846 à 204 fr. 50 c. On verra plus bas qu'ils sont chargés de la visite des cheminées et des chenilles, et, en 1846 ils ont reçu pour cet objet une indemnité de 124 fr.

Tel était l'état des choses à la fin de 1846. Il éprouva un changement notable dans l'année suivante. L'un des commissaires de police fut atteint de paralysie ; c'était un ancien et bon employé, resté presque sans fortune, et dont on ne pouvait laisser la vieillesse et les services sans récompense : on lui accorda une pension annuelle et viagère de 600 fr. Il n'en a pas joui pendant un an.

Le second commissaire de police fit observer alors qu'il vaudrait mieux nommer un second agent de police que de remplacer le commissaire de police décédé. Je me charge, disait-il, avec deux agents, de pourvoir à tous les besoins de la police. Le service concentré dans une seule main aura plus d'unité et plus de force ; et la ville, même en augmentant mon traitement dont la modicité est évidente, n'accroîtra pas sensiblement sa dépense. On se laissa aller à ces raisons; on augmenta le traitement de ce fonctionnaire en songeant qu'il aurait à supporter une part des secours que réclamaient l'âge et les infirmités d'un père; on se rappela qu'entre les deux commissaires de police, unis cependant par les liens de famille les plus intimes, il avait existé des tiraillements nuisibles au service, et souvent une mésintelligence fatigante pour l'autorité municipale. On remplaça donc le commissaire de police par un simple agent au traitement de 600 fr., avec droit à l'habillement triennal.

Je crois qu'on n'a pas tardé à reconnaître que ce fut une faute. Les agents n'ont point de caractère public ; ils font leurs rapports au commissaire, qui décide lui-même s'il doit les porter à la connaissance de l'autorité municipale. Celle-ci n'a donc plus qu'un œil pour voir, une oreille pour entendre. Avec deux commissaires de police, elle était plus éclairée et mieux avertie. Que les rapports fussent quelquefois différents, contradictoires même, cela n'est pas impossible ; chaque agent a son point de vue, ses habitudes d'esprit et d'observations; mais est-ce là un mal ? C'est au maire à tout écouter; c'est vers lui que doivent converger tous les rayons de lumière; c'est en lui, et non dans un agent secondaire, que doit se concentrer l'unité du service; c'est lui, en définitive, qui doit apprécier et juger. Déjà la commission du budget et le conseil municipal lui-même ont été touchés de ces observations, et l'utilité de deux commissaires de police semble reconnue.

L'organisation de 1847 coûtait à la ville, en y comprenant l'habillement des deux agents, 3,783 fr., savoir :

Traitement des commissaires de police........	1,500f	»c
Frais de bureau du même...................	250	»
Deux agents	1,300	»
Part annuelle de l'habillement triennal,.......	133	»
Pension du commissaire de police supprimé...	600	»
	3,783	»

La pension a cessé ; la dépense annuelle n'est donc plus que de 3,183 fr. Si on veut organiser de nouveau la police, on prendra en considération dans la fixation des traitements, non seulement ce qui est fixe, mais les revenus éventuels dont j'ai parlé tout à l'heure, c'est-à-dire qu'à ces 3,183 fr. il faut ajouter pour le dixième de la location des places aux marchés et pour les cheminées et les chenilles, 320 fr. De plus, j'ai fait observer (page 130, § 9) que le premier agent de police recevait sur le dixième des places aux marchés 100 fr. précédemment attribués à un sergent-de-ville.

On pourrait donc avoir deux commissaires et un agent de police sans que la charge actuelle de la ville fût augmentée. Il faudrait même supprimer l'allocation triennale pour l'habillement de l'agent de police, continuer néanmoins à lui imposer l'obligation de porter un costume et fixer son traitement en conséquence.

Il y a pour le commissaire de police une autre source de revenus dont le chiffre n'est pas exactement connu, mais qui pourrait être constaté et dont on devrait peut-être tenir compte. Il existe une loi du 10 décembre qui interdit d'une manière absolue les affiches politiques et qui ne fait d'exception que pour les actes de l'autorité publique; il existe des arrêts qui décident que l'autorité municipale n'a aucune surveillance à exercer sur les affiches placardées par autorité de justice. Mais il n'y a pas que des affiches politiques ou judiciaires. Nos murs sont couverts d'une multitude d'affiches et d'annonces apposées dans un intérêt privé. Souvent même cet intérêt privé portait atteinte à l'intérêt public, et, pour mettre son annonce plus en évidence, la plaçait au lieu le plus apparent, dût-elle même couvrir un acte de l'autorité administrative. C'était là un abus, et avant comme depuis la loi du 10 décembre 1830, la jurisprudence a reconnu que l'arrêté du maire qui défend d'afficher aucun placard ou annonce sans l'autorisation de ce magistrat est parfaitement légal. Par un arrêté du 24 octobre 1827, le maire de Bar « a expressément défendu à toutes per- » sonnes d'exercer en cette ville la profession d'afficheur sans » son autorisation. (Art. 1er) » Un huissier de police qui existait alors fut nommé afficheur public. « Pour l'avenir, l'appo- » sition des affiches fut confiée à lui seul. (Art. 2) » Cet huissier de police étant décédé, le commissaire de police fut nommé afficheur public par arrêté du 13 septembre 1829.

La cour de cassation a décidé qu'en prenant de tels arrêtés l'autorité municipale agissait dans le cercle des pouvoirs que lui confèrent les lois de 1789, 1790 et 1791, et que ces arrêtés étaient légaux et obligatoires. (Ch. crim., 13 février 1834. Min.

p*bl., c. Gobert.) A Bar, dans la pratique, l'affiche est remise au commissaire de police qui y appose son visa, en permet l'apposition, la fait apposer lui-même par un afficheur de son choix, et perçoit de chaque personne qui veut faire apposer des affiches une rétribution de un franc. Je sais bien que cette rétribution de un franc représente le salaire de l'afficheur. Mais, en réalité, cette somme passe-t-elle tout entière aux mains de ce manœuvre, ou, au contraire, n'en reste-t-il pas une part au commissaire de police? Si le commissaire de police peut légalement et convenablement s'attribuer une part quelconque dans cette somme de un franc, il serait bon que le maire et le conseil municipal connussent précisément le chiffre de la recette que le commissaire de police fait pour cet objet. On pourrait y avoir égard dans la fixation des traitements.

§ 5. *Traitement des gardes champêtres.* (Dépenses obligatoires. § 7.) Voici un service qui a été remanié bien des fois depuis dix ans et qui laisse toujours beaucoup à désirer et beaucoup à faire. Avant 1834, il y avait un garde chef à. 140 ᶠ
Trois gardes champêtres à 150 fr. l'un, ci. 450
Et douze gardes de vignes, à 25 fr. l'un, ci. 300
                                  Total............ 890

On trouvait alors qu'il n'y avait pas de surveillance réelle, que des gardes champêtres à 150 fr. ne pouvaient donner ni tout leur temps, ni tous leurs soins à la garde des propriétés; qu'à la vérité, ils n'avaient à exercer leur surveillance que quand la terre était couverte de produits, c'est-à-dire, d'avril à novembre, mais qu'il vaudrait mieux leur donner un traitement suffisant et les occuper toute l'année. L'hiver ils seraient cantonniers, casseraient les pierres, répareraient les chemins; l'été, sans négliger les chemins, ils s'occuperaient plus particulièrement des propriétés. Ainsi, toujours actifs, parcourant le finage dans tous les sens, ils connaîtraient bien et les héritages, et ceux qui les possèdent, et les habitudes de ceux qui les ravagent. Le 3 juin 1834 donc, le conseil, se rendant à cet exposé, porta à 1,550 fr. le crédit de 890 fr., et le répartit comme suit :

Un garde chef................ .... 125ᶠ
Trois gardes champêtres cantonniers, à.. 1200
Neuf gardes de vignes, à 25 fr......... 225
                                        ————
                                        1550

On diminuait le nombre des gardes de vignes dont le service, essentiellement temporaire, commence au moment où le raisin va mûrir et finit avec la vendange.

L'année suivante on reconnut qu'un seul des gardes faisait son double devoir de garde champêtre et de cantonnier, et les remontrances de l'autorité n'ayant pu vaincre le mauvais vouloir des autres, on les congédia.

Mais deux ans après, le 22 février 1837, M. le maire déclara au conseil « que l'essai du nouveau système dont on attendait
» un bon résultat, avait prouvé, au contraire, qu'il était
» mauvais, en ce que les gardes, sous le prétexte qu'ils
» surveillaient les propriétés, ne travaillaient pas, ou presque
» pas, et que lorsqu'on se plaignait de leur défaut de surveil-
» lance, ils s'excusaient en faisant valoir le travail qu'on
» exigeait d'eux. » Il demanda donc qu'on en revint à ce qui existait avant 1834, à avoir trois gardes champêtre non cantonniers au traitement de 125 fr. chacun. Sa demande fut accueillie.

Rétablies sur l'ancien pied, les choses n'allaient pas mieux, et, au budget de 1841, on porta 800 fr. pour le traitement fixe des gardes et 150 fr. qui devaient leur être distribués en primes en proportion de ce que chacun d'eux découvrirait et constaterait des délits. On espérait ainsi les intéresser à apporter plus de zèle et d'activité dans l'exercice de leurs fonctions. Le conseil demanda, du reste, que l'état des primes lui fût soumis chaque année. Mais déjà, l'année suivante, il recommençait à douter de l'efficacité de cette mesure, et, en votant le budget de 1842, il « pria M. le maire de voir si les
» primes produisaient de bons effets. » Enfin, en 1843, il supprima les primes, les convertit en traitements fixes qui furent arrêtés, savoir :

Un garde chef..........................	155
Trois gardes champêtres, à 190 fr......	570
Neuf gardes de vignes à 40 fr..........	360
Ensemble..........	1085

Cette augmentation du traitement des gardes de vignes eut pour cause la suppression du ban de vendanges. Chacun étant libre de cueillir son raisin à l'époque qui lui conviendrait, une surveillance plus suivie et de plus longue durée devenait nécessaire. Ce chiffre de 1,085 fr. n'a pas changé depuis 1843.

Ainsi, en douze années, on a passé successivement du système des gardes champêtres à celui des gardes champêtres cantonniers : quoique cette institution produise d'excellents résultats dans plusieurs communes rurales de l'arrondissement, on l'a quittée pour revenir aux gardes champêtres simples. On leur a distribué ensuite une part de leurs traitements en primes, et puis on a renoncé aux primes, donné des traitement fixes et des traitements médiocres. On se trouve donc au même point qu'en 1834, avec un service organisé d'une manière aussi défectueuse, qui excite d'aussi vives et d'aussi nombreuses réclamations.

Il n'y a point de système qui emporte avec lui le remède à tous les maux ; les systèmes ne sont que ce que les font les hommes, et les hommes ne peuvent les apprécier que quand ils ont apporté dans la pratique une volonté ferme, suivie, persévérante. A-t-on eu cette volonté et cette suite pour les divers systèmes dont je viens de parler? Dans une ville, la police urbaine a tant d'importance, qu'il ne faut point s'étonner si la police rurale est un peu négligée. Il conviendrait de la déléguer spécialement à un des officiers municipaux qui lui consacrerait son attention et ses soins.

Elle n'est pas facile sur un territoire qu'occupe une population nombreuse, population composée en grande partie d'ouvriers qui changent souvent de résidence, dont les enfants ne sont pas connus des gardes. Or, ce sont principalement les enfants, les adultes qui, se répandant dans les champs pendant les jours de repos, se rendent coupables de ces délits de maraudage qui excitent les plaintes des propriétaires.

Considérons d'ailleurs que les neuf gardes de vignes n'ont qu'une mission tout à fait temporaire et spéciale. Ils n'exercent leurs fonctions que pour les vignes, quand l'entrée des vignes est interdite, et ne s'occupent pas des autres parties du territoire. Le garde chef, retenu tout le jour en hiver et presque tout le jour en été par ses autres devoirs, ne parcourt guère la campagne, et ne prête aux autres gardes que l'appui de ses conseils.

Restent donc trois gardes pour lesquels le finage a été divisé en trois sections. Une de ces sections, celle du centre, comprend tout ce qui est situé sur la rive gauche de la rivière d'Ornain, entre les finages de Fains, Véel, Combles et Savonnières. Le territoire de la rive droite est partagé en deux sections, que limite la route de Bar à Naives. La section du Nord s'étend de cette route aux vignes de Beaulieu, non loin de la forêt de Massonges, la section du midi va de la route de Naives au territoire de Longeville, par-delà la ferme de Popey. Si on se rend bien compte des lieux, de l'étendue de territoire à garder, du nombre de parcelles qui n'est pas moindre de dix à l'hectare, des accidents de terrain qui ne permettent point au garde d'embrasser d'un coup-d'œil l'ensemble des propriétés qu'il surveille, on ne s'étonnera point de la difficulté de la répression.

Joignez à cela la modicité du traitement des gardes. Ils ne s'engagent point à donner tout leur temps à la ville, pour 190 fr. par an, et l'on ne saurait exiger des services parfaits quand on ne donne que des salaires insuffisants.

A toutes ces causes réunies, il faut encore ajouter qu'il y a bien quelque exagération dans les plaintes faites contre la police rurale, et que si elle laisse à désirer, elle n'est cependant pas totalement à l'abandon, comme quelques accusations passionnées tendraient à le faire supposer. Je ne parle ici que des propriétés rurales; car, quant aux propriétés plantées en bois, je reconnais que depuis bien des années la surveillance et la répression sont à peu près inefficaces.

Quand le travail diminue, que le taux des salaires baisse, ou que les denrées alimentaires renchérissent, vous voyez des délinquants nombreux parcourir les bois aux environs de la ville. Quelquefois séparés, le plus souvent réunis, en plein jour, d'abord sous le prétexte qu'ils n'enlèvent que du bois mort, et ensuite de jour comme de nuit, bravant les gardes, et se souciant peu des condamnations, ils enlèvent le bois vert et le bois sec, et rapportent à la ville publiquement le fruit de leurs dévastations. On a vu, dans certains temps, des portions de bois exploitées, comme si le propriétaire lui-même les eût fait couper à blanc étoc.

Comment se fait-il que ces mêmes individus qui reculeraient devant l'idée d'un vol, qui ne s'approprieraient pas, dans un champ, les légumes ou le blé d'autrui, vont publiquement couper et emporter le taillis et même les arbres. La propriété des bois est-elle donc à leurs yeux moins respectable et moins sacrée que toute autre propriété? Dans ce pays où toutes les fortunes datent d'hier, on sait l'origine de la propriété de chacun. Celui-ci la doit à son travail, à son économie, celui-là au travail et à l'économie de son père : où sont les biens demeurés dans la même famille depuis trois générations ? Il n'y a donc là ni usurpation ni conquête, et le délinquant qui vole du bois a bien la conscience qu'il dérobe au propriétaire le fruit de son travail : il est aussi coupable que le voleur qui lui enlèverait à lui-même un meuble de son ménage, ou une portion du salaire de ses journées.

C'est le devoir de l'administration municipale de faire pénétrer ces idées dans la population, de faire cesser par ses conseils et ses leçons ces délits multipliés. Leur spectacle sans cesse renouvelé, quand il n'est pas suivi d'une répression sévère, pervertit le sentiment moral de ceux qui en sont témoins ; eux-mêmes viennent à douter de l'immoralité d'une pareille conduite, et séduits qu'ils sont par leur intérêt, et par leur état de gêne, ils en viennent souvent à imiter le mauvais exemple qui leur a été donné. C'est ainsi que les habitudes de désordre et de pillage prennent racine et se perpétuent de génération en génération. Quel plus digne, quel plus noble emploi de l'autorité que de s'en servir pour ramener des populations égarées au sentiment du devoir, que de les exhorter à renoncer à des habitudes criminelles ; et si les exhortations demeurent sans effet, est-il rien de plus légitime et de plus louable que de livrer à la rigueur des lois ceux qui ont été sourds à la sagesse des conseils ? Je ne crois pas que le conseil refuserait au fonctionnaire qui entreprendrait cette tâche avec courage et constance les moyens de surveillance et de poursuite nécessaires pour arriver à son but.

§ 6. *Traitement de l'architecte.* Le traitement de l'architecte, qui n'était avant 1842 que de 400 fr., a été porté à 600 fr. depuis cette époque. Ses devoirs sont nombreux, ses démarches multipliées. C'est lui qui veille à l'entretien des édifices communaux, qui signale toutes les réparations à faire, qui prépare les plans et devis. C'est par ses ordres que les aqueducs sont curés, les pompes et fontaines tenues en bon état, les pavés et les caniveaux entretenus. Il donne son avis au maire sur toutes les demandes d'alignement, détermine lui-même cet alignement sur le terrain, fixe et limite les concessions faites au cimetière. Il dirige les manœuvres communaux dans leurs travaux de chaque jour, leur prescrit les travaux à faire dans les rues et sur les chemins, les empierrements, les cassages de pierres, les plantations. Si le conseil municipal ne juge pas à propos de recourir à un autre architecte, c'est lui qui fournit les plans et devis de toutes les constructions communales et qui en suit l'exécution. En ce cas, à son traitement fixe qui est de 600 fr., il joint des honoraires calculés sur l'importance de la dépense. Si cette dépense n'excède pas 1,000 fr., il n'a droit à aucuns honoraires; si elle excède 1,000 fr., il reçoit 4 p. 0/0 sur les cinq premiers 1,000 fr. et 3 p. 0/0 sur le surplus. Ainsi l'a réglé une délibération du conseil municipal du 21 février 1832. Enfin, il reçoit encore deux francs par chaque concession au cimetière. Le nombre de ces concessions a été en 1846 de 41.

§ 7. *Traitement des manœuvres communaux.* En 1837, nous n'avions qu'un seul manœuvre communal au traitement de 500 fr. par an. Il était plus particulièrement occupé à l'entretien des rues, des pavés, des promenades. Les travaux des chemins restaient, comme je l'ai dit (page 136, § 5), à la charge des gardes champêtres cantonniers. Mais quand, en 1837, on rétablit ceux-ci dans la garde champêtre exclusivement, on créa pour les remplacer dans les travaux sur les chemins, un second manœuvre communal. On fixa à 600 fr. le traitement du premier manœuvre, à 400 fr. celui du second. (Délibération du conseil du 22 février 1837; arrêté du maire du 29 même mois.) En 1839, le traitement du second manœuvre fut porté à 450 fr. et élevé à 500 fr. en 1842. Les deux manœuvres nous coûtent donc 1,100 fr. C'est une création utile. Leur travail constant et journalier met l'architecte à même de faire immédiatement toutes les réparations urgentes, de relever quelques pavés, de remplacer un arbre, de nettoyer un caniveau, de rendre un sentier ou un chemin praticable. Ils opposent des fascines, des digues, des plantations aux envahissements de la rivière et du canal. Ils curent les fossés où l'eau s'amasse, ils étendent la grève dans les rues où le passage des voitures crée des flaques d'eau; en un mot, ils font de suite tout ce qui intéresse la sûreté, la commodité, la facilité du passage. Ils ont beaucoup amélioré l'état de nos rues, de nos places, de nos promenades.

§ 8. *Traitement du surveillant des viandes.* Cette place a été créée en 1843, et, comme je l'ai dit (page 70), cet employé a pour mission de s'assurer de la qualité et de la salubrité de toutes les viandes livrées à la consommation. Il peut faire ses visites aux abattoirs, sur les marchés, dans les étaux. Son traitement est de 240 fr.

Le traitement est minime sans doute, mais aussi les fonctions de cet agent ne lui imposent pas des obligations très étroites. Quant aux étaux, il doit rendre compte au maire de leurs dispositions intérieures, de leur propreté, de leurs conditions d'aérage. Quant à la viande, la salubrité en est constatée à l'abattoir et sur les marchés. Dans d'autres temps un tel agent aurait eu des devoirs bien plus étendus, quand la viande était taxée par l'autorité municipale : il eût fallu de sa part des visites multipliées pour prévenir les contraventions aux arrêtés qui fixaient la taxe. Mais depuis déjà bien des années l'usage de la taxe a été abandonné dans notre ville, et le commerce de la boucherie est abandonné à la libre concurrence. Il est permis de penser que cet abandon entier, absolu, ne profite guères aux consommateurs.

L'autorité municipale trouve son droit de taxe écrit dans l'art. 30 de la loi du 19-22 juillet 1791, et ce droit a reçu une consécration nouvelle dans l'art. 479, § 6, du code pénal, révisé en 1832. Quand le maire taxe, il suit de son arrêté comme conséquences nécessaires qu'il a droit d'exiger des bouchers que leurs étaux soient constamment et convenablement approvisionnés; que la viande de deuxième qualité ne soit pas vendue au même taux que celle de première qualité; que les surpoids, connus sous le nom d'agréments ou réjouissance, ne soient donnés que dans une certaine proportion, et que telles ou telles portions de l'animal ne puissent pas être délivrées à ce titre; enfin il peut ordonner que les viandes exposées au marché soient, après le marché, déposées dans des resserres soumises à la surveillance de l'autorité. Les tribunaux ont toujours reconnu que ces droits découlaient du droit de taxe, et ils ont, en conséquence, condamné comme contrevenants à la taxe, tous ceux qui les méconnaissaient. En renonçant à la taxe, ces droits qui en sont les corollaires, disparaissent avec elle, et la liberté du boucher est absolue.

Est-on bien sûr, et pourrait-on bien affirmer que sous ce régime de liberté illimitée, l'approvisionnement des bouchers de la ville est constamment convenable; qu'étant peu nombreux, ils ne se concertent jamais pour faire surpayer leur marchandise; qu'ils n'ont pas des prix différents, d'une différence très notable, et appliqués par eux arbitrairement suivant les personnes ; qu'ils ne refusent pas aux uns tel ou tel morceau de viande, qu'ils ne donnent pas aux autres des surpoids excessifs; qu'ils ne débitent pas aux prix de première qualité des viandes de qualité très inférieure ; que les 360 vaches, livrées par eux à la consommation en 1847, se sont vendues meilleur marché que les 313 bœufs qu'ils ont fait consommer dans la même année; qu'enfin ils ne s'approvisionnent pas des quartiers apportés au marché, quartiers qu'ils revendent dans leurs étaux à un prix bien plus élevé que celui du marché? Le partisan le plus jaloux de la liberté du commerce reconnaîtra peut-être qu'il y a là plus d'un inconvénient, et si le maire est plus à l'aise en laissant le commerce de la viande à la libre concurrence, il est douteux qu'il adopte ainsi la meilleure manière de défendre les intérêts de la population, et de satisfaire aux intentions des législateurs qui ont voté la loi de 1791 et la réforme du code pénal en 1832.

Déjà, au commencement de ce siècle, on avait laissé le commerce de la boucherie et de la charcuterie entièrement libre. Mais les populations ne tardèrent pas à se plaindre de ce régime, et j'ai trouvé dans les archives la correspondance qui s'engagea en 1805 entre les maires de toutes les petites villes qui nous avoisinent. Tous réclament contre les prix élevés de la viande, de la viande de porc surtout, qui, à cette époque, était « pour le peuple d'un usage usuel, journalier et exclusif. ». (Lettre du maire de Bar, 15 nivôse an XIII.) » Tous signalent la facilité avec laquelle les marchands peuvent se coaliser pour élever le prix d'une denrée de première nécessité, et tous pensent que la taxe peut seule remédier à cet abus. J'extrais de ces documents un tableau qui indique quel était, en 1805, le prix des différents morceaux de viande de porc dans la ville de Bar et dans celles qui l'avoisinent. Le prix est donné par kilogramme :

(Suit le Tableau.)

Désignation des morceaux.	Bar.	Ligny.	Commercy.	St.-Mihiel.	Clermont.	Verdun.	St.-Dizier.	Joinville.
Lard vieux	1 70	»	1 80	»	1 60	1 20	1 80	»
Lard frais	1 20	1 20	» 90	1 »	1 »	1 »	1 40	1 30
Grillade blanche	1 50	1 40	» 90	1 »	» 90	1 »	1 40	1 40
Grillade rouge, de	1 10 à 1 40	1 40	» 90	1 »	» 90	1 »	1 40	1 30
Saucisses	1 20	1 20	1 20	»	1 »	»	1 60	»
Jambons	» 90	»	»	» 80	»	» 90	1 40	1 20
Têtes, pinées, côtiers et parties chargées d'os..	» 80	»	» 90	à la main	»	»	» 90	1 10
Saindoux en branches..	1 60	1 50	1 40	1 30	1 50	1 50	1 80	1 80

Quant à la viande de boucherie, je n'ai point trouvé des renseignements si étendus. Je n'en ai vu que pour les villes de Verdun et Saint-Mihiel.

A Saint-Mihiel, le bœuf, veau et mouton était taxé 70 c. le kil; la vache et la brebis, 60 c. A Verdun la taxe était différente, suivant que la viande se vendait à la boucherie de la ville ou sur les places et marchés.

Cette taxe réglée par un arrêté du 11 pluviôse an XII, porte :

	A la boucherie de la ville.	Sur les places et marchés.
Bœuf, le kilogramme	0f 80c	0f 75c
Vache, id	0 70	0 65
Veau, id	0 80	0 75
Mouton, id	0 80	0 75
Brebis, id	0 70	0 65

Cet arrêté du 11 pluviôse contient, entr'autres prescriptions, la défense aux bouchers : « d'ajouter aux pesées, ni portions » de foie, ni portions d'os, à moins que celles-ci ne fassent » naturellement partie des morceaux de viande qu'ils débitent.» Et dans un arrêté du maire de Commercy, du 23 germinal an XIII, on lit : « Art. 7. Les bouchers sont tenus de dépecer » leurs viandes dès qu'elles seront refroidies, de les exposer » et attacher en évidence dans leur étal ou boucherie, afin » que le premier venu puisse désigner celle qu'il voudra choi- » sir. » Et, art. 8. « Ils ne pourront, dans les ventes et dis- » tributions qu'ils feront au poids, comprendre, sous quelque » prétexte que ce puisse être, les têtes, pieds, foies, mous, » non plus qu'aucune portion d'os détachés et autres que ceux » qui font naturellement partie des morceaux qu'ils distribuent.»

On n'a pu retrouver à la mairie, et me procurer les arrêtés que dut prendre alors le maire de Bar, pour la taxe de la viande de boucherie. Mais il n'est pas probable qu'il soit resté en arrière d'un mouvement que lui-même avait provoqué, et la taxe fut sans doute à Bar le droit commun comme elle l'était à Commercy, Saint-Mihiel et Verdun. Ce n'est même qu'à partir de 1827 que la taxe semble avoir cessé d'exister à Bar. J'ai trouvé dans les arrêtés des maires deux règlements : l'un du 3 juillet 1824, applicable à la viande de première qualité seulement et qui en fixe le prix à 75 c. le kilogramme ; l'autre, du 23 juin 1826, taxe les diverses qualités de viande, savoir :

Bœuf........ 0f 80c le kilogramme ;
Vache....... 0 65 id.
Veau........ 0 75 id.
Mouton...... 0 80 id.

Quarante ans auparavant, en 1782, les viandes de bœuf, veau et mouton, étaient taxées à sous 6 deniers la livre, et sur la réclamation des bouchers, elle fut portée à 6 sous 9 deniers. En 1826, le prix était donc du quart en sus, et en comparant ces prix de 1826 aux prix actuels, on ne peut que se féliciter de la concurrence qui s'est établie entre les bouchers de la ville et les nombreux bouchers de la campagne qui étalent leur viande sur le marché. Puisque les maires ont cru devoir renoncer à la taxe, au moins faut-il tout faire pour soutenir et encourager cette concurrence, tout en veillant et à la bonne qualité de la viande introduite sur les marchés, et à ce qu'aucune coalition ne vienne atténuer les avantages de cette concurrence.

§ 9. *Traitement du préposé de l'abattoir et de la halle.* Le bâtiment où est placé le grand abattoir, rue de l'Abattoir, ne renferme pas seulement le local où l'on abat les animaux, c'est là aussi qu'est placée la halle aux grains. Un seul préposé veille sur les deux services et reçoit un traitement de 1,000 fr.

Quant à l'abattoir, ce préposé tient un registre où il inscrit, pour chaque bête qui est abattue, le numéro de la quittance donnée à l'entrée au bureau d'octroi, l'indication de l'espèce de l'animal, et le chiffre du droit d'octroi qui a été payé. Chaque boucher a un compte ouvert et établi avec ces renseignements.

À la fin du mois, le préposé relève le nombre de bêtes

abattues, en les distinguant par espèces et par bureau d'octroi ; de telle sorte que le contrôle s'établit clairement et facilement dans chaque bureau, et il est difficile qu'on puisse soustraire une bête au droit d'entrée.

Peut-être serait-il bon d'imposer à l'avenir au préposé l'obligation de constater, en outre, le poids net de chaque bête abattue : en rapprochant le chiffre de ce poids net de la quittance de l'octroi qui constate le poids brut, nous aurions le chiffre vrai de ce qui est réellement livré à la consommation, et nous saurions quel rapport doit exister entre le droit d'octroi de la viande sur pied et celui de la viande dépecée. Pour arriver à un résultat si utile, il suffirait que ces constatations fussent soigneusement faites pendant le cours d'une année.

Quant à la halle, le préposé tient un registre où il inscrit, marché par marché, les denrées qui arrivent, leur nature, la quantité en double-décalitres, le poids de ceux-ci, le prix auquel ils ont été vendus, les noms du vendeur et de l'acheteur ; et si les grains ne sont pas vendus au marché même, le registre constate leur dépôt à la halle, sous la garde du préposé. Dans l'année 1846, il y a eu en tout 101 marchés, auxquels se sont présentés 1,090 marchands de grains. De ces 1,090 vendeurs, 877 ont amené du blé, 160 de l'avoine et 53 de l'orge. La quantité de blé amenée s'est élevée à 57,612 double-décalitres. Si l'on admet, comme l'a fait M. le ministre de l'agriculture dans une circulaire de 1847, que la consommation moyenne de blé, en France, est de 20 double-décalitres par individu, la halle aura fourni en 1846, à la ville de Bar, son approvisionnement de 82 jours seulement, à raison de 694,41 double-décalitres par jour. A supposer que cette consommation ne fût que de 500 double-décalitres par jour, ce qui réduirait à moins de 15 double-décalitres, en moyenne, la consommation par individu, la halle n'aurait encore fourni à la ville, en 1846, qu'un approvisionnement de 115 jours, un peu moins du tiers de l'année.

Cette observation n'est pas sans importance. Il est vrai que, le 15 février 1847, par une disposition très sage et parfaitement légale (C. cassat., 23 avril 1841), le maire, en prescrivant l'ouverture du marché aux grains à sept heures, a arrêté que les boulangers ne pourraient s'y présenter avant neuf heures, et les commerçants en grains ou farines avant onze heures. Il a voulu empêcher ainsi que ceux-ci ne vînssent, dès l'ouverture du marché, imprimer une hausse factice au prix des céréales, et se les assurer par cette élévation de prix. Mais dans notre ville, où depuis vingt ans presque tout le monde a perdu l'habitude de faire son pain, il est certain que la majeure, la très majeure partie du grain amené à la halle est vendu aux boulangers ou à ceux qui font le commerce des farines. Or, ceux-ci, les boulangers surtout, n'ignorant pas que la taxe du pain se règle en général sur la mercuriale du marché, n'auraient-ils pas intérêt à surpayer un peu ce quart ou ce tiers de la consommation qui vient à la halle, pour réaliser des bénéfices certains sur les trois quarts ou les deux tiers qu'ils achèteraient au-dehors à des prix inférieurs.

Il serait donc prudent de ne point prendre les mercuriales de la halle pour la règle unique de la taxe du pain. Cela serait d'autant plus sage, que ce n'est point la règle suivie dans les villes où ces questions sont le mieux étudiées, à Paris, par exemple, et qu'en réalité, depuis l'établissement des moulins de commerce et la transformation des petits moulins en usines de cette sorte, la boulangerie fait plutôt ses approvisionnements en farine qu'en blé. Or, à Paris la règle qu'on suit pour la taxe est tout à fait simple. En vertu d'un arrêté du préfet de police, du 13 avril 1842, la taxe du pain est réglée sur le prix moyen des 100 kilogrammes, poids net, des farines blanches de première et deuxième qualités, et l'allocation des frais de fabrication est de 7 fr. pour les 100 kilog. de farine transformés en pain. Ces frais de fabrication comprennent, outre le bénéfice du boulanger, ses frais généraux et ses frais particuliers. Dans les frais généraux, on compte :

Les intérêts de l'achat du fonds commun, le loyer, les contributions, l'entretien de la manutention et le renouvellement du matériel, le montage des farines, l'intérêt du capital placé en farines au dépôt de garantie, l'intérêt de l'approvisionnement obligé de farine à domicile.

Quant aux frais particuliers, ils comprennent :

La manutention, c'est-à-dire la paie des ouvriers, la distribution de pain qu'il est d'usage de leur faire, le combustible sous déduction de la braise, l'éclairage du fournil et de la boutique, la levure, le sel.

On voit que la question de la taxe se réduit, pour l'autorité municipale, à des termes précis. Il lui suffit de se tenir au courant du prix des farines, et de déterminer le chiffre des frais de fabrication. Quant aux farines, il n'est pas inutile de remarquer que nous ne voyons point employer assez, parmi nous, ces farines qu'on appelle à Paris farines blanches de 1.re et 2.e qualités. On fixerait donc le prix des farines, non sur le prix des 1.re ou 2.e qualité, mais sur la qualité réellement employée, en tenant compte encore de leur pureté et des mélanges qui en diminuent la valeur, et ce prix ferait le premier élément de la taxe.

On règlerait ensuite les frais de fabrication, et j'en ai donné plus haut le détail, pour qu'on pût rechercher si à Bar ils sont aussi élevés qu'à Paris, et si nous devrions arriver au chiffre fixé par l'arrêté du 13 avril 1842. Ces frais, une fois déterminés, ce serait le second élément de la taxe. Il ne varierait pas, le premier seul varierait, et la taxe se ferait, comme le prescrit une ordonnance de police du 24 juin 1823, de quinzaine en quinzaine, d'après le prix moyen des farines dans la quinzaine précédente.

Je n'ignore pas que la taxe du pain n'est pas plus que celle de la viande dans les attributions du conseil municipal. C'est au maire seul qu'il appartient de prendre des arrêtés à cet égard. Mais s'il se trompait, s'il était induit en erreur, le devoir du conseil serait de lui faire des représentations. Et il ne faut pas attendre, pour donner une base fixe à la taxe, que le haut prix des denrées ajoute à ces questions, déjà si délicates, plus de difficultés encore : c'est dans des temps où les grains sont à bas prix qu'on peut sans danger débattre les conditions de la taxe du pain. C'est alors qu'il faut les arrêter définitivement.

Du reste, il y a là un double intérêt digne de préoccuper au plus haut point les membres de l'administration municipale. Il y a d'abord l'intérêt de la population, surtout de la population peu aisée, chargée de famille, et pour laquelle le pain est la dépense la plus considérable. Il y a ensuite l'intérêt fort respectable d'une classe assez nombreuse de citoyens : je veux parler des boulangers.

Les notes de la police établissent qu'ils sont à Bar au nombre de vingt-huit, savoir : huit de 1.re classe, trois de 2.e, sept de 3.e et dix de 4.e — Les boulangers de 1.re classe sont tenus à un approvisionnement de 6,000 kil. de farine et font 3 cuites 1/2 par jour ;

Ceux de 2.ᵉ classe 4,000 k. de farine et font 3 cuites par jour ;
Ceux de 3.ᵉ   —   2,000   —   2   —
Ceux de 4.ᵉ   —   1,000   —   1   —

Chaque cuite est de 78 kil. de pain. Il résulterait de ceci que les boulangers cuiraient 4,758 kil. de pain par jour. Il y avait de plus autrefois plusieurs boulangers forains : il n'y en a plus qu'un seul ; aujourd'hui il apporte à la ville environ 50 kil. de pain par jour en moyenne. Le surplus est fait par les particuliers eux-mêmes et cuit chez eux ou dans les fours publics.

§ 10. *Dixième du produit des marchés.* J'ai expliqué (page 72, § 4) que c'était le prélèvement opéré au profit du commissaire de police et des sergents-de-ville qui faisaient à chaque marché la collecte de ce qui est dû par chaque marchand pour l'espace de terrain qu'il occupe. Dans les dix années de 1837 à 1846, ce dixième a produit 3,271 fr. 81 c., ou 327 fr. 18 c. par an. Comme on porte au budget 3,000 fr. en prévision de recette pour les marchés, on porte en dépense 300 fr. pour le dixième de prélèvement.

§ 11. *Frais de perception de l'octroi.* (Dépense obligatoire. Loi du 18 juillet 1837, art. 30, § 6.) Sous ce titre viennent se ranger, dans divers articles, les frais de personnel, de matériel, les frais de bureau du préposé en chef, les indemnités d'exercice à la régie des contributions indirectes, les taxations, la part faite aux employés dans le produit des amendes, le remboursement des frais et droits fraudés, et le prix des impressions fournies par la régie. Il convient de joindre à ces divers articles l'article suivant : « Dix pour cent du produit net de l'octroi. » Et, si on veut se reporter à la recette, article octroi (pages 101 et suiv.), on trouvera des explications détaillées sur chacun de ces articles.

§ 12. *Conseils de prud'hommes.* (Dépense obligatoire. Même loi, art. 30, § 19.) Le décret du 20 février 1810, art. 68 et 69, impose aux villes où ces conseils seront établis l'obligation de fournir le local nécessaire aux séances du conseil, de pourvoir aux dépenses de premier établissement et à celles qui ont pour objet le chauffage, l'éclairage et les autres menus frais. Pour satisfaire à ces dispositions du décret, la ville de Bar porte chaque année à son budget une somme de 560 fr. De ces 560 fr., 400 fr. sont attribués au secrétaire en chef de la mairie, qui est secrétaire du conseil de prud'hommes; 100 fr. au sergent-de-ville, qui fait fonctions d'huissier ou d'appariteur, et le surplus est consacré aux menues dépenses de chauffage et de bureau.

§ 13. *Chambre consultative des arts et manufactures.* (Dépense obligatoire. Même loi, même article, même paragraphe.) Aux termes des art. 8 et 9 de l'arrêté des conseils du 10 thermidor an XI (29 juillet 1803), confirmé par l'art. 16 de l'ordonnance royale du 16 juin 1832, c'est aux villes où ces chambres sont établies à leur fournir le local et les menus frais de bureau. Chaque année on porte au budget pour cet objet une somme de 15 fr. qui n'est jamais dépensée. Quand il y a eu à faire des frais d'impression, jusqu'ici ce sont les négociants membres de la chambre qui y ont pourvu de leurs deniers.

§ 14. *Frais de loyer et de réparation du local de la justice de paix, frais d'achat et d'entretien de son mobilier.* (Dépense obligatoire. Même loi, même article, § 10.) La commune chef-lieu de canton a l'avantage de posséder la justice de paix. A cet avantage correspond à juste titre la charge de fournir une salle pour la tenue des audiences et le mobilier nécessaire. Quant aux menues dépenses de la justice de paix, frais de chauffage, éclairage, impressions, frais de bureaux, elles ont été mises par la loi du 10 mai 1838 à la charge des départements et figurent parmi leurs dépenses ordinaires. La ville de Bar, ayant récemment créé une nouvelle salle de justice de paix, et l'ayant approvisionnée d'un mobilier neuf, il y aura lieu de voir pour l'avenir si cette allocation de 50 fr., votée jusqu'ici tous les ans, est encore également nécessaire.

Tel est l'ensemble des dépenses de la 1.re section.

DEUXIÈME SECTION. — CHARGES ET ENTRETIEN DES BIENS COMMUNAUX. DÉPENSES RELATIVES A LA SALUBRITÉ, A LA SURETÉ. GRANDE ET PETITE VOIRIE.

Cette section se subdivise naturellement en trois articles, et, quoique la grande et la petite voirie rentrent dans les dépenses qui tendent à assurer la salubrité des rues et la sûreté de la circulation, leur importance et leur spécialité réclament un article particulier.

Art. 1. CHARGES ET ENTRETIEN DES BIENS COMMUNAUX.

§ 1. *Contributions*. (Dépense obligatoire. Loi du 3 frimaire an VII, art. 46. Loi du 18 juillet 1837, art. 30, § 21, 2.ᵉ alinéa.) Le chiffre de ces contributions a varié, suivant que la ville a acquis ou vendu des propriétés. Aujourd'hui elle n'en paie que dans les communes de Bar et de Savonnières : à Bar, son revenu foncier est fixé à 77 fr. 05 c. ; à Savonnières, à 27 fr. 94 c. La contribution a été de 18 fr. 07 c. en 1846. Depuis quelques années la ville a cédé à divers particuliers des portions des friches communales, et cependant sa contribution n'a pas diminué. Sans doute, pour ces friches de valeur minime, soumis à une très faible contribution, aucune mutation n'a été faite; il faut cependant les opérer, afin que chacun supporte régulièrement sa part d'impôt.

§ 2. *Entretien de la maison commune*. (Dépense obligatoire. Loi du 18 juillet 1837, art. 30, § 1.) Cet entretien a coûté en dix ans (1837-1846) 2,660 fr. 54 c., ou 266 fr. 05 c. par an. Jusqu'en 1842, le crédit ouvert n'a jamais dépassé 300 fr.; il a même été au-dessous de ce chiffre. A partir de 1843, il a été porté à 400 fr. Il convient de revenir au chiffre de 300 fr., qui devra suffire aux besoins, si l'on ne comprend dans cet article que ce qui a réellement rapport à l'entretien de la maison commune. En 1846, on a dépensé 316 fr. 30 c. Mais dans ces 316 fr. 30 c. figurent pour 74 fr. des dépenses de chauffage qui, régulièrement, ne doivent point être portées à cet article.

§ 3. *Entretien des couvertures des édifices communaux*. (Dépense obligatoire. Même loi, art. 30, § 16.) Le 3 décembre 1844, le maire, autorisé par le conseil municipal, a conclu avec les frères Thirion, couvreurs à Tremont, un traité par lequel ceux-ci s'engagent à entretenir constamment en bon état les toitures de tous les édifices communaux alors existants. La ville ne possédait alors ni l'ancien hôtel-de-ville à la Ville-Haute, ni la maison place de la Couronne. Les entrepreneurs doivent aussi fournir à leurs frais les chevrons, lattes, tuiles, ardoises, fer blanc, en un mot tout ce qui est nécessaire à cet entretien, et la ville leur paie annuellement une somme de 1700 fr. sur certificat de l'architecte constatant qu'ils ont rempli leurs engagements.

Ce traité expire le 1.er janvier 1850 et sera sans doute renouvelé. Antérieurement à 1839, la ville faisait entretenir elle-même les toitures de ses édifices communaux ; à partir de cette époque, on a pensé qu'en intéressant un entrepreneur au bon état de ces couvertures, l'entretien serait plus régulier et plus sûr ; et, comme depuis le premier traité du 2 avril 1839, il ne s'est point élevé de plaintes sérieuses sur ce service, il est probable qu'on suivra la même marche pour les années à venir.

On aurait alors à comprendre dans le nouveau traité les édifices qui ne sont point mentionnés dans celui du 3 décembre 1844, et on ferait bien aussi, avant de le conclure, de mesurer exactement la surface des toitures de tous ces édifices et l'étendue en mètres courants des chanlattes et corps-pendants. On distinguerait ce qui est en ardoises, en zinc, en tuiles, et on aurait, pour le prochain traité, des bases d'appréciation qui manquaient pour les traités précédents.

§ 4. *Entretien des abattoirs et de leur mobilier.* Cette dépense, pour laquelle on n'a voté chaque année, de 1837 à 1844, que 100 fr., qui n'étaient jamais entièrement dépensés, figure depuis cette époque dans les budgets pour 200 fr., qui ont été dépensés en 1846, tandis qu'en 1845 la dépense ne s'était élevée qu'à 121 fr. 05 c. C'est une dépense essentiellement variable qui porte principalement sur la réparation des pavés, des portes, des fenêtres ; sur l'entretien et le remplacement des cordes, des seaux et autres ustensiles nécessaires aux bouchers.

§ 5. *Entretien des halles et marchés.* Nous possédons deux halles, celle de la Ville-Haute et la halle aux grains à la Ville-Basse. Cette dernière, étant placée dans le même bâtiment que l'abattoir, la mention du budget était jusqu'en 1846 : « Entre-
» tien du mobilier du grand abattoir et de la halle aux grains. »
L'entretien des deux mobiliers était compris dans le même article. A partir de 1846, la mention a été : « Entretien des
» abattoirs et de leurs mobiliers. » La halle a cessé d'y être

comprise et s'est trouvée reportée de plein droit à l'article intitulé : « Entretien des halles et marchés. »

Cette dépense figurait en 1837 et 1838 pour 200 fr., qu'on n'avait jamais à dépenser en entier. Aussi, à partir de 1839, a-t-il été réduit à 100 fr. Cette somme suffit et au-delà aux besoins, puisque dans les huit ans, de 1839 à 1846, on n'a dépensé que 471 fr. 55 c., c'est-à-dire 58 fr. 94 c. par an.

§ 6. *Entretien des horloges.* Il y a quatre horloges dont l'entretien est au compte de la ville : ce sont la grosse Horloge, celles de la paroisse Notre-Dame, de la paroisse Saint-Etienne et celle du collége. Depuis 1810 elles sont entretenues en vertu de traités passés avec un horloger, et renouvelés notamment les 27 mars 1828, 16 novembre 1833 et 31 décembre 1842. Ce dernier traité expirera le 1.er janvier 1852. En vertu de ce traité, l'entrepreneur doit « régler les quatre » horloges de manière qu'elles soient toujours d'accord entre » elles, leur faire suivre le temps moyen à l'aide d'un régula- » teur dont elles ne devront jamais s'écarter de plus de trois » minutes, » et y faire toutes fournitures et réparations nécessaires. Il doit aussi faire sonner régulièrement la cloche du beffroi le matin et le soir, et en outre aux heures de balayage, en cas d'incendie et pour les réunions électorales.

L'entrepreneur reçoit de la ville une indemnité annuelle réduite depuis 1842 à 198 fr., et qui était précédemment de 325 fr. Il a de plus la jouissance à titre gratuit de la maison adossée à la tour de l'Horloge, et du petit jardin ou terrasse qui règne au-devant. L'entretien de cette maison, celui de la tour, de la cloche, de sa charpente et de tous les cadrans, demeure à la charge de la ville. Voilà pourquoi, au lieu de porter simplement au budget les 198 fr. dus à l'entrepreneur, on y porte une somme de 300 fr. On est ainsi à même de parer à tous les besoins.

Pour arriver à régler les horloges d'une manière sûre, on avait proposé à l'administration municipale d'établir sur un des pilastres du portique de l'église Notre-Dame une méridienne du temps vrai : à l'aide de cette méridienne et de l'équation du temps, qu'on trouve pour chaque jour de l'année dans l'annuaire du bureau des longitudes, l'horloger de la ville aurait pu conduire exactement le beffroi, qui lui-même aurait été la règle de toutes les autres horloges. La proposition avait été accueillie, mais comme elle n'avait pu être prévue, il n'y avait point de fonds portés au budget : elle a donc été nécessairement ajournée ; à raison de son utilité évidente, elle ne tardera sans doute pas à être mise à exécution.

§ 7. *Entretien des pavés et trottoirs.* Les rues de la ville de Bar présentent un développement total de 21,258 mètres. Dans ce chiffre les traverses des routes nationales entrent pour 4,506 mètres, celle des routes départementales pour 1,751 mètres, en sorte que la longueur des rues et places entretenues aux frais de la commune n'est que de 15,001 mètres. Autrefois une partie de ces rues était pavée, et l'entretien et les réparations absorbaient des sommes considérables. On ne s'en étonnera point, quand on saura qu'à Paris, en 1846, l'entretien de 3,300,000 mètres carrés de pavés a coûté 1,650,000 fr., c'est-à-dire 50 c. par mètre carré, et cependant il y a telle partie qui ne coûte que 24 c. et même que 14 c. par mètre. Je n'ignore pas que le pavé de Paris est fatigué par une circulation toujours active, mais aussi les pavés y sont de grès, très résistants et d'une excellente qualité.

Ici nous avons des pavés qui n'étant point suffisamment compacts, présentent très peu de résistance ; le sable qu'on emploie pour les poser est d'une qualité médiocre. Aussi les rues très fréquentées présentaient-elles souvent des enfoncements assez étendus. Si toute la ville était pavée, l'entretien porterait sur une surface de 120,000 mètres carrés au moins, et si minime que fût cet entretien par mètre, les finances de la ville seraient hors d'état d'y pourvoir convenablement.

Loin donc de paver ce qui ne l'était pas, on a même renoncé à entretenir ce qui l'avait toujours été, et on a substitué dans la plupart des rues les chaussées à la Mac-Adam aux pavés. Pour les voitures cela est sans inconvénient, et même une telle disposition leur est plus commode. Mais il n'en est pas de même pour les piétons, puisque la nature de notre sol et de nos pierres est telle, qu'une pluie ou une gelée même légère réduisent la chaussée en boue à une assez grande profondeur. En adoptant les chaussées à la Mac-Adam, il faudrait donc, comme correctif nécessaire, établir des trottoirs sur les deux côtés de la rue. Cela existe déjà dans quelques quartiers et devra s'étendre à tous. Ce sera, à la vérité, une dépense encore très considérable.

Un trottoir en bitume coûte avec la banquette en pierre de taille et la bordure de fer, 10 fr. le mètre carré; il faut y ajouter 3 fr. par mètre courant de caniveaux le long du trottoir. Si on substituait au bitume le pavé ordinaire, la dépense serait réduite de moitié au moins. Elle serait encore moindre si on supprimait la banquette en pierre de taille, et que le trottoir allât en s'abaissant jusqu'au caniveau; mais le trottoir en banquette convient mieux, parce qu'il reste plus propre, et parce que les eaux pluviales et ménagères se rendent dans le caniveau en passant au-dessous du pavé. A supposer un trottoir large de deux mètres, la dépense du trottoir et du caniveau coûterait donc par mètre courant de 12 à 13 fr., et comme la loi du 7 juin 1845 ne met à la charge du riverain une part des frais de construction que pour les trottoirs seulement, la portion à la charge de la commune serait encore de 8 à 9 fr. environ par mètre courant.

Une telle dépense ne peut se faire qu'à la longue : il faudrait chaque année déterminer en conseil municipal les rues et places où des trottoirs seront établis, faire les enquêtes de *commodo et incommodo*, et obtenir pour ces parties désignées l'ordonnance qui statue définitivement. C'est ainsi que la voirie urbaine s'améliorerait progressivement. Aujourd'hui elle reçoit des subventions d'une manière tout à fait irrégulière. Ainsi, en 1840, le crédit n'a été que de 995 fr. 45 c.; en 1845, il a été presque quadruple, 3,907 fr. 09 c. En moyenne, de 1837 à 1846, il s'est élevé annuellement à 2,827 fr. 23 c. Cet article est généralement un des moins favorisés du budget des dépenses : comme l'entretien des pavés n'est jamais si urgent qu'on n'en puisse ajourner une bonne partie d'une année au moins, lorsque les ressources du budget sont très bornées, c'est sur cet article surtout que portent les réductions. Quand l'état des finances est gêné, on restreint l'allocation dans les plus étroites limites, et on ne la donne convenable et suffisante que quand cet état est prospère. C'est un usage auquel il faut renoncer dans l'intérêt d'un bon entretien de la viabilité.

Pour régler le pavage des chaussées et l'élévation des trottoirs, il serait temps aussi qu'on dressât un plan exact du relief du sol, qu'on le réglât en donnant aux eaux un écoulement régulier, de façon qu'elles s'écoulassent rapidement vers le canal ou la rivière. On sait, en effet, que le sol des rues s'exhausse constamment et ne s'abaisse presque jamais. M. Dulaure, dans son *Histoire de Paris*, donne plusieurs témoignages de l'exhaussement successif du sol de la capitale, et il cite certaines rues où les anciens pavés se retrouvent à trois et quatre mètres de profondeur au-dessous du sol actuel. Ainsi, pas plus tard qu'au commencement du xvie siècle, on montait treize degrés pour arriver dans l'église Notre-Dame, dont le pavé est aujourd'hui au niveau de celui de la place du parvis. A Bar, il y a des exemples aussi d'un exhaussement considérable dans le sol des rues : il n'y a guère plus de trente ans que dans la rue des Suisses on rentrait avec chevaux et voitures dans des remises qui sont devenues de véritables caves. Cette élévation progressive du sol enterre les maisons, les rend humides et malsaines, et occasionne de grandes dépenses à ceux qui voulant les relever sont forcés de changer la distribution de la hauteur entre les étages. Il est donc dans l'intérêt public et dans celui des propriétaires de maisons, qu'un plan du relief du sol soit arrêté et définitivement fixé. Le conseil municipal l'avait reconnu, et dans divers budgets il porta sous ce titre : « Etudes de nivellement » une somme de 1,000 fr. destinée à faire face aux dépenses que nécessiterait ce travail. M. l'ingénieur en chef des ponts et chaussées, qui était alors membre du conseil municipal, s'était chargé de diriger et de surveiller ces études. Distrait par d'autres devoirs, n'étant secondé que par des employés qui devaient à d'autres travaux la majeure partie de leur temps, il ne put mener à fin cette opération pour laquelle il n'y a eu de terminé que quelques reconnaissances préliminaires. C'est un travail qu'il faudra reprendre et terminer aussitôt qu'on trouvera en hommes et en argent les ressources nécessaires.

Et puis, quand le plan général sera arrêté, nous aurons à le fixer non seulement sur le papier, mais sur le sol d'une manière apparente. Paris nous offre ici le modèle à imiter. Après avoir établi le relevé général du relief du sol, on a constaté les résultats par des repères ou plaques de fonte, placés de distance en distance sur les façades des maisons. Ce niveau est indiqué à Paris de trois manières : 1.° en le rapportant au plan horizontal supposé à 50 mètres au-dessus de la surface de l'eau à la Villette; 2.° en indiquant la hauteur au-dessus des basses eaux de la Seine; 3° la hauteur au-dessus du niveau moyen de la mer. A Bar, on pourrait remplacer les deux premières indications par la hauteur des eaux à tel point donné du canal de dérivation de l'Ornain ou du canal de la Marne au Rhin.

§ 8. *Entretien des promenades.* L'entretien des promenades intérieures et extérieures, a coûté en dix ans 5,770 fr. 91 c. ou 577 fr. 09 c. par an. La dépense la plus forte a été de 599 fr. 85 c. (1845); la plus faible, de 320 fr. 23 c. (1840). Elle se compose principalement des frais de main-d'œuvre, élagage des arbres, fourniture d'arbres et de tuteurs, conduite de décombres, pierres et grève. Par exemple, en 1843, on a dépensé 588 fr. 30 c.; ils ont été répartis comme suit :

Conduite de pierres, grèves, etc..... 249f 30c
Fourniture d'arbres, tuteurs, etc.... 77 70
Main-d'œuvre...... .... 157 50
Elagage......................... 103 80

} 588f 30c

Nous avons deux promenades intérieures, le pâquis de la Ville-Haute et celui de la Ville-Basse; deux extérieures, la promenade des Saules et le Mouchoir. Le Mouchoir, anciennement choisi pour le dépôt des bouages, planté depuis, ne peut guère s'appeler une promenade. Seulement, ceux qui font le tour de Marbot par les routes de Longeville et de Naives y trouvent en été des bancs et de l'ombre. La promenade des Saules, élargie et plantée à neuf en 1835, prolongée alors du côté de la rivière, présente un développement assez étendu. Il serait bien d'apporter quelques soins à la propreté de ses deux entrées du côté de la ville, et alors, comme elle est du reste bien grêvée et bien entretenue, que le terrain y est sec en tout temps, les promeneurs iraient plus volontiers jouir des eaux courantes qui la bordent et des arbres qui commencent à l'ombrager. De nos deux promenades intérieures, l'une, le pâquis de la Ville-Basse, est en mauvais état. Les arbres sont encore beaux; mais les eaux n'ont point un écoulement suffisant et bien réglé, et le sol s'enfonce sous les pieds des bestiaux qui y sont réunis aux marchés de chaque mois. Ce quartier qui, plus qu'aucun autre, a de l'air et du soleil, est habité d'un côté par les jardiniers; de l'autre côté, depuis qu'on a percé la rue du Four, on a enlevé quelques constructions que d'autres ne tarderont pas à compléter : il mériterait donc qu'on y fît quelques travaux d'amélioration. Ils seront entrepris, sans doute, aussitôt que le tracé du chemin de fer sera définitivement adopté, et qu'on saura s'il emprunte une partie de cette promenade, soit pour la voie de fer, soit pour le débarcadère ou les magasins. Au pâquis de la Ville-Basse les arbres sont presque tous des tilleuls, au pâquis de la Ville-Haute, on n'a planté en tilleuls que la partie récemment comblée et prise sur les fossés qui défendaient les approches de l'ancienne Porte-au-Bois. Dans l'origine même, cette plantation avait été faite en ormes, et ce n'est que plus tard qu'on leur a substitué des tilleuls; substitution peu raisonnée, car on pouvait juger par les ormes qui existent sur la partie ancienne de ce pâquis, combien ce sol et cette exposition convenaient aux arbres de cette espèce. Ces ormes sont une espèce de curiosité; l'un d'eux a 6 mètres 79 centimètres, l'autre 6 mètres 35 centimètres de tour, mesurés tous deux à 1 mètre 66 centimètres du sol, et, en été, rien n'est plus imposant que leur masse de verdure, surtout quand on la voit non du pâquis, mais des jardins environnants. J'ai recueilli une tradition qui veut qu'ils aient été plantés en 1575, et cette tradition se fortifie de ce qu'on a trouvé le même millésime incrusté dans une pierre placée à l'angle du rempart qui existait de ce côté. Le rempart et la promenade seraient contemporains et auraient été entrepris en même temps pour la défense et l'embellissement de ce quartier. Cependant on ne voit figurer sur le plan ancien de la ville, qui est daté de 1617, ni le pâquis, ni les ormes : serait-ce qu'étant en-dehors des murs on les aurait négligés?

§ 9. *Entretien des aqueducs, ponts et fontaines.* — La ville de Bar est arrosée par trois cours d'eau, deux principaux et un secondaire. Je ne parle pas du canal de la Marne au Rhin rejeté à l'extrémité nord de la ville, au pied du coteau. Les deux cours d'eau principaux sont la rivière d'Ornain, et le canal de dérivation ouvert sur cette rivière à trois kilomètres environ en amont de la ville, sur le territoire du village de Savonnières. Le cours d'eau secondaire est le ruisseau de Naveton.

Il existe sur la rivière cinq abreuvoirs pour les chevaux et une tannerie; quelques fabriques viennent aussi y laver leurs cotons et y déversent les résidus de leurs cuves.

On a établi sur le canal de dérivation cinq grandes usines : une qui est aujourd'hui une fabrique de pointes, au-dessus du pont des Etives ; la filature de coton qui remplace les moulins de la ville, au-dessous de l'église Saint-Antoine; la filature et le moulin de la rue des Foulants; le moulin du Comte, et celui de la Poudrerie, près de l'embouchure du canal, non loin de la route de Fains. Outre ces cinq grandes usines, il y a dans la longueur du canal, dont le parcours n'est pas de moins de 1600 mètres, quinze prises d'eau pour l'irrigation des prés et des jardins, ou même pour les usages des habitations. Il existe sur ce même canal quatorze fabriques de toiles de coton, une teinturerie en rouge, quatre teintureries d'un ordre inférieur, cinq buanderies, quatre tanneries, trois distilleries et deux brasseries. De plus, cinquante-quatre maisons particulières contiguës au canal font un usage journalier de ses eaux pour leurs besoins domestiques. Sur le cours principal s'ouvrent quatre aqueducs secondaires qui portent l'eau dans cinquante-six propriétés. Le premier de ces aqueducs, ouvert en amont du pont des Etives, coupe la rue Lapique, suit les jardins des maisons de la rue des Saules, d'une partie de la Rochelle, la rue de l'Abattoir, et va se jeter dans la rivière après avoir reçu l'eau des égouts de la rue des Saules et traversé le grand abattoir. Le second, pris en amont du pont des Augustins, passe au milieu de la rue Rousseau, dont les égouts lui portent leurs eaux, et va rejoindre le troisième à l'entrée de la rue Entre-deux-Ponts. Ce troisième aqueduc, ouvert en aval du pont des Augustins, traverse les maisons du côté sud de la rue Rousseau, la place Municipale, au milieu de laquelle il existe un regard, les maisons de la rue Entre-deux-Ponts, et va se perdre dans la rivière au pont Notre-Dame. Le quatrième et dernier prend naissance au-dessus des anciens moulins de la ville, traverse la rue de la Municipalité, le jardin de l'hôtel de la Préfecture, la rue du Bourg, quelques maisons du côté ouest de cette rue, la rue du Cygne, l'impasse Bacchus, et tombe dans la rivière à une centaine de mètres au-dessous du pont Notre-Dame.

Le cours principal du ruisseau de Naveton parcourt le faubourg de Couchot et alimente deux buanderies et un moulin ; la décharge de ce même ruisseau entoure les jardins de Saint-Urbain et longe l'abattoir à porcs.

Ces trois cours d'eau, le canal surtout, dont les eaux sont tenues constamment à une hauteur qui varie à peine, offrent de grandes ressources au commerce et à l'industrie, et entretiennent la salubrité de la ville en emportant dans leur cours les eaux pluviales et ménagères, celles que l'industrie rejette après les avoir salies, celles qu'apportent les égouts, ainsi que les ordures et les immondices de toute sorte. Le canal de dérivation est l'œuvre de nos princes Lorrains ; les plus anciens monuments de notre histoire en parlent comme d'un ouvrage depuis longtemps créé ; le testament de Henri II, décédé en 1239, dixième comte de Bar, le mentionne, et c'est par un acte d'ascensement du 30 août 1735, émané des princes souverains du Barrois, approuvé par le conseil de Lorraine et du Barrois et par la chambre des comptes, qu'il est devenu la propriété de la ville. La ville a encore depuis, conformément à la loi du 14 ventôse an VII, payé le quart de ce domaine que l'on considérait comme engagé ; et dans un arrêté du 11 messidor an XIII, le gouvernement, par l'organe du préfet, reconnut « qu'elle était seule propriétaire du canal qui la traver- » sait. » (Délibération du conseil municipal des 24 mai 1828 et 22 février 1837.)

Si la propriété du canal, si la jouissance des eaux de la rivière et de celle de Naveton ont leurs avantages, il faut reconnaître que ces cours d'eau créent aussi pour la ville des charges considérables. Il existe, en effet, des ponts nombreux pour relier leurs rives et faciliter la circulation.

Il y a quatre ponts sur la rivière ; un seul n'est point à la charge de la ville, c'est le Pont-Neuf qui dessert la route nationale n° 66, et les routes départementales n°s 1, 2 et 6. Les quatre autres sont : le pont Notre-Dame, le plus ancien de tous, le pont Saint-François reconstruit à neuf en 1820, le pont en fer terminé en 1848, et la passerelle construite en bois et en fonte en 1830 et qu'on appelle le pont de Juillet.

Le canal est traversé par neuf ponts en pierre et un pont en bois : de ces ponts en pierre, l'un, le pont de la Samaritaine, est établi sur la route départementale n° 11 ; l'autre, au-dessous du moulin du Comte, sert aux routes départementales n°s 3 et 4. L'entretien des sept autres est à la charge de la ville. Ce sont : le petit Pont-Neuf, le pont des Etives, celui des Quatre-vingts-Degrés, celui des Augustins, celui des moulins du Bourg, le pont Croquart, et celui de la rue du Coq. Le pont en bois est placé sous les Saules, près du chemin de Blamecourt ; il y a encore à l'extrémité de la promenade des Saules, sur le territoire de Savonnières, un pont en bois : il sert également aux promeneurs de la ville et aux habitants de Savonnières, et les deux communes ont concouru aux dépenses de construction et d'entretien. On a pratiqué des abreuvoirs près du petit Pont-Neuf, du pont des Etives, où il y a aussi un lavoir à découvert, du pont de la rue du Coq et de celui du moulin du Comte.

Il y a sur le ruisseau de Naveton quatre ponts : un au-dessus du moulin de Marbot, qui a été rendu praticable aux voitures en 1848 ; un près de l'église Notre-Dame, un près de la Vierge, et un quatrième dans la rue du Four, au-dessus du moulin de Couchot. Il y avait autrefois sur le Naveton un cinquième pont, le pont Triby ; mais l'administration du canal de la Marne au Rhin ayant changé en cet endroit la direction du cours d'eau, y a établi un pont-levis sur le canal et un ponceau en pierre sur le Naveton.

Il y a aussi sur la décharge du Naveton, au-dessus de l'abattoir à porcs, une passerelle, et au-dessous de cet abattoir, sur le quai des Gravières, un pont en bois qu'on appelle communément le pont Bouillard.

Les eaux qui viennent de la côte des Fourches et de la vallée de Maëstricht ont nécessité sur la place de l'Etoile, à Marbot, l'établissement d'un ponceau en pierre, et d'une passerelle en pierre près de l'ancien dépôt de sangsues.

Le crédit de 1500 fr., porté d'ordinaire à l'article dont nous nous occupons, n'est point destiné à faire face seulement aux dépenses d'entretien et de réparation des ponts ; les aqueducs, les fontaines, les pompes, les puits sont compris dans ce même article.

Le grand aqueduc qui reçoit les eaux de la route départementale n° 11, de la rue de Véel, de la Côtelette et de la rue Montant, est à la charge des ponts et chaussées. On dit que des réparations y sont nécessaires. Les ponts et chaussées doivent aussi avoir à leur charge l'aqueduc qui reçoit les eaux d'une partie de la Rochelle et les porte dans la rivière sous le pont en fer, et celui qui reçoit les eaux de la rue des Clouères, et les porte au canal, en aval du moulin du Comte. Il reste encore à la charge de la ville, outre les quatre aqueducs ouverts sur le canal de dérivation et dont j'ai parlé plus haut, deux aqueducs ou égoûts, Ville-Haute, à droite et à gauche de la fontaine ; un au bas de la côte de l'Horloge ; un près des Quatre-vingts-Degrés ; un pour les rues Rousseau, des Tanneurs, des Pressoirs, Voltaire, et la place Municipale ; un Entre-deux-Ponts ; un à la Couronne ; un enfin dans la rue Bar-la-Ville pour cette rue, la rue des Morts et la rue du Four.

Il y a aussi dans la rue du Tribel, en face du jardin de la prison, un aqueduc qui passe sous la maison voisine du parapet et qui emporte vers Polva les eaux de cette partie de la Ville-Haute.

J'ai trouvé dans les archives de la ville de simples notes qui indiquent qu'elle possédait autrefois sept fontaines : celles de Maëstricht, de Popey, de Parlemail, de Parfondeval, de la côte des Fourches, de Blamecourt et la fontaine Bourreau. Cette note mentionne aussi la fontaine de Marbot, rue de l'Etoile, qui, après avoir coulé à découvert pendant quelques mètres, s'enfonce et disparaît sous les maisons

C'est sans doute la ville qui a construit le caveau en maçonnerie de la fontaine de Maëstricht, mais je ne sache pas qu'elle en ait jamais utilisé les eaux. J'ai dit (page 16, § 3) qu'on lui contestait aujourd'hui le droit aux eaux de la fontaine de Popey qui ont alimenté pendant longtemps ses fontaines publiques. J'ai rappelé au même alinéa qu'elle cédait, moyennant un franc par année, l'usage de la fontaine de Parfondeval. Quant à la fontaine de Parlemail, elle sort de terre sur le bord d'un pré et, sans qu'aucun travail de main d'homme ait facilité son écoulement, elle vient grossir les eaux du ruisseau de Naveton, en amont du moulin de Marbot. Le Naveton est même souvent à sec en été, et la fontaine seule fournit un peu d'eau. La fontaine de Blamecourt, près du chemin de ce nom, après un parcours de trois à quatre mètres seulement, se jette dans le canal; quelques femmes du quartier du petit Pont-Neuf vont y laver leur linge, et on pourrait facilement et à peu de frais recouvrir ce lavoir qui est presque constamment occupé. Les deux dernières fontaines sont celles qui rendent aujourd'hui les services les plus importants. L'une, celle de la Côte-des-Fourches, prise au milieu de la côte même, est amenée par des tuyaux en fonte à Marbot, sur la place de l'Etoile, où il y a une fontaine d'où elle jaillit, et à côté de cette fontaine un bac pour laver le linge. La conduite des tuyaux a 495 mètres de longueur, et se trouve indiquée sur le terrain par cinq bornes. Cette création ne remonte qu'à 1841 : elle a coûté plus de 3,000 francs.

La fontaine Bourreau ou Bourotte se trouve sur la droite de la route départementale n.° 11 de Bar à Saint-Dizier, au pied de la côte que couvre le bois du Juré. De la route on voit l'un des murs et la porte du caveau. Ce caveau a 8 m. 66 c. de longueur sur 4 m. 08 c. de largeur. Dans ce caveau s'ouvrent deux aqueducs : l'un, qui a 106 m. de longueur, reçoit le trop plein des eaux et les porte au-delà du chemin qui conduit au bois dans un fossé où elles coulent ensuite à découvert; l'autre aqueduc, qui traverse la route, amène les eaux à la Ville-Haute : il se compose d'une suite de tuyaux en fonte qui a, de la fontaine Bourreau à la fontaine de la Ville-Haute, place de la Fontaine, une longueur de 1,183 m. Cette conduite a été établie à neuf en 1827, avec vingt-quatre bornes indicatives, placées de distance en distance sur les tuyaux de raccordement. Il y a aussi deux regards : l'un dans la rue de Corotte, côté est, près du premier jardin fermé de murs et du sentier des Coups qui remonte vers le plateau de la Ville-Haute; l'autre, place Nazareth. Un relevé, que la police a fourni le 5 septembre 1807 à la mairie, porte à 10,000 hect. environ la contenance de toutes les citernes de la Ville-Haute réunies. La citerne principale qui reçoit les eaux de la fontaine Bourreau, figure dans ce relevé pour 1,346 hect. Les eaux de cette fontaine sont distribuées à la rue de Véel et à la Ville-Haute par trois jettoirs : l'un, place Nazareth, l'autre Côte-Phulpin, le troisième et le principal, place de la Fontaine. Elles alimentent, comme on le voit, un partie nombreuse de la population qui autrement serait exposée à manquer entièrement d'eau en été, et souvent même n'en a que ce qui lui est strictement nécessaire. A côté de la grande citerne qui fournit à ces besoins, il existe une seconde citerne ou réceptacle destiné à recevoir le trop plein, et qui contient, suivant certains renseignements, 18 hect., beaucoup plus suivant d'autres. Dès 1777, et par une délibération de l'Hôtel-de-Ville du 8 août de cette année, il fut permis au directeur de l'école royale gratuite (aujourd'hui remplacée par le couvent des Dames-Dominicaines), de prendre le superflu des eaux de la fontaine qui tombait dans le petit bassin. En 1822, on a pensé à utiliser ces eaux d'une manière plus générale, et au moyen d'une conduite en bois de 115 m., on les a amenées dans une niche pratiquée en haut de la Côte-de-l'Horloge, ressource précieuse pour les habitants de ce quartier, de la rue de l'Armurier et de la rue Saint-Jean; à peu près dans le même temps et au moyen de corps en plomb provenant d'une ancienne conduite, on a amené ces eaux jusqu'au milieu de la Côte-de-l'Horloge, où il existe un jettoir dans un petit caveau, au côté sud de la côte.

Les documents anciens que j'ai pu consulter comptent au nombre des propriétés de la ville deux grandes citernes et vingt-six puits. Des deux citernes, l'une est celle de la place Fontaine, l'autre, rue du Château, est enfermée aujourd'hui dans les murs d'enceinte de l'école normale. Huit de ces puits ont été supprimés : un dans la rue du Coq, un dans la rue des Foulants, celui du passage de la rivière, plus connu sous le nom de Corps-de-l'huis, et ceux de la place Nazareth, des rues du Bourg, du Sac, des Pressoirs et du petit Pont-Neuf.

Je sais bien qu'on a trouvé dans ces deux derniers puits des hommes noyés. Et soit que ces morts fussent attribuées à des accidents ou à des crimes, je comprends qu'on ait fermé ces puits ; je comprends aussi qu'on ait fermé celui de la place Nazareth, remplacé qu'il est par le jettoir de la fontaine Bourreau, mais j'ignore pourquoi on a supprimé les cinq autres. Il en existe encore aujourd'hui huit : un rue de l'Etoile, à Marbot, un rue du Port, deux rue des Foulants, un rue du Cygne, un rue Montant, un rue de Véel, et le grand puits de la Ville-Haute qui mérite une mention particulière.

Ce puits a 2 m. de diamètre à l'ouverture, 2 m. 25 cent. à la superficie de l'eau : il est maçonné en pierre de taille au pourtour. Sa profondeur totale, du pavé à la vase, est de 57 m. 52 c. La hauteur de l'eau, mesurée en juin 1838, était de 17 m. 22 c. Le niveau de l'eau du puits, d'après un travail fait par ordre de l'ingénieur en chef des ponts et chaussées, à la même époque, était de 10 m. 57 c. plus élevé que l'eau au pont Notre-Dame, de 5 m. 92 c. plus élevé que l'eau du canal au-dessous du pont Croquard, les usines marchant, et enfin de 4 m. 37 c. plus élevé que le pavé intérieur de l'église Notre-Dame. La destinée de ce puits a été singulière. Ouvert, à ce qu'on raconte, au temps des anciennes guerres, quand les habitants, renfermés derrière les murailles, n'osaient s'exposer à aller chercher de l'eau hors des remparts, il était devenu d'une complète inutilité à la fin du siècle dernier. Le 2 juillet 1775, les habitants de la Ville-Haute demandèrent qu'on démolît la machine établie sur ses bords et qu'il fût couvert au niveau du pavé. Cette demande fut accueillie par l'intendant de la Lorraine et du Barrois ; le puits fut fermé, et il ne restait au-dehors qu'un saillant qui indiquait où était l'ouverture. Ce saillant même parut une gêne aux habitants de la Ville-Haute et un obstacle à la circulation, et sur leurs réclamations on le fit disparaître le 15 mai 1809, et on le remplaça par une voûte au niveau du sol. Cinq mois après, on imaginait même de faire de ce puits un vaste égoût où se déverseraient toutes les eaux de pluie ; les habitants, tout en reconnaissant les heureux résultats qu'avait eus la suppression du puits, s'opposèrent à ce qu'on le transformât en un réceptacle d'ordures et d'immondices. On fit droit à leurs réclamations le 12 octobre 1809, et le puits demeura caché sous sa voûte et oublié jusqu'en 1838 ; à cette époque, sur la demande des habitants de la Ville-Haute, on le rouvrit, on releva un saillant plus élevé que celui qu'on avait fait supprimer en 1809, et on rétablit sur ce saillant une machine un peu différente, mais pas plus utile que celle qu'on avait détruite en 1775. On imagina même, en 1839, que ce puits pourrait alimenter le réservoir de la fontaine, et on projetait d'établir une conduite de tuyaux souterrains allant de la margelle du puits à la grande citerne. Moins d'un an après on abandonna ce projet, on renonça à poursuivre les prétendus avantages qu'on avait cru retirer de ce puits, et depuis 1840 il reste soigneusement fermé avec sa margelle et sa machine qui n'ont pas coûté moins de 1,500 fr.

Les dix autres puits, dont il me reste à parler, ont été transformés en pompes. La ville a fait les principaux frais de ces transformations, mais dans bien des quartiers des souscriptions volontaires sont venues en aide aux fonds municipaux. Une pompe, en effet, ne présente aucun danger, l'eau est plus propre et s'obtient plus facilement. Les dix pompes établies sur d'anciens puits sont celles de la rue des Juifs, les deux rue de Savonnières, celle de la rue du Coq, de la rue Montant, de la rue de Véel, celle de Bar-la-Ville, connue sous le nom de Fontaine-Napoléon, et surmontée d'une petite statue de l'Empereur, celles des rues du Four, de Couchot et de Saint-Mihiel.

Ces pompes ne sont pas les seules qui existent dans la ville. Il y en a encore sept autres : deux sur la place Municipale, ce sont les premières qui aient été construites ; cette construction remonte à 1821. Les cinq restantes sont placées : une Entre-deux-Ponts, près du corps-de-garde, une place de la Couronne, une rue des Chènevières, près la salle d'asile, et une au petit Pont-Neuf, vis-à-vis la rue de Polva. La septième est établie sur la citerne même de la place de la Fontaine, à la Ville-Haute. Le soin de ces pompes est abandonné à un adjudicataire qui doit « les entretenir de manière qu'elles » fonctionnent toujours bien, fournissent convenablement de » l'eau au public en toute saison; faire à cet effet auxdites » pompes et à leurs boîtes généralement tous les ouvrages et » réparations quelconques, grosses et menues, même rem- » placer les vieilles boîtes par de neuves, s'il le fallait, enfin » faire tout ce qui sera nécessaire au maintien en bon état » constant des mêmes pompes. » Le prix de l'adjudication, qui a été passée le 21 juin 1841 pour neuf ans, est fixé à 16 fr. 875 m. par chaque pompe.

On voit, d'après ce détail, que le crédit de 1,500 fr. porté à cet article n'est point trop élevé. Cependant, de 1837 à 1846, il n'a été dépassé qu'une fois; en 1838, la dépense s'est élevée à 1,936 fr. 40 c. Pour les neuf autres années, elle est restée au-dessous de 1,500 fr. En 1839, 1840, 1841, elle n'a pas même atteint 1,000 fr.

§ 10. *Entretien des autres propriétés communales.* Il reste encore des propriétés communales, écoles, asiles, presbytères, etc., etc., qui ne sont point comprises dans les articles qui précèdent. On vote au budget, pour leur entretien, une somme qui a été de 800 fr. de 1837 à 1846, et qui, pour 1846 seulement, a été de 1,000 fr. Pour les neuf années précédentes, la dépense n'avait été que de 5,126 fr. 91 c., ou de 569 fr. 65 c. en moyenne. Ce sont surtout les écoles et les salles d'asile qui occasionent ces dépenses.

§ 11. *Entretien de la glacière.* Cet entretien consiste non en constructions ou réparations, qui sont à peu près nulles, mais en dépenses pour amener la glace et approvisionner la glacière chaque année. Les détails dans lesquels je suis entré à ce sujet (page 43, § 3) me dispensent de donner de plus amples explications sur ce crédit.

Art. 2. DÉPENSES RELATIVES A LA SALUBRITÉ ET A LA SURETÉ.

§ 1. *Enlèvement des boues.* J'ai traité de tout ce qui concerne cet article (pages 47 et suiv.), et je n'ai pas à y revenir.

§ 2. *Eclairage.* Il n'est point de service qui importe plus à la sûreté et à la commodité publiques que l'éclairage des rues. Et cependant l'usage des choses les plus utiles est si lent à s'établir, qu'à Paris même, où l'éclairage de nuit est le plus nécessaire, il n'a été régulièrement organisé qu'à partir de 1667. On ne doit pas s'étonner, d'après cela, si les villes de province, surtout les villes d'un ordre inférieur comme Bar, n'avaient point encore de réverbères à la fin du siècle dernier. Ce fut seulement quand la révolution de 1789 éclata que, dans l'impatience où l'on était de réaliser à la fois les améliorations de toute nature, on songea à éclairer les rues de la ville. D'ailleurs, si l'éclairage est utile en tout temps, il devait l'être surtout à cette époque de fermentation politique, quand l'action de la police était moins régulière, ses prescriptions moins obéies, et que les citoyens prenaient fréquemment part à des réunions qui se tenaient à la fin de la journée, et ne se séparaient le plus souvent que dans la nuit.

Aussi, en 1790, une délibération du corps municipal, approuvée le 12 octobre de cette année par le directoire du département, ordonna que quatre-vingt-six réverbères seraient établis dans la ville de Bar, à charge par elle d'acheter d'abord « ceux qui » avaient été fournis par une grande partie des bourgeois de » cette ville, au commencement de l'hiver de 1789, » et de se procurer les autres. Mais cet éclairage entraînait une dépense qui, pour les six mois d'automne et d'hiver, n'était pas évaluée à moins de 4,946 livres 8 sous, et la ville ne sachant où prendre les fonds pour pourvoir à cette dépense, en référa au directoire du district, qui répondit assez durement, le 28 septembre 1791, « que rien n'était plus essentiel, surtout dans » les circonstances présentes, que l'éclairement exact de la » ville de Bar; » qu'on pouvait mettre la dépense « à la charge » des citoyens par émargement et au marc la livre des impo- » sitions ordinaires, et que d'après cela il était singulier que » la municipalité eût été dans l'ignorance de ce qu'elle devait » faire. » Le directoire du département approuva l'avis du du directoire du district, en recommandant toutefois à la municipalité « d'apporter un peu plus d'économie que n'en » avait mis son architecte dans la distribution des réverbères. » Cet éclairage dut cesser quand le malheur des temps, le désordre des finances, la misère publique et privée ne permirent plus de continuer l'imposition extraordinaire au moyen de laquelle il avait été établi. Les réverbères disparurent successivement, et les particuliers ne les voyant plus entretenus, les descendaient et les conservaient chez eux en dépôt. En messidor an XII, le maire en fit faire la recherche et on en retrouva alors soixante-sept qui furent rapportés à la municipalité. Mais ils ne devaient pas être utilisés de sitôt.

Le 6 nivôse an XII, il n'en restait plus que deux que l'on allumât, un devant le corps-de-garde d'Entre-deux-Ponts, l'autre au-dessus de la porte de la maison commune, et encore on ne les allumait que pendant les mois d'hiver. Le 30 pluviôse, même année, on en plaça deux autres, le premier à l'autre bout d'Entre-deux-Ponts, et le second à l'entrée de la place de la Municipalité. Restaient encore épars dans la ville treize poteaux, avec leurs bras en fer, qui avaient servi à porter les réverbères, et le conseil municipal, considérant qu'ils seraient détruits avant qu'on en fit usage de nouveau, ordonna le 18 floréal an XII qu'ils seraient vendus, ce qui fut exécuté le 15 prairial suivant. En 1812, il n'y avait encore que sept réverbères, les quatre dont j'ai parlé, un devant l'hôtel du préfet, rue des Clouères, un devant l'hôtel de la préfecture, rue du Bourg, et un devant la demeure du commissaire de police. Le nombre des réverbères fut porté à 10 en 1816, à 24 en 1820, à 28 en 1821, à 31 en 1823, à 32 en 1826, à 33 en 1827; en 1829 on substitua à l'éclairage ordinaire l'éclairage Bordier, avec réflecteurs paraboliques, et on porta le nombre des réverbères à 40 en 1830, à 41 en 1833, à 68 en 1838, enfin il était de 76 en 1847. Ainsi, après cinquante-sept ans de progrès successifs et lents, on n'était pas encore revenu aux 86 réverbères dont l'établissement avait été voté par le conseil municipal en 1790.

Mais avant 1847, l'usage de l'éclairage au gaz s'était répandu en France, et les villes qui nous environnent l'avaient substitué à l'éclairage à l'huile. On pensa que le moment était venu pour Bar d'adopter ce nouveau procédé, et le 11 mars 1845 la ville traita avec un entrepreneur. On lui concéda pour dix-huit années l'autorisation exclusive de poser, dans les rues et places, des tuyaux pour la circulation du gaz, et il dut en poser dans toutes les rues où on lui assurait un bec, soit public, soit particulier, par vingt-cinq mètres. La ville s'engageait à faire brûler les becs publics quatre heures par jour en moyenne, ou 1460 heures par an, et à payer pour chaque bec 04 c. par heure, tant que le nombre des becs publics et particuliers n'excèderait pas 1,000. Lorsqu'il excèdera ce nombre, la ville paiera un dixième de centime en moins par cent becs d'excédant : ainsi, à 2,000 becs elle ne paierait plus que 03 c. par bec et par heure : néanmoins, le prix du bec ne pourra jamais descendre au-dessous de 02 c. 1/2. L'autorité demeure maîtresse de fixer les heures d'allumage et d'extinction, et dans le cas où un bec ne fonctionnerait pas pendant une soirée, il sera fait à l'entrepreneur une retenue du double du prix que ce bec lui aurait produit : si tous les becs étoient éteints, la retenue serait de 50 fr. par chaque nuit; et si cette extinction se prolongeait au-delà d'un mois, le maire pourvoirait aux nécessités du service aux frais du concessionnaire. Partout où des tuyaux de gaz ne sont pas encore posés, la ville a droit de continuer son éclairage à l'huile, et c'est à l'entrepreneur du gaz à exécuter cet éclairage au prix de 06 c. par lanterne et par heure; le matériel de l'éclairage à l'huile demeure la propriété de la ville. A l'expiration de son traité pour l'éclairage au gaz, elle pourra le continuer pour dix-huit autres années; elle sera maîtresse aussi de le faire cesser et d'acquérir, à dire d'experts, le matériel de l'éclairage au gaz. Dans le cas où elle ne l'achèterait pas, l'entrepreneur devra lui remettre une somme de 2,590 fr. qu'elle a payée pour substituer des candélabres aux consoles qui devaient être fournies. (Convention du 25 février 1848.)

Sous ces conditions, l'éclairage au gaz fut introduit dans la ville dans l'automne de 1847, et, à partir de ce moment, elle fut éclairée par cent quatre becs de gaz, quatre demi-becs, et trente-neuf réverbères. Le conseil municipal fixa les emplacements pour les candélabres et les consoles. Voici comment le tout est aujourd'hui réparti :

	Consoles.	Candélabres.
Rue de Couchot	4.	».
— du Four	2.	».
— Bar-la-Ville	1.	».
— Entre-deux-Ponts	6.	».
— Rousseau	6.	».
Place Municipale	1.	4.
Rue de Savonnières	4.	».
— des Pressoirs	5.	».
A reporter	29.	4.

	Consoles.	Candélabres.
Report..........	29.	4.
Rue de la Rochelle, au Rond-Point et sur le Pont-Neuf.	2.	17.
— Lapique................	3.	».
— des Tanneurs...........	5.	».
— Voltaire................	3.	».
Côte de l'Horloge.............	1.	».
Rue des Juifs................	4.	».
Côte du Collége..............	2.	2.
Rue du Bourg...............	6.	1.
— de la Municipalité........	5.	».
— du Cygne et de Véel......	10.	».
— des Clouères.............	1.	13.
	71.	37.

De ces soixante-onze consoles, quatre ne sont alimentées que par des demi-becs; ce sont deux de celles qui sont placées rue de la Municipalité, et deux de la rue des Pressoirs.

Quant aux trente-neuf réverbères, ils sont placés, savoir :

Rue de l'Abreuvoir.......................	1.
— de l'Abattoir........................	1.
— du Canal...........................	1.
— de Saint-Mihiel.....................	2.
Place de l'Etoile, à Marbot................	1.
Rue des Chènevières.....................	1.
Quai des Gravières......................	2.
Rue du Sac............................	1.
— du Repos...........................	1.
— Bar-la-Ville, devant l'église Notre-Dame.	1.
Pâquis de la Ville-Basse..................	1.
Rue du Coq............................	2.
— des Foulants........................	1.
— de Véel.............................	4.
Place Nazareth.........................	1.
Porte Phulpin..........................	1.
Rue du Baile...........................	1.
Grande-Rue, Ville-Haute.................	2.
A reporter..........	25.

Report............	25.
Rue du Jard, devant l'octroi...............	1.
— du Tribel..........................	1.
Place Saint-Pierre, devant la prison.........	1.
Rue Chavée..............................	1.
Place de la Halle.........................	1.
— de la Fontaine.....................	1.
Rue de l'Armurier	1.
Côte de l'Horloge........................	1.
Rue Saint-Jean...........................	2.
— des Saules...........................	2.
— des Suisses	1.
	39.

La ville est donc éclairée aujourd'hui, soit au gaz, soit à l'huile, par cent quarante-neuf becs, dont quatre demi-becs. Aussi la dépense de ce service s'est-elle considérablement accrue. En 1837, quand l'huile était à un prix élevé, l'éclairage a coûté 4,281 fr. 50 c. En 1841, avec le même nombre de réverbères, il ne coûtait plus que 3,512 fr. En 1846, la dépense était de 3,689 fr. 18 c.; elle a été, en 1848, de 8,942 fr. 30 c., et en faisant le budget de 1849 on a dû porter en prévision 9,200 fr. On peut atténuer un peu cette dépense en n'éclairant pas pendant les jours de lune des mois d'été; mais elle reste toujours très élevée, et le conseil se trouve dans la nécessité de repousser ou d'ajourner au moins les demandes qui lui sont faites sans cesse pour l'établissement de nouveaux réverbères dans les quartiers qui se prétendent mal partagés. Le droit que la ville tient de son traité, qui laisse l'autorité maîtresse de fixer les heures d'allumage et d'extinction, lui permet de répartir comme elle l'entend les 1,460 heures pendant lesquelles chaque bec de gaz doit brûler dans l'année. Le conseil a toujours recommandé d'user très peu de l'éclairage et dans les longs jours de l'été et dans les temps de lune, de le réserver pour les nuits d'hiver, de le prolonger jusqu'à une heure avancée, quand il y a des réunions publiques, des foires, des spectacles, des fêtes, et enfin de le faire durer toute la nuit pendant les vendanges, quand les travaux du pressoir tiennent la population sur pied, la nuit comme le jour.

Les quatre articles qui suivent : visite des cheminées, assurance des bâtiments communaux, entretien des pompes à incendie, primes aux pompiers, ont pour objet de prévenir les incendies, d'en arrêter les ravages et de garantir la commune contre les pertes qu'elle pourrait en éprouver.

§ 3. *Visite des cheminées.* Deux fois par chaque année le maire envoie dans les maisons le commissaire de police, assisté d'un maître charpentier; huit jours avant cette visite, on a prévenu les habitants qu'ils eussent à balayer leurs tuyaux de cheminée. Les agents vérifient s'ils ont tenu compte de cet avertissement; ils constatent aussi si les cheminées et les fours sont construits conformément aux règles de l'art et aux prescriptions de la police; s'il est pratiqué des lucarnes aux toitures et s'il y a des échelles à demeure contre ces lucarnes; enfin si on n'a point, contrairement aux arrêtés municipaux, déposé dans les greniers de la braise ou des cendres. Ils dressent procès-verbal des infractions qui peuvent avoir été commises en ces points divers, et les contrevenants sont traduits devant le tribunal de simple police et condamnés conformément aux lois.

Autrefois le commissaire de police vérifiait encore si chaque maison avait une lanterne marquée au nom du propriétaire, précaution excellente, et à laquelle il est bon de tenir la main.

Les journées du commissaire de police et du maître charpentier, employées à la visite, sont payées à raison de 4 fr. par jour. Cette dépense va à 240 fr. par an environ.

§ 4. *Assurance des bâtiments communaux.* L'usage des assurances est devenu si général, que les villes elles-mêmes se sont assurées, quoique la plupart de leurs édifices communaux, églises, halles, abattoirs, courent moins de risque d'être incendiés que les propriétés privées. C'est à la Caisse départementale des incendiés que la ville assure ses propriétés bâties. De 1837 à 1846 la prime a varié entre 305 et 340 fr. Elle a été réduite à 200 fr. dans les prévisions du budget de 1849 : 200 fr. en effet couvrent déjà, à 25 c. du mille, une valeur de 800,000 fr. en immeubles. Il y aurait à faire pour les prochains budgets une estimation exacte des immeubles et du mobilier, afin de connaître au vrai quelle prime est nécessaire pour couvrir le tout intégralement.

§ 5. *Entretien des pompes à incendie.* Le matériel se compose non seulement de pompes, mais de seaux, d'échelles et de crochets. La ville de Bar possède six pompes. Deux d'entr'elles, les n.ᵒˢ 1 et 6, ont été remplacées en 1849 par deux pompes foulantes et aspirantes; le n.ᵒ 1 est de petite dimension, et sert spécialement à porter les premiers secours et à faire le service du théâtre : cette pompe se manœuvre avec facilité et peut être introduite dans les appartements. Quant à la pompe n.ᵒ 6, la ville a reçu, pour en faire l'acquisition, une subvention de 1,000 fr. environ de la Caisse départementale des incendiés, qui, ayant constaté les services déjà rendus dans plusieurs incendies par les pompes foulantes et aspirantes, et désirant en voir généraliser l'usage, a fait acheter quatre de ces pompes pour les villes de Bar, Verdun, Commercy et Montmédy, et a contribué dans l'acquisition pour les deux tiers de la dépense.

La ville a sept cent quatre-vingt-dix-neuf seaux ou paniers en osier, dont trente-un entièrement hors de service. C'est un matériel qui demande à être remplacé au moins en grande partie. D'abord on ne les transporte pas aisément et promptement au lieu de l'incendie. Ensuite ils ont le grave inconvénient de mal tenir l'eau : n'étant pas souvent abreuvés, ils se dessèchent, la peinture se crevasse, l'eau se perd, mouille ceux qui sont à la chaîne, et les seaux arrivent à la pompe presque à moitié vides. Il serait convenable de substituer progressivement à ce matériel défectueux des seaux en toile à voile à bords en jonc des Indes. Ils tiennent peu de place et sont rapidement transportés au lieu de l'incendie. Pour opérer le transport des seaux, il y a deux voitures à bras, très légères, qui sont insuffisantes pour tous les paniers en osier, mais qui suffiraient pour des seaux en toile.

Il existe aussi quatorze échelles de 12 à 5 mètres de longueur, et neuf crochets à incendie ou grappins, dont deux avec pique.

Tout ce matériel est déposé dans deux remises : l'une à la Ville-Haute, dans la cour de la halle; l'autre à la Ville-Basse, rue de la Municipalité, au rez-de-chaussée de l'école des filles.

Aussitôt qu'un incendie éclate, le beffroi sonne à coups précipités. S'il ne sonne aucun coup dans les intervalles, cela indique que le feu est au centre, autour de la Municipalité. On sonne dans les intervalles :

Un coup pour le nord ou Couchot;
Deux coups pour le levant ou la Rochelle;
Trois coups pour le midi ou la Ville-Haute;

Quatre coups pour le couchant ou les rues de Véel et des Clouères.

Depuis deux ou trois ans on a donné au sonneur un porte-voix, à l'aide duquel il pourrait indiquer la rue même où est le feu. Mais jusqu'à présent cette indication n'a été ni assez nettement articulée, ni assez clairement entendue.

Si l'incendie se manifeste la nuit, quel que soit le quartier où il éclate, les rues de toute la ville doivent être éclairées aux premiers coups du beffroi. En conséquence, tout habitant est tenu d'entretenir, sur une de ses croisées donnant sur la rue, une lanterne allumée. On a pu remarquer dans ces dernières années que cette prescription de l'autorité municipale n'est pas ponctuellement obéie; et comme la contravention est punie d'une amende, et la mesure très utile en elle-même pour faire arriver les secours promptement et sûrement, il serait bon qu'après avoir de nouveau rappelé ce devoir à tous les citoyens, on dressât des procès-verbaux contre ceux qui refuscraient de s'y soumettre.

La somme votée pour l'entretien du matériel a été de 500 fr. par an de 1837 à 1841 : dans ces cinq ans on n'avait dépensé que 1631 fr. 15 c. ou 326 fr. 23 c. en moyenne; on a donc pu réduire l'allocation à 400 fr. pour les années suivantes. Ainsi réduite, elle n'a même jamais été complètement épuisée, puisque dans les cinq années de 1842 à 1846 on n'a dépensé que 1307 fr. 30 c., ou 261 fr. 46 c. par an.

§ 6. *Primes aux pompiers.* Il est accordé à la première pompe qui arrive sur le lieu de l'incendie une gratification de 60 fr. Le budget porte à cet article une prévision qui était de 300 fr. d'abord, qui a été réduite à 200 fr. et qui a suffi. En 1842 on a payé 180 fr., et il est des années où on n'a rien payé.

La compagnie de pompiers compose aujourd'hui une des subdivisions de la garde nationale, et se trouve soumise aux mêmes règles et tenue aux mêmes devoirs que les autres compagnies. Mais elle existait longtemps avant que les lois de 1830 eussent ordonné l'organisation d'une garde nationale. Dès le 5 mars 1818, le conseil municipal avait reconnu la nécessité de former un corps de pompiers; dans sa séance du 28 novembre 1820, il proposa un règlement, que le ministre approuva, après modifications, le 20 mars 1822. La compagnie fut alors constituée, et le 31 décembre 1825 elle arrêta son règlement de service intérieur qui fut approuvé par le préfet le 7 janvier 1826. Depuis, diverses dispositions de ce règlement ont été modifiées par un arrêté du maire du 10 janvier 1842, approuvé par le préfet le 14 même mois. C'est à ces divers actes qu'il faut recourir si l'on veut connaître l'organisation de la compagnie, les devoirs de chacun, ses fonctions en cas d'incendie : il est certain que cette compagnie de pompiers a rendu depuis sa création des services signalés, et tous ceux qui ont été témoins de sa conduite, de son habileté et de son dévoûment savent que lorsqu'elle est une fois arrivée sur les lieux, le feu, aussitôt resserré dans un espace limité, est bientôt éteint. Peut-être serait-il à désirer que le capitaine eût un porte-voix de commandement, afin que ses ordres ne fussent pas exposés à se perdre au milieu du désordre et du tumulte.

La ville de Verdun a, outre une compagnie de pompiers, une compagnie de sauveteurs, et cette institution, créée par un arrêté du maire de Verdun, du 16 mars 1845, approuvée par le ministre de l'intérieur, pourrait être utilement imitée parmi nous. Ce corps spécial de sauveteurs est d'une force numérique de cent vingt à cent quarante hommes. Il est recruté principalement parmi les maîtres et les ouvriers menuisiers, serruriers, ébénistes, charpentiers. En cas d'incendie, les chefs placent des factionnaires près des maisons en sauvetage, désignent les endroits où les objets sauvetés seront déposés, dirigent et surveillent le service du sauvetage. Parmi les sauveteurs, les uns sont désignés pour démonter les meubles, les autres pour les transporter au lieu de dépôt indiqué par les chefs du corps, tous ont pour marques distinctives une ceinture où deux raies blanches se détachent d'une manière tranchée sur un fond garance.

Une compagnie de sauveteurs nous paraît le précieux auxiliaire d'une compagnie de pompiers. Ceux-ci, tout entiers au service des pompes et aux travaux de sape, arrêtent les progrès et les ravages de l'incendie, pendant que les sauveteurs écartent les malveillants qui profitent toujours de ces occasions de trouble et de confusion, enlèvent avec soin et déposent en lieu sûr le mobilier menacé par les flammes.

§ 7. *Visite des chenilles.* D'après l'art. 1.er de la loi du 26 ventôse an IV, tous propriétaires, fermiers, locataires ou autres, faisant valoir leurs héritages, ou ceux d'autrui, sont tenus, chacun en droit soi, d'écheniller ou de faire écheniller les arbres étant sur lesdits héritages, à peine d'une amende qui, d'après l'art. 471, § 8 du code pénal, ne peut être moindre de 1 fr., ni excéder 5 fr. Pour assurer l'exécution de ces dispositions, l'art. 5 de la loi précitée enjoignait aux commissaires du directoire exécutif, près les municipalités, de visiter tous les terrains garnis d'arbres, arbustes, haies ou buissons pour s'assurer que l'échenillage aura été fait exactement. A Bar, cette visite est faite par le garde champêtre, chef qui reçoit une indemnité de 3 fr. par chaque jour de visite, et il y en a ordinairement trois. Cette dépense figure au budget avec la visite des cheminées, et on ne fait de ces deux visites qu'un seul article, pour lequel on vote 250 fr. Il serait plus régulier de diviser ces deux dépenses.

Art. 3. — GRANDE ET PETITE VOIRIE.

§ 1. *Chemins vicinaux de grande communication*. L'art. 1.er de la loi du 21 mai 1836 met à la charge des communes les chemins vicinaux légalement reconnus. Il y a deux sortes de chemins vicinaux : les chemins vicinaux proprement dits, et les chemins vicinaux de grande communication. Les premiers n'intéressent que la commune, les autres intéressent plusieurs communes, souvent même des communes d'arrondissements différents. Les chemins vicinaux de grande communication sont déclarés tels par le conseil général, qui détermine leur direction et désigne les communes qui doivent contribuer à leur construction ou à leur entretien. Le préfet fixe ensuite la portion pour laquelle chaque commune doit entrer dans cette contribution.

Le conseil général a désigné la ville de Bar parmi les communes qui doivent contribuer à l'entretien des chemins vicinaux de grande communication, n.° 1, de Bar-le-Duc à Sermaize ; — n.° 2, de Bar-le-Duc à Triaucourt ; — n.° 3, de Combles à la route départementale n.° 11, de Bar à Saint-Dizier, et le préfet a fixé la contribution de la ville :

    à   900f pour le chemin n.° 1 ;
    à   500 pour le n.° 2 ;
    à   800 pour le n.° 3.

Ensemble.. 2,200

Ce chiffre n'a pas varié depuis 1845 : de 1840 à 1845, il n'avait été que de 2,000 fr.

§ 2. *Chemins vicinaux ordinaires.* (Dépense obligatoire. Loi du 21 mai 1836.) Dans cette catégorie sont rangés non seulement les chemins qui servent aux communications entre deux communes, mais aussi les chemins qui n'intéressent que la commune seule et qui sont nécessaires à l'exploitation de son territoire. La loi du 9 ventôse an XIII imposa à l'administration le soin de faire rechercher les chemins vicinaux, de reconnaître leurs anciennes limites, et de déterminer leur largeur d'après cette reconnaissance Un travail très bien conçu, soigneusement exécuté, fut entrepris alors à la mairie de Bar; mais on ne voit pas qu'il ait été mené à fin et qu'il ait reçu une sanction légale. En 1824, une loi du 28 juillet, déclara que les chemins seraient reconnus par une délibération du conseil municipal, approuvée, s'il y avait lieu, par le préfet. En conséquence de cette loi et d'un arrêté du préfet de la Meuse du 24 décembre 1824, le conseil municipal de Bar chargea une commission de rechercher, désigner et classer les chemins que renfermait le territoire de la commune. Cette commission remplit sa tâche du 18 au 30 mars 1825. Elle parcourut le finage dans toute l'étendue que lui donne la démarcation et l'abornement opéré le 30 thermidor an XII, en vertu de l'arrêté du préfet, du 30 pluviose même année, et s'aida tant du travail fait en 1085, que d'une ancienne reconnaissance des chemins dressée le 12 juillet 1773. Le procès-verbal de ses opérations fut publié et resta affiché pendant un mois, et le maire certifia, le 30 avril 1825, qu'aucune réclamation n'avait été faite contre ce travail. Le préfet l'approuva donc et ordonna, le 16 octobre 1826, que les classements, délimitations et améliorations portés dans ce procès-verbal, que le conseil s'était approprié par une délibération du 25 mars 1826, seraient exécutés dans toutes leurs parties.

D'après cet état de classement, dont il serait trop long de donner ici le détail, la ville possède soixante-quatre chemins : vingt-six dans la section du nord, dix-sept dans celle du centre, et vingt-un dans celle du midi. Ils présentent un développement total de 58,586 m., et leur largeur varie de 3 à 8 m. Généralement ils sont en bon état de viabilité, quoique dans dix ans (1837-1846), il n'ait été dépensé pour leur entretien que 11,223 fr. 76 c., ou 1,122 fr. 37 c. en moyenne par an. Dans les années 1837 à 1841, la subvention était très faible, elle a été beaucoup plus forte dans les cinq années suivantes et s'est même élevée à 1,800 fr. en 1846.

C'est peut-être le lieu de faire ici une observation sur la comptabilité des chemins vicinaux. Le conseil, autorisé par les lois, vote un impôt spécial destiné à faire face à cette dépense. Cet impôt doit recevoir sa destination, et il n'est pas permis d'en employer le produit à acquitter d'autres dépenses municipales. Ce qui n'est pas dépensé dans un exercice doit être reporté à l'exercice suivant. Ce n'est pas ce qui a été fait jusqu'ici. Ainsi, en 1843, l'impôt a produit 3,770 fr. 48 c., et la dépense pour les chemins vicinaux de grande communication, les chemins vicinaux ordinaires et l'agent-voyer cantonnal n'a été que de 3,654 fr. 42 c. Il restait donc libre 126 fr. 06 c. Le même fait s'est reproduit en 1844 et 1845 : les excédants libres de ces deux exercices ont été de 442 fr. 08 c. pour l'un, et de 247 fr. 89 c. pour l'autre; de sorte que les trois exercices ont donné un excédant de 816 fr. 03 c. Cet excédant aurait dû être appliqué exclusivement aux travaux des chemins. La somme est sans doute peu importante, et même on peut ajouter qu'en 1846 la ville a dépensé 4,177 fr., quand l'impôt n'avait produit que 4,094 fr. 53 c., ce qui donne à sa charge un excédant de 82 fr. 47 c. Mais si peu importante que soit la dépense, ce qu'il y a d'important, c'est de se renfermer dans la stricte exécution des règles, et mon observation n'a d'autre but que de les rappeler.

Lors de son travail de 1825, la commission n'a pas seulement constaté le nombre, la longueur et la largeur des chemins. Elle a opéré de même pour les sentiers. Elle constate qu'il en existait alors soixante-dix-sept, dont trente-sept dans la section du nord, onze dans celle du centre et vingt-neuf dans celle du midi. La longueur de chacun de ces sentiers est indiquée et la largeur fixée également à un mètre pour tous.

Il y aura bientôt vingt-cinq ans que ce travail a été fait, et on est étonné, en le lisant, de voir que des dénominations ont changé, que des sentiers (celui de la ruelle du Port par exemple) sont devenus des rues, que d'autres ont été déplacés par le changement dans les cultures et la disposition nouvelle du terrain. Le canal de la Marne au Rhin a apporté aussi de notables modifications à la direction de nos voies de communication. Il serait donc tout à fait utile que le conseil nommât une commission nouvelle qui, s'appuyant sur les reconnaissances de 1773, 1805 et 1825, vérifiât l'existence de tous les chemins et sentiers, leur direction, leur largeur, les anticipations ou les usurpations qui peuvent avoir été faites à leur préjudice. C'est ainsi que nous conserverons ces chemins et sentiers que les propriétaires riverains cherchent toujours à s'approprier, au détriment desquels ils étendent et agrandissent sans cesse leurs possessions.

Et la commission ne devrait pas même, comme celle de 1825, borner ses recherches aux chemins et sentiers. Le procès-verbal de reconnaissance du 12 juillet 1773 constate que la ville possédait sur les chemins destinés à l'exploitation des vignes trente-trois places qu'elle appelle remises et qui étaient destinées à remiser les bellons en temps de vendange. Chacune de ces places ou remises est indiquée au procès-verbal avec la mention de ses longueur et largeur, des tenants et aboutissants. La facilité de la circulation gagnerait à ce que ces propriétés, débarrassées soit des haies qu'on a pu y planter, soit des dépôts qu'on a coutume d'y faire, redevinssent entièrement libres, et la commission nouvelle devrait avoir pour mission de se rendre sur les lieux, de rechercher ces remises et de les faire rentrer dans le domaine de la ville avec les limites que leur assigne le procès-verbal du 12 juillet 1773. Ce procès-verbal est d'autant plus digne de foi qu'il a été dressé à requête du procureur du roi par le conseiller du roi échevin, en l'hôtel-de-ville et siége de police, assisté de deux avocats, d'un bourgeois de la ville et du maître juré de la communauté des vignerons, après que, en vertu d'une sentence du 7 mai précédent, tous les habitants avaient été prévenus à son de caisse du jour et de l'heure de la visite, afin qu'ils pussent s'y rendre et veiller à leurs intérêts.

§ 3. *Traitement de l'agent-voyer.* (Dépense obligatoire. Loi du 21 mai 1836.) L'art. 11 de la loi du 21 mai 1836 confère au préfet le droit de nommer des agents-voyers dont le traitement, fixé par le conseil général, est prélevé sur les fonds affectés aux travaux. On n'avait d'abord fait application de cet article que pour les agents-voyers chargés du service des chemins vicinaux de grande communication. Mais, en 1839, le préfet de la Meuse proposa au conseil général de créer un service d'agents-voyers cantonaux exclusivement employé à la surveillance et à l'amélioration des chemins vicinaux ordinaires. Cette proposition fut accueillie. On reconnut, après deux ans d'expérience, que la première organisation avait besoin d'être améliorée, et dans sa session de 1841 le conseil général adopta les bases d'une organisation nouvelle qui fut réglée définitivement par un arrêté du préfet 1er mars 1842. D'après cet arrêté, le département est divisé en vingt-huit circonscriptions, dont chacune comprend de vingt à vingt-neuf communes. A chacune de ces circonscriptions est attaché un agent-voyer cantonal au traitement de 800 fr. La quote-part de chaque commune dans le traitement de l'agent-voyer de la circonscription est établie dans la proportion réduite du produit des centimes spéciaux, d'après le montant des rôles des contributions des communes.

Les villes, qui ont généralement des agents chargés de la surveillance des chemins vicinaux qui leur appartiennent, ainsi que de la direction des travaux qui s'y exécutent, ne sont pas plus que les communes rurales dispensées de supporter un impôt dont elles retirent peu de profit. Depuis 1842, la ville de Bar paie donc 177 fr. par an pour sa contribution dans le traitement de l'agent-voyer cantonal.

TROISIÈME SECTION. — GARDE NATIONALE ET DÉPENSE MILITAIRE.

Art. 1er GARDE NATIONALE. (Dépenses obligatoires.
Loi du 18 juillet 1837, art. 30, § 11.)

Au 1er janvier 1846, la garde nationale se composait de 1890 hommes, dont 658 portés au contrôle de réserve et 1132 faisant partie du service actif. Ces 1132 hommes étaient répartis entre les diverses subdivisions, comme suit :

Artillerie	49.
Sapeurs-pompiers	79.
Grenadiers	111.
Chasseurs. 1re compagnie	127.
— 2.e	125.
— 3.e	127.
— 4.e	123.
— 5.e	128.
— 6.e	123.
Voltigeurs	99.
Cavalerie	41.
	1132.

Les dépenses de la garde nationale se sont élevées, de 1836 à 1846, à 26,109 fr. 18 c., et en moyenne à 2,610 fr. 91 c. La moindre dépense a été de 2,237 fr. 11 c., la plus élevée de 2,883 fr. 22 c. Elle a donc peu varié d'une année à l'autre. Elle se décompose en divers articles.

L'adjudant-major, qui assiste à toutes les prises d'armes, qui est présent à chaque garde montante et descendante, qui reçoit et transmet les rapports et les ordres, ne peut être tenu gratuitement à des devoirs si multipliés et qui exigent une exactitude de chaque jour. En 1832, on lui allouait un traitement de 400 fr.; mais alors on montait la garde tous les jours, les revues et les exercices étaient fréquents, et on reconnut l'insuffisance de l'allocation qui fut portée à 700 fr. en 1833. Le service n'ayant pas conservé la même activité, ce traitement fut réduit à 600 fr. en 1836, et n'a plus été que de 500 fr. à partir de 1840.

Les tambours et les trompettes reçoivent une solde qui est de 1 fr. 50 c. par chaque garde, 1 fr. par chaque prise d'armes, et 1 fr. 50 c. par chaque incendie. Il y aurait peut-être quelque réduction à faire sur cet article dont la dépense, évaluée à 400 fr., dépasse souvent ce chiffre.

Non seulement les tambours et les trompettes reçoivent cette solde, mais la ville supporte aussi les frais de leur habillement et de leur équipement. Cela coûte annuellement 300 fr. environ.

L'entretien des caisses et des armes est aussi à la charge de la commune. D'après un traité à forfait, un armurier est tenu, moyennant 150 fr. par an, d'entretenir les armes. Le surplus de la dépense se fait sur mémoires. Il est douteux qu'on renouvelle le traité à forfait, dont on n'a pas retiré tous les avantages qu'on en attendait. Les armes sont si peu fatiguées, qu'avec quelque soin de la part des officiers d'armement on peut arriver à un bon entretien avec une moindre dépense.

La musique de la garde nationale ne coûtait en 1837 que 103 fr.; en 1841 elle coûtait 349 fr. 95 c.; elle a coûté en 1846 997 fr. 05 c. Depuis 1837 on a, d'année en année, augmenté la dépense dans l'espoir d'améliorer cette partie du service qui laissait beaucoup à désirer. Sera-t-on arrivé enfin à un résultat qui réponde à la dépense annuelle de 1,000 fr., et cette allocation est-elle proportionnée à ce que reçoivent tant d'autres services indispensables qui n'ont qu'une dotation fort inférieure à leurs besoins. Il est vrai que ces services ne sont point en vue, qu'ils n'exercent sur nos sens aucune séduction. Est-ce donc que dans la vie publique comme dans la vie privée on sacrifierait quelquefois aux vaines apparences d'une pompe extérieure ce qui n'est que simplement bon et utile ?

Les compagnies de la garde nationale n'ont jamais été formées par quartier. Après la révolution de février, le commissaire du gouvernement provisoire avait témoigné le désir qu'elles fussent organisées à nouveau, en appelant les habitants d'une même rue dans une même compagnie. Mais on fit alors de cette question d'organisation une question politique, de cette politique passionnée qui tranche plutôt qu'elle ne juge. Cela eût mérité plus de réflexion. Le service est difficile quand il faut convoquer des hommes dispersés par toute la ville : si on veut réunir une seule compagnie, le même appel bat pour toutes et semble les appeler toutes également ; si on convoque à domicile, la convocation est longue, et la réunion à un point éloigné de gardes nationaux qui arrivent isolés peut être paralysée et retardée par mille hasards. L'organisation proposée avait donc ses avantages ; mais il fallait briser les compagnies existantes, changer les cadres, choisir d'autres chefs ; on ne voulut voir que ces inconvénients, et la garde nationale demanda et obtint que son organisation ancienne serait maintenue. Avec cette organisation, un tambour a été de tout temps spécialement chargé de porter les billets de garde. Il reçoit pour ce service une indemnité annuelle de 125 fr.

L'entretien des corps-de-garde est une autre cause de dépense. Quand la ville n'a point de garnison, la garde nationale n'occupe qu'un seul corps-de-garde ; quand il y a d'autres troupes, deux corps-de-garde sont occupés, celui de la mairie et celui d'Entre-deux-Ponts. Il faut pourvoir à leur entretien. Il ne va guère qu'à 50 fr. si on ne tient pas compte des réparations extraordinaires.

Mais il faut aussi pourvoir ces corps-de-garde de bois et de lumière, et ceci monte à 250 fr. environ par an.

Enfin il y a des frais de bureau qui consistent principalement en impressions de procès-verbaux d'élection, de rapports, de billets de garde, de pièces pour le conseil de discipline et le conseil d'administration, ce qui nécessite un crédit de 50 fr.

Un autre crédit d'une somme double est ouvert pour les dépenses que l'on n'a pu prévoir.

Tel est le budget de la garde nationale, qui ne doit être présenté au conseil municipal qu'après que le conseil d'administration du bataillon l'a examiné, et a proposé toutes les dépenses avec ses observations à l'appui.

Art. 2. DÉPENSES MILITAIRES.

§ 1. *Occupation des lits militaires.* (Dépense obligatoire. Loi du 15 mai 1818, art. 46.) D'après le règlement pour le logement des troupes, annexé à la loi du 23 mai 1792, les lits nécessaires pour le casernement des sous-officiers et soldats dans les bâtiments militaires devaient être fournis par les habitants à qui il était payé une indemnité. (Règlement, art. 4.) Le décret du 7 août 1810 supprima cette indemnité et décida (art. 3) qu'à compter du 1.er janvier 1811 la dépense d'occupation des lits militaires serait à la charge des communes qui reçoivent des droits d'octroi sur les objets de consommation des troupes qui occuperont ces lits. La loi du 15 mai 1818 (art. 46, § 2) a ajouté que cette dépense ne pourrait, dans aucun cas, s'élever, par chaque année, au-dessus de 7 fr. par homme et de 3 fr. par cheval pendant la durée de l'occupation ; au moyen de quoi les réparations et loyers des casernes et de tous autres bâtiments ou établissements militaires, ainsi que l'entretien de la literie et l'occupation des lits militaires, seront à la charge du gouvernement. L'ordonnance d'exécution de cette loi, en date du 5 août 1818, a autorisé le gouvernement à convertir en abonnement fixe et d'une fraction constante de l'octroi le produit moyen de la dépense portée en l'art. 46 de la loi du 15 mai, et a de nouveau déclaré les villes libérées de toutes les charges qu'elles avaient à supporter pour le service militaire, sans excepter celles relatives aux champs de manœuvre. (Art. 10, § 1 ; art. 8, § 2.)

C'est en vertu de ces dispositions légales que la ville de Bar paie au trésor un droit pour l'occupation des lits militaires. Depuis 1840 nous avons eu presque constamment en garnison une compagnie de vétérans, dont l'effectif s'élève de 140 à 150 hommes, et l'abonnement annuel fixé par le ministre s'élève à 400 fr.

Lorsque le ministre fixe le chiffre de cet abonnement, il déduit du produit net de l'octroi le produit des objets qui ne servent point aux troupes, les matériaux, par exemple; il calcule ensuite ce que le surplus donne pour chaque tête d'habitant, et il fixe l'abonnement en multipliant la contribution de chaque habitant par le nombre de soldats en garnison. Il en résulte que le soldat ne supporte aucune des dépenses d'octroi. Le conseil d'Etat, dans un avis du 29 mars 1811, approuve ces mesures par cette considération : « que les » consommations de la troupe ajoutent aux revenus de la » commune, et y favorisent le commerce et l'industrie. » C'est ce qu'on peut dire de tous ceux qui viennent habiter une ville : mais le soldat ne jouit-il donc pas, comme les autres habitants, de la plupart des avantages que les revenus de l'octroi assurent à une ville? Les hommes mariés n'y ont-ils pas même la facilité d'envoyer gratuitement leurs enfants aux écoles communales? Est-il bien juste alors que profitant des produits de l'octroi, les corps casernés n'en supportent pas les charges?

§ 2. *Logements militaires.* C'est peut-être ici le lieu de parler des logements militaires, quoique cet article ne soit pas de nature à entraîner une allocation au budget. La loi du 23 janvier 1790 soumet tous les citoyens, sans exception, au logement des gens de guerre. Le décret du 8 juillet 1791 porte qu'à défaut de logement militaire, les municipalités fournissent le logement aux troupes. Celui du 23 mai 1792 veut que le logement soit établi chez l'habitant, sans distinction de personne, à l'exception toutefois des dépositaires de caisses publiques et des veuves et filles qui ne sont point obligés de fournir le logement dans leurs maisons d'habitation, mais qui doivent y suppléer en fournissant des logements en nature chez d'autres habitants. (Art. 11.) Le logement doit être fourni d'après le grade de chaque militaire, suivant les prescriptions du décret du 23 mai 1792 (art. 14, 17), et on doit donner aux soldats, outre le lit, les ustensiles dont ils ont besoin pour leur cuisine, place au feu et à la lumière. Les habitants ne peuvent se refuser à loger les militaires qui leur présentent un billet de logement, délivré par l'autorité municipale. Leur refus constituerait une contravention punie d'amende par l'art. 471, § 15 du code. Ainsi l'a jugé à deux reprises la cour de cassation, les 14 mars 1834 et 10 septembre 1836.

L'art. 11 du règlement du 23 mai 1792 recommande aux municipalités de veiller à ce que la charge du logement ne tombe pas toujours sur les mêmes individus, et que chacun y soit soumis à son tour. Le conseil municipal a pensé que ce n'était pas interpréter équitablement cet article, que d'appeler à tour de rôle l'homme peu aisé et celui qui jouit de quelque fortune à loger chacun le même nombre de fois. La charge du logement, égale en apparence, serait alors en réalité très inégale en raison de la différence de position et de fortune de ceux qui logeraient. Il a donc divisé tous les habitants en six classes. L'une de celles-ci est entièrement dispensée de logement : ce sont les personnes tout à fait mal aisées, qui ont à peine de quoi coucher elles et leurs enfants. Des cinq autres classes, la 1.re logera une fois pendant que la 2.e logera deux fois, la 3.e trois fois, la 4.e quatre fois, et la 5.e cinq fois. Ainsi est conservée l'égalité réelle, chacun logeant à son tour et en proportion de ses facultés. La 1re classe comprend 784 logements; la 2.e, 662; la 3.e, 344; la 4.e, 122, et la 5.e, 76. Le conseil municipal a dispensé de tout logement les sapeurs-pompiers, les musiciens de la garde nationale et les sœurs de la Doctrine Chrétienne. Il est permis de douter que ces dispenses, très justifiables d'ailleurs, soient précisément légales. (Délibération du conseil, 9 février 1849.)

Le logement est fourni sans indemnité aux troupes en passage. En cas de rassemblement, cantonnement ou détachement, l'habitant est indemnisé à raison de deux sous par lit et par nuit. (Art. 53, 54, règlement du 23 mai 1792.) Ces indemnités sont payées sur des états trimestriels dressés par le maire, et doivent, à peine de déchéance, être réclamées dans le délai de six mois. (Ordonnance du 5 août 1818, art. 9.)

QUATRIÈME SECTION. — SECOURS AUX ÉTABLISSEMENTS DE CHARITÉ. PENSIONS.

Art. 1.er. SECOURS AUX ÉTABLISSEMENTS DE CHARITÉ.

§ 1. *Subvention pour le paiement des dépenses d'entretien des enfants trouvés.* (Dépense obligatoire. Loi du 17 juillet 1819.) Les dépenses d'entretien des enfants trouvés sont de deux natures : les unes comprennent la fourniture des layettes et toutes les dépenses intérieures relatives à la nourriture et à l'éducation des enfants. Celles-ci sont à la charge des hospices dépositaires. (Décret du 19 janvier 1811, art. 11.) Les autres se composent des mois de nourrice et des pensions : pour payer ces dernières dépenses, les lois ont ordonné qu'il serait fait d'abord un prélèvement sur les amendes de police correctionnelle et de simple police, et que le surplus serait supporté par les départements et par les communes. Les portions d'amendes attribuées au service des enfants trouvés consistent dans le quart des amendes de simple police et le tiers de celles de police correctionnelle. (Arrêté des consuls du 25 floréal an VIII. Instruction du 15 messidor an VIII.) Le surplus de la dépense doit être réparti entre le département et les communes, de telle sorte que les contingents communaux n'excèdent jamais le cinquième de la dépense totale. (Circulaires des 21 août 1839, 3 août 1840, 13 août 1841.) Quant au concours des communes, il doit avoir lieu soit au moyen d'un prélèvement proportionnel à leurs revenus, soit au moyen d'une répartition proposée par le conseil général, sur l'avis du préfet et approuvée par le ministre compétent. (Loi du 17 juillet 1819, art. 25, n.° 2, § 7.) Le conseil général de la Meuse, en adoptant le mode de répartition, a donné aux villes à octroi un contingent spécial, et ce qui reste est réparti entre toutes les communes, en prenant pour base de la répartition leur revenu ordinaire combiné avec la population. (Conseil général, session de 1840.) Depuis 1842, le contingent spécial des villes à octroi est fixé à 800 fr., et la ville de Bar a payé annuellement dans ce contingent une somme de 200 fr.

Le service des enfants trouvés n'est donc point, à proprement parler, un service municipal : les communes n'ont aucun droit à le contrôler et à le surveiller ; elles concourent seulement à la dépense, et la part qu'elles en supportent est déterminée par des circulaires ministérielles et par les votes du conseil général. C'est le conseil général qui règle le budget du service des enfants trouvés. Pour y arriver, il fixe le prix des mois de nourrice, arrête ensuite le nombre probable d'enfants, ajoute à cette dépense le traitement de l'inspecteur, et obtient ainsi le chiffre présumé de la dépense annuelle. De ce chiffre il déduit le montant probable des amendes, et quant au surplus, il en met 1/5 à la charge des communes et 4/5 à la charge du département. Du 1/5 mis à la charge des communes, il distrait 800 fr., contingent spécial des villes à octroi, et répartit le reste entre les autres communes du département, en proportion de leur revenu ordinaire combiné avec leur population.

De 1811 à 1847, le prix des mois de nourrice n'avait pas varié dans la Meuse; mais en 1847, le conseil général a reconnu que ces prix n'étaient pas en rapport avec le prix croissant des subsistances; que la modicité du tarif empêchait que les familles jouissant de quelque aisance ne se chargeassent d'enfants; qu'on trouvait plus difficilement des nourriciers, et que souvent on ne les trouvait que dans des familles qui ne présentaient pas toutes les garanties désirables. Par une délibération du 4 septembre 1847, le conseil a donc augmenté le prix des mois de nourrice, et cette augmentation a dû réagir sur la part contributive des communes. Celle des villes à octroi n'a pas varié, elle est encore fort supérieure à celle des autres communes, malgré l'augmentation que celles-ci ont dû subir : les quatre villes à octroi supportent seules, en effet, près du sixième de la somme mise à la charge des 588 communes du département.

§ 2. *Aliénés.* (Dépense obligatoire. Loi du 30 juin 1838.) Voici encore un service qui, comme celui des enfants trouvés, ne peut pas être circonscrit dans les étroites limites d'une commune. L'intérêt public et celui des aliénés exigeaient que plusieurs communes réunies organisassent d'accord les moyens de soulager, et, si on le peut, de guérir cette grande infortune. Quelles mesures pourrait-on attendre de communes isolées qui tantôt auraient des aliénés à secourir, qui jamais n'en auraient en nombre suffisant pour que ces secours eussent un caractère d'utilité générale, qui souvent même n'en auraient point du tout. Le service des aliénés a donc été déclaré par la loi, service départemental. C'est au département que la loi confie le soin des malheureux privés de la raison, c'est le département tout entier qui est tenu de pourvoir à leurs besoins quand leurs ressources personnelles n'y suffisent pas. Ainsi l'avait déjà déclaré le budget de 1836 (loi du 18 juillet 1836); ainsi l'a voulu la loi du 30 juin 1838, loi organique et réglementaire du service des aliénés.

Chaque département doit donc avoir un établissement public spécialement destiné à recevoir et soigner les aliénés, ou traiter à cet effet avec un établissement public ou privé. (Art. 1). Parmi les aliénés, les uns sont inoffensifs, les autres sont dans un état d'aliénation qui compromettrait l'ordre public ou la sûreté des personnes. Les premiers, aliénés non dangereux, sont reçus dans l'établissement départemental sur des demandes d'admission et la représentation des certificats exigés par l'art. 8 de la loi. Les autres, aliénés dangereux, y sont placés d'office sur l'ordre des préfets. (Art. 18.)

La dépense des uns et des autres est réglée d'après un tarif arrêté par le préfet. (Art. 26.) Elles est à la charge des personnes placées ; à défaut ou en cas d'insuffisance de ces ressources, il y est pourvu par le département, sans préjudice du concours de la commune du domicile de l'aliéné. Les hospices qui avaient à leur charge des aliénés qu'on transfère dans l'établissement spécial ou asile, sont tenus à une indemnité proportionnée au nombre de ces aliénés. (Art. 27, 28.) Le concours de la commune est réglé chaque année par une ordonnance royale qui fixe la proportion pour laquelle elle doit contribuer dans la dépense. Cette proportion n'a pas varié depuis 1842. Elle est :

	Aliénés	
	Non dangereux.	Dangereux.
Pour les communes qui ont 100,000 fr. et plus de revenus ordinaires	33 p. 0/0	50 p. 0/0
50,000 fr. et plus	25	33
20,000 fr. et plus	20	25
17,000 fr. et plus	17	20
moins de 5,000 fr........	14	17

Les aliénés de la ville de Bar sont placés dans l'asile de Fains, qui est l'asile du département. Chaque année, le préfet fixe le prix de la journée des aliénés dans cet asile. Ensuite de cette fixation, un décompte est fait par trimestre de toutes les journées des aliénés de la ville entretenus à l'hospice. Sur ce décompte, qui contient l'état nominatif des aliénés, on indique la portion de dépense qui est à la charge des familles, celle qui est à la charge des hospices, et ensuite, d'après les règles ci-dessus, la portion que doit payer la ville. Cette portion est soldée par le receveur municipal qui représente ces états de décompte à l'appui de son compte de gestion.

Dans les neuf années qui se sont écoulées depuis la loi (1838-1846), la ville a payé pour ses aliénés 21,798 fr. 85 c. ou 2,422 fr. par an. Le prix de la journée, qui avait été de 60 c. jusqu'en 1842, a été de 1 fr. 15 c. en 1842, et de 1 fr. en 1843, 1844, 1845 et 1846. Mais ce qu'il faut remarquer, c'est l'accroissement énorme et successif de cette dépense.

Elle était de 1,200 fr. en 1838 et 1839 ; de 1,500 fr. en 1841 et 1842 ; de 2,932 fr. en 1843, de 3,722 fr. en 1845 ; enfin elle a été de 4,642 fr. 99 c. en 1846.

Ce service doit donc attirer l'attention de l'autorité municipale en deux points principalement.

La différence entre la faiblesse de l'esprit, l'idiotisme et l'aliénation mentale n'est pas toujours tellement tranchée qu'une famille ne puisse, sous prétexte d'aliénation, faire admettre dans les asiles ceux de ses membres dont les facultés sont affaiblies et qui, ne pouvant se livrer au travail avec le même succès que les autres, lui deviennent à charge. Il y a aussi des dérangements et des vices qui semblent toucher de fort près à l'aliénation, et même, dans le langage vulgaire, on les traite de folies. Mais les communes ne peuvent être tenues de faire soigner toutes ces folies et d'entretenir à leur frais dans des asiles ceux qui en sont atteints. Le point de vue médical n'est pas non plus toujours celui de la loi, en ce qui concerne les aliénés, et il est très important de vérifier sur les états nominatifs si tous ceux qui y figurent sont véritablement aliénés dans le sens de la loi.

A cette première vérification doit en succéder une seconde sur les ressources particulières de l'aliéné, et de ceux qui lui doivent des aliments. Si les particuliers ont été enclins de tout temps à reporter sur les caisses publiques leurs charges personnelles, il faut avouer que cette tendance n'a jamais été plus manifeste et plus générale que de notre temps. C'est pour cela même qu'il importe de ne laisser au compte de la commune la dépense d'un aliéné qu'après qu'on s'est assuré que la famille est réellement hors d'état d'y pourvoir.

Et pour la ville de Bar, ces vérifications sont d'autant plus nécessaires, que la dépense des aliénés y est énorme et va toujours croissant, et que le nombre des aliénés augmente d'année en année. Il était de 28 en 1842, de 31 en 1846, de 34 en 1848, et je ne parle que de ceux qui étaient en tout ou en partie à la charge de la ville. Ce chiffre est hors de toute proportion avec ce qu'on observe par toute la France : c'était, en effet, en 1846, pour la ville, 2 1/2 par mille. La Seine-Inférieure, le Rhône, les Bouches-du-Rhône, trois départements qui renferment de grandes villes et où le nombre des aliénés secourus est le plus considérable, n'en comptaient en 1846 que 1 par mille. La Seine même n'en avait que 2 1/4 par mille : et à Paris cette proportion paraissait excessive, et on en concluait qu'un grand nombre d'aliénés y venaient du dehors. Que dirons-nous donc, nous, dont les charges excèdent celles même de Paris ?

§ 3. *Journées de malades placés à l'asile de Fains.* La maison de Fains n'a pas toujours été un asile d'aliénés. C'était anciennement le dépôt de mendicité du département de la Meuse. Les bâtiments n'en étaient plus occupés depuis plusieurs années, lorsque le conseil général, voulant les utiliser, vota dans sa session de 1822 les fonds nécessaires pour qu'il y fut établi un hôpital destiné à recevoir les aliénés, les incurables, les malades atteints de vices scrophuleux et vénériens. Lorsque cette délibération eut reçu l'approbation royale, le préfet en donna connaissance à toutes les communes, et les invita à venir en aide au conseil général, et à voter la fondation d'un ou plusieurs lits à l'hospice départemental, ou seulement d'une partie de lit, ou enfin un simple secours. La ville de Bar répondit à cet appel, et dans tous ses budgets, de 1824 à 1837, elle a maintenu en faveur de l'hospice de Fains une allocation qui n'était d'abord que de 200 fr., qui s'est élevée ensuite à 600 fr. Mais aussi, en vertu des engagements pris par le conseil général, sanctionnés par l'ordonnance royale du 4 juin 1823, confirmés par le préfet, la ville de Bar a, depuis cette époque, fait admettre et traiter dans l'hospice de Fains, devenu en 1838 asile départemental d'aliénés, les scrophuleux, les psoriques, les syphilitiques. Ces divers actes de la puissance publique constituent pour toutes les communes du département, et en partie pour la ville de Bar, qui a versé une subvention à l'hospice, un titre légal, une fondation, titre et fondation exécutés depuis plus de vingt-cinq ans. (Délibération du conseil municipal du 20 février 1846.)

Pendant les dix années de 1837 à 1846, le placement de ces malades, pour lesquels le prix de la journée est le même que celui des aliénés, a coûté à la ville 16,823 fr. 28 c., ou 1,682 fr. 32 c. en moyenne. Ici, comme pour les aliénés, la dépense va toujours en augmentant : elle était de 600 fr. en 1837, de 1,200 fr. en 1840, de 2,700 fr. en 1843, enfin de 3,001 fr. en 1846. Mais ce service n'est point obligatoire comme celui des aliénés, et c'est au conseil municipal à fixer une limite à cette dépense. Sans doute, si l'on voulait admettre à Fains indistinctement tous les psoriques, syphilitiques et surtout tous ceux qui sont atteints de scrophule, une allocation de 3,000 fr. ne paraîtra pas excessive, et ne suffira même peut-être pas à soigner tous ces malades, dont la dépense est pour les 3/4, ou 75 p. 0/0 du prix de journée, à la charge de la ville. Mais tous ne doivent pas et ne peuvent pas être traités gratuitement dans un hospice. Ce que la ville est tenue à faire, c'est de secourir les plus malades et les plus malheureux. C'est d'avoir un nombre de lits fixé et déterminé, et quand ces lits seront occupés, on n'admettra plus de malades qu'au fur et à mesure des sorties. Le conseil municipal pourra ainsi fixer d'avance d'une manière invariable, dans les prévisions de son budget, une dépense qui n'est plus en rapport avec celle des autres services, et qui épuise des ressources destinées à d'autres besoins. Une somme de 2,700 fr. représentant environ dix lits, et nous ramenant à la dépense de 1843, peut paraître suffisante.

§ 4. *Bureau de charité*. Le bureau de bienfaisance et de charité de la ville de Bar a son budget à part et ses ressources propres. Celles-ci consistent en quelques rentes sur l'Etat provenant de fondations ou donations anciennes, dans le produit des quêtes mensuelles que font les dames de charité, dans le dixième du produit des bals et spectacles, enfin dans quelques donations et legs. Mais ces ressources ne suffisent point aux dépenses, et le conseil municipal, qui prend chaque année connaissance du budget du bureau de charité, y ajoute une subvention qui est ordinairement de 1,200 fr. par an. Et avec cette subvention le bureau de bienfaisance est encore bien mal doté. Cependant il n'est pas rare d'entendre des plaintes sur la modicité et l'insuffisance des secours qu'il accorde aux malheureux. Pour répondre à ces plaintes injustes, il faudrait qu'un des membres de cette administration mît sous les yeux du public le compte de ses recettes et de ses dépenses, de ses revenus ordinaires et extraordinaires, et des charges qui pèsent sur eux. Je suis le premier à désirer cet exposé : s'il était complet, s'il embrassait un certain nombre d'années, il montrerait combien il y a de misères à soulager, de quelles modiques ressources la charité publique dispose, quels soins et quels scrupules on apporte dans leur dispensation, et j'espère qu'une connaissance plus parfaite de l'état des choses amènerait des quêtes plus fructueuses et des donations plus fréquentes.

§ 5. *Secours à accorder par le maire.* Cet article du budget était autrefois intitulé : Secours aux indigents à domicile; c'est qu'en effet c'est le crédit ouvert pour venir en aide à ceux qui ne sont point portés sur les listes du bureau de bienfaisance. Il est laissé entièrement à la disposition des maires qui l'ont employé à secourir quelques vieillards, à fournir des vêtements aux enfants pauvres de nos écoles, à solder les frais de sépulture des indigents, à aider, dans leurs voyages aux eaux de Plombières ou de Bourbonne, de malheureux infirmes, à payer quelques frais de route à des ouvriers qui, se trouvant sans ouvrage, retournaient dans leur famille. Ce crédit, qui a toujours été de 500 fr., a été rarement épuisé, et en moyenne on n'a dépensé que 418 fr. 51 c. En 1845 et 1846 on a été même loin d'atteindre ce chiffre. C'étaient des années de travail et de prospérité, et le maire, usant de ses ressources avec une sage réserve, n'a dépensé en 1845 que 242 fr. 70 c., en 1846 que 275 fr. 25 c.

§ 6. *Lits à guérison à l'hospice civil.* Je dirai de l'hospice ce que j'ai dit du bureau de bienfaisance. Il est fort à désirer qu'un des membres de la commission administrative porte à la connaissance du public les revenus et les charges de cet établissement. Les comptes de gestion du receveur, les comptes moraux annuels des opérations de la commission fourniront les éléments de ce travail qui serait plein d'intérêt et d'instruction. C'est là que l'on verrait avec quel ordre et quelle prudente économie l'hospice est administré, et comment, à l'aide de ressources limitées, il secourt un grand nombre d'infortunes de toute sorte. Il n'y a point d'administration civile qui, avec les mêmes ressources, rendrait autant de services que les sœurs de Saint-Charles, dont la sagesse et l'habileté dans la direction des services hospitaliers est, du reste, devenue proverbiale.

Autrefois la ville portait à son budget, en faveur de l'hospice, une subvention qui était le plus souvent de 1,000 fr., qui même a quelquefois dépassé ce chiffre. Cette subvention, sans distinction spéciale, ne s'est reproduite que dans des circonstances particulières, et la ville a inscrit au budget un article de 1,500 fr. avec cette mention : Lits à guérison.

Pour bien comprendre cette allocation, il faut savoir que l'hospice a des lits à vie et des lits à guérison. Les premiers sont accordés à titre de retraite à vie aux vieillards infirmes des deux sexes. Il y en a trente-six, dont douze pour les hommes et vingt-quatre pour les femmes. C'est trop peu, sans doute, pour la population de la ville; mais c'est ce que les revenus de l'hospice lui permettent de faire, et aussitôt que ces revenus augmentent, on augmente en proportion le nombre des lits : ainsi, il n'y en avait que 34 en 1842, on en compte aujourd'hui trente-six. Quant aux lits à guérison, ils sont au nombre de seize, dont sept pour le service des hommes et neuf pour celui des femmes. On y admet, sur certificats de médecins constatant la nature de la maladie et sa durée probable, tous ceux qui ne doivent faire à l'hospice qu'un séjour temporaire. Nulle institution n'est plus utile pour une population ouvrière qui, recevant là promptement les soins les mieux apppropriés, est bientôt rendue à ses travaux que la maladie la forçait d'interrompre, travaux dont le salaire nourrit et entretient la famille. Ainsi, non seulement on guérit le malade, on le rend à ses occupations, mais on prévient ainsi la misère de tous ceux dont l'existence dépend de son activité et de son industrie.

Les seize lits de l'hospice ne suffisent pas en toute saison aux nécessités de ce service à guérison. C'est ce qu'a compris le conseil municipal, qui a ouvert alors, pour suppléer à cette insuffisance, un crédit de 1,500 fr., crédit qui n'a été complétement épuisé qu'une seule fois de 1837 à 1846, et qui, en moyenne, n'a été dépensé que jusqu'à concurrence de 1,020 fr. 51 c. par an. Le maire, qui est président né de la commission administrative de l'hospice, veille à ce que d'abord tous les lits à guérison de l'hospice soient occupés; quand il n'en reste plus aucun de libre, il accorde des admissions au compte de la ville; il ne les accorde que sur certificats de médecins, renseignements des dames de charité, et après avoir acquis la certitude que la maladie n'est que temporaire et qu'on ne déguise pas un placement à vie sous la forme d'une entrée à guérison. L'hospice donne chaque trimestre des décomptes réguliers du nombre de journées au compte de la ville; ces décomptes comprennent l'état nominatif des individus admis, la nature de leur maladie, la durée de leur séjour; ils sont joints au compte du receveur, et le conseil municipal en prend connaissance, les vérifie et les contrôle. La ville paie à l'hospice 80 c. par chaque journée de malade.

§ 7. *Indemnités aux sages-femmes.* — Il existe dans l'enceinte des bâtiments de l'hospice civil une école départementale d'accouchement. On y reçoit les femmes et les filles de la ville qui demandent à y faire leurs couches. Elles y sont reçues gratuitement et soignées par le chirurgien de l'hospice, qui est professeur de l'école d'accouchement, par la maîtresse sage-femme et les élèves qui joignent ainsi la pratique de leur art à la théorie que le professeur leur enseigne.

Mais il y a beaucoup de mères de famille indigentes qui ne demandent point à être admises dans les salles de l'école d'accouchement. Il leur répugne de quitter leur ménage, leur famille, et d'entrer à l'hospice pour y servir à l'enseignement des jeunes élèves. Celles-là sont accouchées dans leur domicile par les sages-femmes de la ville, et chaque année une somme portée au budget est répartie entre celles-ci en proportion du nombre d'accouchements qu'elles ont faits et dont elles remettent l'état. L'indemnité ne s'élève pas au-delà de 3 fr. par accouchement, et la dépense annuelle n'excède pas 150 fr.

§ 8. *Médecins du bureau de charité et des salles d'asile.* — La ville est partagée en trois paroisses. Cette division est celle qui a été adoptée pour le service de la charité. Ainsi, les dames de charité sont divisées par paroisse; c'est par paroisse que se font les quêtes, c'est aussi à chaque paroisse qu'est attaché un médecin des pauvres. Nous ne savons pas si, dans les temps ordinaires, et hors les cas de maladies épidémiques, ces médecins ont des conférences régulières, soit avec l'autorité municipale, soit avec le bureau de bienfaisance. Ces communications cependant auraient leurs avantages. Il ne serait pas inutile non plus qu'à l'appui du mandat de traitement, chaque médecin remît au maire l'état nominatif avec indications sommaires des malades indigents par lui traités dans le cours de l'année. A ce moyen, le conseil municipal pourrait suivre la marche de ce service sur lequel il n'a eu, jusqu'à présent, aucuns renseignements positifs et précis.

Le traitement annuel des médecins du bureau de charité est de 100 fr. pour chacun d'eux. Depuis 1841 seulement on a créé, avec le même traitement, un médecin des salles d'asile.

Cette création pouvait avoir son utilité au moment où on organisait les salles, où il y avait à se prononcer sur l'état de santé d'un grand nombre d'enfants dont on réclamait l'admission, où il fallait suivre les asiles pour prescrire et faire observer les règles de l'hygiène. Mais aujourd'hui qu'on n'admet plus qu'un petit nombre d'enfants à la fois, que les règles de l'hygyène sont, par une pratique de plusieurs années, parfaitement connues, et que la présence des inspecteurs et inspectrices suffirait pour rappeler à leur observation, si elle était oubliée, cette création paraît avoir perdu de son importance, et le service des enfants admis aux asiles qui, pour un moment, a pu être exceptionnel et spécial, nous paraît devoir rentrer dans le service ordinaire des médecins du bureau de charité.

§ 9. *Frais de visite des filles publiques.* C'est aussi en 1841 que cet article a paru pour la première fois au budget. C'est malheureusement une dépense nécessaire, et je n'ai rien à en dire, sinon que peut-être n'est-elle pas à sa place dans cette 4.ᵉ section qui ne comprend que les établissements de charité et les pensions. Ne serait-elle pas classée plus convenablement dans la 2.ᵉ section, où figurent toutes les dépenses qui intéressent la santé publique?

Art. 2. PENSIONS.

La ville ne prend l'engagement envers aucun des agents employés à son service, de leur donner une pension quand l'âge ou les infirmités les forceront à se retirer, ou d'en donner une à leurs veuves quand ils viendront à décéder. Cependant le conseil municipal n'a jamais laissé sans secours, ni ceux qui avaient rendu de longs et utiles services, ni les veuves ou les enfants que leur mort laissait sans ressources. Ainsi, des secours viagers ou des indemnités temporaires ont été successivement accordés aux veuves et aux enfants d'employés de la mairie, à un commissaire de police retiré, à la veuve d'un préposé en chef, à celle d'un employé de l'octroi, à un garde champêtre et à la veuve d'un sergent-de-ville. Aucune disposition de loi, aucun engagement particulier n'obligeait la ville à servir ces pensions ou ces indemnités : pourtant elle les a servies, et il est probable qu'elle ferait pour l'avenir ce qu'elle a fait dans le passé. Ce sont donc là, en réalité, des augmentations de traitement qui pèsent sur la caisse municipale, et on a émis l'idée de l'en exonérer en organisant pour les employés du service municipal une caisse des retraites.

Les conditions auxquelles peuvent s'établir de semblables caisses sont contenues dans un décret du 4 juillet 1806, et dans deux avis du conseil d'Etat des 17 novembre 1811 et 21 mai 1813. Ces actes renferment les règles adoptées pour la caisse des retraites des employés du ministère de l'intérieur. Il existe aussi dans le département de la Meuse une caisse des retraites pour les employés de la préfecture et des sous-préfectures; constituée par une ordonnance royale du 25 janvier 1826, elle est dans une situation tellement florissante que depuis plusieurs années le conseil général demande au gouvernement de permettre que la retenue faite sur les traitements des employés soit diminuée, parce que les ressources excèdent de beaucoup les besoins.

Mais il ne faudrait pas croire que ces caisses peuvent s'établir sans sacrifices de la part, soit des départements, soit des communes. Le gouvernement ne les autorise qu'après s'être assuré que leurs ressources ne sont point illusoires, qu'elles ont des revenus certains et que l'espoir d'une retraite ne sera point pour l'employé un espoir chimérique. Ces revenus se composent : 1.° d'une retenue de 4 p. 0/0 sur les traitements de tous les employés ; 2.° d'une retenue du premier mois de traitement de tout nouvel employé, et du premier mois de toute augmentation de traitement accordée à un employé déjà rétribué; 3.° enfin du produit en rentes sur l'Etat des sommes allouées pour cet objet par le budget départemental ou municipal.

On a calculé que le total des pensions à payer forme en général le huitième du montant des traitements. Le nombre des pensionnaires est évalué au 5.° des employés, le taux moyen de la pension à moitié du traitement, et de plus il est accordé aux veuves et orphelins une somme qui s'élève au quart du chiffre des pensions. Cela réuni donne le 8.° du montant des traitements. La retenue à 4 p. 0/0 n'en donne que le 25.° Ce serait donc à la caisse municipale à fournir un capital suffisant pour que le produit de ce capital en rentes sur l'Etat, ajouté à la retenue faite sur les employés, produisît le 8.° du montant des traitements. (Instruction du ministre de l'intérieur du 5 juillet 1825.) On jugera de l'importance de ce capital, par ce fait que le conseil général de la Meuse a eu à voter, pour fonds de premier établissement de la caisse des retraites des employés de la préfecture et des sous-préfectures, 46,120 fr. qui ont été payés en huit annuités. Les traitements de tous ces employés s'élevaient annuellement à 25,300 fr.

A Bar, on peut estimer que le service municipal compte vingt-huit employés, qui reçoivent environ 20,000 fr. de traitements fixes ou 714 fr. en moyenne pour chacun. D'après les évaluations contenues dans l'instruction du ministre et qui peuvent sembler un peu élevées, le nombre des pensionnaires serait de 5 3/5, et le taux moyen de la pension de 357 fr., ce qui, pour cinq employés et 3/5, donnerait 1,999 fr. 20 c., et, en ajoutant le quart de cette somme pour les veuves et orphelins, on aurait 2,499 fr. 07 c., en nombre rond 2,500 fr. ou le 8.e des 20,000 fr., formant la masse des traitemens. La retenue à 4 p. 0/0 ne produirait que 800 fr. par an ; pour compléter les 2,500 fr., il faudrait donc acquérir une rente de 1,700 fr., car le gouvernement n'accorderait l'autorisation de payer des pensions que quand la caisse posséderait cette rente annuelle de 2,500 fr. Sans doute, on ne serait pas tenu de voter le capital de cette rente de 1,700 fr. en une année; il s'atténuerait même par le fait des versements successifs faits sur les retenues : mais avec cette atténuation, et quand encore on le répartirait sur plusieurs années, ce serait encore un très lourde charge pour le budget municipal. Ce ne sera donc que quand les finances de la ville seront prospères, qu'on pourra examiner les avantages de l'organisation d'une caisse des retraites, et qu'on verra si les sommes que la ville aurait à consacrer à cette création seraient réellement suffisantes.

Jusques là il est probable qu'on restera dans la voie où l'on est entré, qu'on continuera à accorder des indemnités temporaires et peu considérables, puisque de 1837 à 1842, elles ne se sont élevées qu'à 1,200 fr., et que de 1842 à 1846, on n'en a payé aucune.

CINQUIÈME SECTION. — INSTRUCTION PUBLIQUE. BEAUX-ARTS.

Art. 1.er INSTRUCTION PUBLIQUE. (Dépenses obligatoires.
Loi du 18 juillet 1837, art. 30, § 12.)

Le service de l'instruction publique est celui qui reçoit la plus large part du budget de la ville : elle n'y emploie pas moins du quart de la totalité de ses ressources, et cette dotation n'est pas au-dessous de 30,000 fr. En 1846, elle a surpassé cette somme. Ce service comprend les salles d'asiles, les écoles primaires élémentaires de garçons et de filles, l'école primaire supérieure, le cours de sciences industrielles, le collége et la bibliothèque. Nous reprendrons en détail chacun de ces articles.

Auparavant, il faut remarquer que ce n'est point au conseil municipal qu'est confiée la surveillance de ces écoles qu'il crée et qu'il dote. Il est permis de s'en étonner et de croire que s'il la concentrait dans ses mains, et s'il pouvait appeler à son aide le concours de quelques citoyens, ce service aurait plus d'unité, plus d'ensemble, et produirait de meilleurs résultats. Mais au lieu de cette action unique, forte et persévérante, on a créé autant de comités ou de commissions qu'il y a d'écoles : chacun d'eux a ses vues, sa manière d'agir, et cette divergence ne peut guère profiter aux études.

Ainsi, il y a des dames inspectrices des asiles, un comité local pour les asiles et les écoles primaires, une commission de surveillance pour l'école primaire supérieure, une autre pour les cours industriels, un bureau d'administration pour le collége. Joignez à cela, dans la même ville, une commission de surveillance pour l'école normale, une commission d'administration pour le musée, une autre pour la bibliothèque, deux ou trois commissions d'examens pour les instituteurs et institutrices, et, sans parler de la difficulté qu'il y a à composer tant de commissions diverses, jugez quelle direction uniforme et suivie peuvent en recevoir les établissements d'instruction.

§ 1. *Salles d'asile.* — La ville de Bar possède deux salles d'asile : l'une à la Ville-Basse, rue des Chènevières; l'autre à la Ville-Haute, rue de l'Armurier. La première a été fondée en 1840, la seconde en 1842. Chaque salle d'asile a une maîtresse surveillante. Leur traitement est de 800 fr. De plus, elles sont logées et reçoivent 200 fr. pour le chauffage et les menues dépenses. A la vérité, elles sont tenues d'avoir une aide pour les assister, sinon dans la direction de la classe, au moins dans les soins que réclament à toute heure de si jeunes enfants. Dans l'origine, les classes ne renfermaient pas plus de 100 à 120 enfants; mais progressivement le nombre de ceux-ci s'est accru, et le conseil a admis que quand il était arrivé à

150, et ne descendait plus au-dessous de ce chiffre, la présence d'une seconde aide devenait nécessaire. Dans ce cas alors, le traitement est porté de 800 fr. à 1,100 fr. C'est ce qui est arrivé pour l'asile de la Ville-Basse, dès 1845. Mais si le nombre des enfants venait à diminuer, et qu'il n'y eût qu'une seule aide, le traitement redescendrait à 800 fr.

L'admission aux asiles, comme l'admission aux écoles, est prononcée par le conseil municipal, après qu'il lui a été justifié de la position des parents et de l'âge de l'enfant; celui-ci ne peut être reçu qu'à deux ans et après avoir été vacciné. Depuis 1841, époque de l'ouverture de la première salle d'asile, 1543 enfants ont été admis dans nos deux asiles. Trois à quatre cents enfants les fréquentent constamment.

§ 2. *Ecoles primaires élémentaires.* (Dépense obligatoire. Loi du 28 juin 1833.) En 1835 toutes les écoles primaires de la ville de Bar, élémentaires ou supérieures, communales ou privées, ne réunissaient que 936 élèves. En 1840, le nombre était de 1357. En 1846 il se montait à 1475. Des chiffres qui attestent un progrès si évident n'ont pas besoin de commentaire. Et encore dans ce compte ne sont point comprises les deux salles d'asile, les institutions et pensions de jeunes demoiselles. Nos écoles communales, proprement dites, figurent dans ce relevé pour 797 enfants, dont :

 42 garçons à l'école primaire supérieure.
 148 — à l'école de la Ville-Haute, place de la Halle.
 65 — à l'école du centre, place de la Couronne.
 125 — à l'école de la Ville-Basse, rue de l'Abattoir.
 19 — à l'école mixte de Marbot, place de l'Etoile.
 150 filles à l'école de la Ville-Haute, rue de la Halle.
 230 — à l'école de la Ville-Basse, rue de la Municipalité.
 18 — à l'école mixte de Marbot.

Total 797

J'ai dit, en parlant des rétributions scolaires (page 54, § 4) à quelles conditions les enfants étaient admis dans nos écoles communales.

On peut dire que, avant 1844, cette admission n'était purement gratuite dans aucune école. Chaque enfant devait payer un sou par semaine. C'était bien peu de chose ; c'était quelque chose cependant. Les Anglais, qu'il ne faut pas imiter en tout, mais dont nous avions emprunté cette mesure, disent qu'il est bon que le père de famille contribue si peu que ce soit à l'instruction de ses enfants : cela lui rappelle que c'est un devoir qui pèse sur lui, que si la communauté prend sur elle la plus lourde part de la dépense, elle n'entend ni l'en décharger entièrement, ni le dispenser de cet autre devoir qui y correspond, la surveillance sur la conduite et le travail de l'enfant; ils estiment cette obole du pauvre à aussi haut prix que ces généreuses souscriptions qui soutiennent leurs écoles, et qui sont inscrites en lettres d'or sur des tables placées sous les yeux des élèves. Et puis il faut reconnaître qu'avec 800 enfants, c'est un revenu de 1600 fr. environ, revenu qui déchargeait d'autant le budget municipal et qui était abandonné à l'instituteur à charge par lui de chauffer la classe, de faire toutes les menues fournitures et d'entretenir le matériel en mobilier et en livres que la ville met à sa disposition.

De 1836 à 1844, ce sou par semaine avait été perçu sans aucune difficulté et sans qu'on élevât aucune plainte. Mais des frères de la Doctrine-Chrétienne devant s'établir en 1845 et ouvrir une école tout à fait gratuite, on prétendit que la ville ne devait pas y mettre moins de générosité. On ne voulut pas voir que si les frères donnaient gratuitement l'enseignement, il restait encore à l'enfant qu'ils admettaient dans leurs classes à se fournir à ses frais de livres, plumes, papier; et cette fourniture revient aux enfants à plus d'un sou par semaine, tandis qu'elle est entièrement gratuite dans les écoles communales. Le conseil supprima donc le sou par semaine ; et, comme les instituteurs n'en étaient pas moins tenus de chauffer leurs classes, de faire les fournitures aux enfants et d'entretenir le mobilier, on leur alloua une indemnité annuelle de 200 fr. à chacun. Ils déclarèrent au maire qu'ils acceptaient volontiers cet échange, qu'ils n'y perdraient rien, parce qu'il y avait des enfants tout à fait indigents qui ne payaient pas le sou par semaine, et, d'un autre côté, ils aimaient mieux percevoir 200 fr. de la caisse municipale et être déchargés de l'obligation de lever cette contribution hebdomadaire.

La dépense des écoles primaires élémentaires des deux sexes ne s'élevait pas, en 1845, à moins de 8,070 fr. et se composait de divers éléments.

Les instituteurs touchaient directement..........	4,520f
Les institutrices.............................	2,720
Le maître de chant...........................	100
Le sous-maître de l'école du centre.............	50
Les moniteurs des écoles gratuites.............	280
Les récompenses aux élèves coûtaient..........	400
Ensemble...........	8,070

Les instituteurs qui touchaient ensemble 4,520 fr. avaient :

	École Ville-Haute.	École du centre.	École Ville-Basse.
Traitement fixe..........	1200	1200	1200
Indemnité de logement.....	120	logé.	200
Indemnité pour tenir lieu du sou par semaine.........	200	200	200
	1520	1400	1600

4,520f

Quant aux institutrices, elles touchaient ensemble 2,720 fr.; elles étaient deux sœurs pour chaque école au traitement fixe de 500 fr. chacune, ci...................... 2,000f

Elles avaient une indemnité de logement de 120 fr. à la Ville-Haute, et sont logées à la Ville-Basse..... 120

Elles recevaient 200 fr. dans chaque école pour leur tenir lieu du sou par semaine................. 400

L'école du faubourg de Marbot est confiée à une sœur seule, qui reçoit parmi les enfants des deux sexes ceux qui ne sont point encore assez âgés et assez forts pour pouvoir venir aux écoles communales et faire en tout temps le trajet de Marbot à Bar. Cette sœur est logée, a un jardin et reçoit un traitement de 200 fr., ci........................... 200

Total............. 2,720

Les écoles primaires élémentaires coûtent aujourd'hui 9,520 fr. En voici le détail tel qu'il a été porté en 1848 au budget pour 1849 :

(Suit le Tableau.)

	Traitement.	Logement.	Chauffage fourniture entretien matériel.	Totaux.
Instituteurs, Ville-Haute	1200	120	200	1520
— école du centre, place de la Couronne	1200	logé.	200	1400
— école de la halle, Ville-Basse	1200	200	200	1600
Institutrices, Ville-Haute, deux sœurs	1000	120	200	1320
— Ville-Basse, trois sœurs	1500	logées.	200	1700
— Marbot, une sœur	200	logée.	»	200
Professeur de dessin linéaire	600	»	»	600
Maître de chant	250	»	»	250
Sous-maître de l'école du centre	200	»	»	200
Moniteurs des écoles gratuites	280	»	»	280
Récompenses aux élèves	450	»	»	450
Totaux	8080	440	1000	9520

Si on répartit cette dépense sur un personnel de 800 enfants, il en résultera que chaque enfant coûte plus de 12 fr. par an. Et je ne compte dans la dépense ni les frais d'acquisition des maisons d'école et de leur mobilier, ni les dépenses d'entretien de ces maisons, dépenses considérables, comme je l'ai indiqué page 166, § 10.

Metz, qui est fière, à juste titre, de la bonne tenue et de la prospérité de ses écoles, ne fait pas proportionnellement plus de sacrifices que la ville de Bar. Mais l'organisation qu'elle a adoptée est plus complète et meilleure que la nôtre. Elle a compris que l'instruction primaire n'aurait une marche assurée et progressive qu'autant qu'il y aurait unité dans les vues, surveillance de tous les jours pour maintenir cette unité. Elle a donc créé un agent général qui a mission, sous l'autorité du comité communal, de centraliser dans ses mains tous les détails administratifs concernant les écoles.

Nancy a pris exemple de Metz, et, sur le rapport de M. Volland, le conseil municipal a voté l'établissement d'une agence générale qui a été constituée en 1834. Nos écoles ne sont pas assez nombreuses, la situation de nos finances assez prospère pour que nous songions à établir à Bar une agence semblable. Mais du moins serait-il utile de réunir tout ce qui concerne l'instruction publique entre les mains d'un membre de l'administration municipale. A Metz, on a senti que le maire était distrait par trop d'autres devoirs pour apporter à ce service tous les soins qu'il réclame, et la direction en a été confiée à un adjoint spécialement délégué. C'est lui qui reçoit les rapports des instituteurs et de l'agent général, qui préside les comités, qui suit la marche des études, qui surveille les dépenses. C'est ainsi, pour me servir des expressions d'un arrêté du maire de Nancy, « qu'on peut coordonner tous les détails » de ce service et lui imprimer cet esprit de suite et d'unité » qui est indispensable pour en assurer le succès. »

§ 3. *Ecole primaire supérieure*. (Dépense obligatoire. Loi du 28 juin 1833.) Le rapporteur d'une des commissions de finances de la chambre des députés a fait observer que partout où les écoles primaires supérieures avaient été annexées à des colléges, elles n'avaient pas réussi. La nôtre ne fait pas exception. Par le fait de l'annexe, ces écoles perdent le caractère de perfectionnement pratique et d'application usuelle qu'avait voulu leur donner la loi de 1833 ; elles n'ont plus de vie et de but qui leur soient propres : ce ne sont plus des écoles de toute la journée, mais des colléges français où, pendant quelques heures seulement, les élèves reçoivent les leçons des professeurs. De plus, quand un élève ne réussit pas dans ses classes de latin ou y montre peu de dispositions, on le rejette dans les classes de français, et ce ne sont point là de bien bonnes recrues pour les écoles primaires supérieures.

Notre véritable école primaire, ce devaient être nos cours industriels établis longtemps avant la loi de 1833, appropriés aux besoins de notre population ouvrière, organisés suivant les habitudes et les nécessités de la localité. On aurait pu, en leur donnant une institution nouvelle et plus de développements, en faire une vraie école supérieure, achevant la théorie, la complétant par la pratique et les applications. Peut-être, après tant d'années d'expérience infructueuse reconnaîtrons-nous qu'il faut en venir à séparer l'école primaire et le collége, et à faire de la première et des cours industriels réunis une école sérieuse de perfectionnement et d'application.

Quoi qu'il en soit, l'école primaire supérieure, telle qu'elle est aujourd'hui, comprend trois années d'étude. On ne doit y être admis qu'après examen constatant, dit le programme, que l'élève possède suffisamment « l'instruction morale et re- » ligieuse, et tout ce qui forme l'objet de l'enseignement des » écoles primaires élémentaires. » Il n'est pas bien certain qu'en ceci le programme soit ponctuellement et sévèrement exécuté.

Admis à l'école, l'enfant y reçoit l'instruction primaire supérieure telle qu'elle est définie dans la loi de 1833; on y avait ajouté la langue allemande. Ce dernier cours a été supprimé à dater du 1ᵉʳ février 1846. On avait appris par expérience qu'il ne produisait aucun fruit; en 1848, on a fait de même pour le chant qui cependant est rangé par la loi au nombre des études obligées; mais soit que nos populations n'aient point reçu de la nature les dons nécessaires à l'exercice de cet art, soit qu'un enseignement si nouveau parmi nous s'y naturalise difficilement, ce n'était pas là un cours qui profitât véritablement aux élèves.

La dépense de l'école primaire supérieure est couverte en partie par la rétribution que paient les enfants, et pour le surplus par le budget municipal. L'école supérieure a donc son budget particulier : c'est le conseil municipal qui l'établit, qui arrête d'abord le chiffre de la dépense, en déduit la recette probable que produiront les rétributions mensuellement payées par les élèves, et solde la différence par un crédit ouvert au budget municipal. Le directeur de l'école est chargé de la recette et de la dépense, et chaque année il rend compte à une commission du conseil de sa gestion qui est définitivement apurée par le conseil lui-même.

Il y a quelques années, le directeur joignait à ce compte de deniers un compte moral sur la discipline, les études, la conduite et les progrès des élèves. Pourquoi a-t-on discontinué ce travail qui venait éclairer les délibérations du conseil? On ne saurait trop éviter tout ce qui ressemble à la négligence ou à l'insouciance dans des matières qui touchent de si près aux plus chers intérêts des familles.

Dans les dix années qui se sont écoulées de 1837 à 1846, l'école primaire supérieure a coûté à la ville 25,855 fr. 15 c., ou 2,585 fr. en moyenne; il y a eu des années où la dépense s'est montée à 3,967 fr., d'autres où elle n'a été que de 1861 fr. On comprend que le chiffre varie suivant le nombre des élèves payants. Il y a toujours eu à l'école de quarante à cinquante écoliers. Mais tous ne paient pas, et le conseil municipal admet gratuitement à l'école supérieure les enfants de parents peu aisés, quand ces enfants paraissent heureusement doués, et que le comité local, qui les a suivis dans les écoles élémentaires, rend bon témoignage de leur conduite et de leur application. Les élèves payants donnent cinq francs par mois, ou cinquante francs pour les dix mois de l'année scolaire, plus un franc pour impressions et cinq francs pour le chauffage. La recette et la dépense du chauffage n'entrent point au budget : le directeur de l'école reçoit personnellement les cinq francs et est chargé à forfait de pourvoir au chauffage.

Les prévisions du budget de l'école primaire supérieure peuvent s'établir comme suit

DÉPENSE.

Professeur de langue française, histoire et géographie, pour les deux premières années..	1,200 f
— d'histoire et de littérature, pour la troisième année......	500
— de mathémathiques, pour les deux premières années.....	1,200
— de mathématiques et de tenue de livres, pour la troisième année...	150
— de physique et de chimie, pour la troisième année......	200
— d'écriture..	200
Distribution des prix...	150
Impressions..	50
Gages du portier..	100
Total de la dépense.............	3,750

RECETTE.

Rétributions de vingt-sept élèves en moyenne, à 51 fr. par élève.....	1,377
Subvention à porter au budget municipal......	2,373

Il y a à remarquer sur ce budget que les professeurs de la troisième année, qui sembleraient peu rétribués, sont aussi peu occupés, que d'ailleurs, ce sont tous trois des professeurs déjà attachés au collége, et y recevant un traitement que celui de l'école primaire supérieure vient améliorer. J'ajouterai que, depuis 1848, le dessin linéaire et géométrique est confié à un professeur qui ne figure pas au budget de l'école supérieure, mais que nous avons vu porté pour 600 fr. au compte des écoles primaires élémentaires, et que nous retrouverons à l'article des cours industriels, où j'aurai à parler plus au long de cet enseignement.

§ 4. *Cours de sciences industrielles.* C'est le 30 novembre 1830 que ce cours a été autorisé par arrêté du préfet; il a été aussitôt ouvert. Il serait trop long et tout à fait inutile de rapporter ici quelle était son organisation à l'origine, et quelles modifications successives ont été faites à cette organisation. Je me bornerai à exposer l'état de choses actuel.

Aujourd'hui, pour être admis à suivre les cours, il faut : 1.º avoir treize ans accomplis; 2.º n'appartenir à aucun établissement d'instruction public ou privé. Treize ans est l'âge où les enfants quittent l'école primaire pour prendre un métier ou une profession; et la seconde disposition n'a été ajoutée qu'en 1848, pour éviter le mélange des étudiants et des ouvriers : la présence des premiers, et ils entraient pour un sixième environ dans le nombre total, altérait le caractère de cet enseignement qui s'élevait un peu trop, et les ouvriers proprement dits, qui avaient moins de temps à donner à l'étude, demandaient des explications plus étendues et plus à leur portée. On a satisfait à leur vœu en éloignant les étudiants pour lesquels, d'ailleurs, il existe dans la ville de nombreux établissements d'éducation publics et privés.

Les cours sont au nombre de treize :

Ecriture.	Algèbre.	Dessin linéaire.
Langue française.	Géométrie élémentaire.	Dessin académique.
Arithmétique (cours prép^re.)	Géométrie descriptive.	Chant.
Arithmétique.	Trigonométrie.	
Tenue de livres.	Chimie et physique.	

En donnant en tête de cette section la nomenclature des divers établissements d'instruction publique ouverts par la ville, je n'ai point parlé des classes d'adultes. En effet, il n'en existe point sous ce nom. Mais, en réalité, ces trois premiers cours industriels, écriture, langue française, cours préparatoire d'arithmétique, que sont-ils autre chose qu'une classe d'adultes? Ces cours sont même confiés aux instituteurs communaux. Il y aurait tout à gagner à les séparer des cours industriels, à y ajouter des leçons de lecture, et à en faire une vraie classe d'adultes, sous la conduite des instituteurs communaux et la direction des autorités préposées à la surveillance de ce qui concerne l'instruction primaire.

Les cours industriels ainsi restreints à leur objet spécial, dirigés par une commission municipale spéciale, dégagés de ce qui leur est étranger, marcheraient d'un pas plus ferme et plus sûr vers le but qui leur est assigné, l'enseignement professionnel. Déjà une amélioration en ce sens a été faite en 1848 par le conseil municipal. La commission de surveillance des cours industriels avait témoigné le désir « que le cours » de dessin linéaire ne s'adressât exclusivement qu'à des » ouvriers et à des apprentis et non à des étudiants, afin

» qu'il ne sortît jamais de sa destination spéciale : il serait
» utile, disait la commission, peut-être même indispen-
» sable, si l'on veut donner à l'enseignement du dessin une
» organisation forte et durable, que cet enseignement com-
» mençât de très bonne heure et que les jeunes gens n'ar-
» rivassent aux cours industriels qu'après avoir été suffisam-
» ment préparés par des leçons données dans l'école primaire.
» Pour cela, il faudrait qu'un même maître fût chargé de l'en-
» seignement du dessin dans toutes les écoles de la ville, afin
» que, la méthode étant partout la même, il y eût de l'unité
» et de la suite dans cet enseignement. » Le comité local
entra dans ces vues de la commission, et le conseil, adoptant
cette opinion et considérant : « qu'il y aurait avantage à réunir
» dans une même salle, sous un même maître, à des heures
» séparées, et les enfants des trois écoles communales, et ceux
» qui fréquentent les cours industriels, » vota l'établissement
d'un cours spécial de dessin linéaire et une somme de 600 fr.,
tant pour rétribuer le professeur que pour subvenir aux dépenses de chauffage. Il exprima en même temps le vœu que « ce
» cours fût placé sous la surveillance spéciale de la commis-
» sion des cours industriels, parce que cette création nouvelle
» est faite surtout en vue de ces cours. »

De 1837 à 1846, la dépense des cours industriels a été de
14,765 fr. 65 c., ou environ 1,500 fr. en moyenne. Dans les
dernières années, elle a dépassé cette moyenne de 400 fr. à
peu près par année. Le conseil portait au budget une somme
de 2,000 fr. La dépense est faite par le maire sur les propositions de la commission de surveillance, et définitivement
apurée par le conseil, qui peut ainsi, jusqu'à un certain point,
suivre la marche du cours, mais qui serait bien mieux éclairé
si la commission adressait chaque année au maire un rapport
détaillé sur la discipline, les études, la conduite et les progrès
des élèves.

§ 5. *Collége.* En 1570, Jean Pocquet et sa femme, bourgeois
de Chartres, donnèrent à cette ville une maison pour y fonder
un collége, et M. Chasles, publiant en 1848 une étude sur
Chartres au XVI.e siècle, se demande pourquoi le collége de
Chartres ne s'appelle plus le collége Pocquet. « L'ingratitude,
ajoute-t-il, ne porte bonheur à personne. » La ville de Bar ne
s'est pas montrée plus reconnaissante que la ville de Chartres.

C'est aussi en 1570 que Gilles de Trèves, doyen de l'église collégiale de St-Maxe, de Bar, conçut le dessein d'y fonder un collége, et le 12 janvier 1571 il obtint du duc Charles de Lorraine l'autorisation de faire cette fondation et d'y consacrer une maison dite la maison de Fains, qu'il avait acquise dans ce but, et un jardin situé sur les fossés de la ville, lieudit les Clouzières. Ce collége prit du nom de son fondateur celui de collége de Trèves : pourquoi ne l'a-t-il pas conservé? Pourquoi, lorsqu'en 1827 on a relevé la façade, n'a-t-on pas rétabli au-dessus de la nouvelle porte l'inscription placée sur l'ancienne et qui indiquait le nom du fondateur et l'année de la fondation. Pourquoi même a-t-on fait disparaître le distique latin :

Stet domus hæc donec fluctus formica marinos
Ebibat, et totum testudo perambulet orbem.

Le bienfaiteur du collége témoignait ainsi l'espoir que dans un long avenir ses bienfaits profiteraient aux écoliers, pour lesquels il avait obtenu des ducs toute sorte d'exemptions et de franchises; et voilà que non seulement le distique est effacé, mais le collége perd son nom, et celui du fondateur est même ignoré de la plupart de ceux qui jouissent des avantages de la fondation.

Les difficultés et les embarras que nous avons éprouvés dans l'administration de notre collége seraient-ils la punition de notre ingratitude? De tant de rentes qu'avait autrefois ce collége, des trois maisons et des trois jardins, des treize journaux de vigne, des douze gagnages qu'il possédait, il ne lui reste rien qu'un chétif revenu annuel de 332 fr. 85 c.

L'Université nous conteste même la propriété de l'établissement. Et le procès, déjà jugé en première instance, reporté ensuite successivement devant la cour d'appel de Nancy, la cour de cassation et la cour de Metz, est encore une fois pendant devant la cour de cassation. On chercherait en vain quelque intérêt pour l'Université à suivre ce procès ; c'est la ville de Bar qui a payé et qui paie toutes les dépenses d'entretien, grosses et menues, c'est elle qui a relevé à grands frais la façade et les murs de terrasse, c'est elle qui a acquis de ses deniers de petites maisons voisines qu'elle a reconstruites et réunies au bâtiment principal, bâtiment qu'elle ne cesse d'améliorer. Ce qu'elle a fait pour le passé, quoi qu'il puisse arriver, qu'on lui accorde ou qu'on lui refuse le titre de propriétaire, elle le fera, elle devra le faire pour l'avenir. Si encore la ville voulait donner à l'établissement une autre destination, on concevrait que l'Université cherchât à le conserver pour les besoins de l'instruction publique. Mais la ville et l'Université ont toujours été parfaitement d'accord pour conserver à la fondation de Gilles de Trèves sa destination primitive, et ce procès, ruineux en frais, ne profite à personne.

Il ne faut pas s'imaginer non plus que le collége soit un monument du genre moderne, parfaitement approprié aux besoins de l'instruction. C'est un bâtiment du XVI.e siècle, construit autant pour la sécurité que pour l'agrément, composé de quatre corps-de-logis régnant autour d'une cour intérieure, et où beaucoup de salles par conséquent manquent d'air et de lumière. L'Université n'en revendique donc pas la propriété afin de veiller à ce qu'on ne se gâte pas par de mauvaises distributions, car on ne peut que gagner à changer la disposition actuelle.

« Je voudrais, dit l'abbé Fleury, qu'on instruisît un enfant » plus volontiers dans un beau jardin ou à la vue d'une belle » campagne.... Le dégoût des écoles publiques, quand ce sont » de vieux bâtiments qui manquent de lumière et de bon air, » passe jusqu'au latin et aux études. » Et ces maîtres admirables de Port-Royal, en qui il était pourtant resté quelque chose de l'austérité rigide de M. de Saint-Cyran, pensaient, eux aussi, qu'ils auraient beaucoup fait pour les enfants, si au lieu de les enfermer entre quatre murailles, ils les avaient élevés « dans l'enclos d'une maison ou d'un monastère aux » champs. » Il aurait été facile à la ville de Bar, avec moins d'argent peut-être qu'elle n'en a dépensé pour la maison de la place de la Couronne, de suivre ces sages et paternelles indications, d'assainir son collége et de le rendre plus gai, plus ouvert à la lumière. Il eût suffi de reporter en long, sur la rue des Juifs, en face de la grande terrasse plantée en bois, deux ou même seulement un des corps-de-logis appuyés à la côte. Le bâtiment n'aurait plus ressemblé à une forteresse, c'est vrai ; mais les salles se seraient ouvertes au levant et au midi, le soleil aurait pénétré dans toutes, l'air aurait circulé dans deux ou trois vastes cours touchant au petit bois de la terrasse, séparées seulement de ce bois par une haie ou un léger treillage, et divisées suivant l'âge des enfants. Voilà une amélioration matérielle que la ville aurait pu aisément réaliser dans le temps où les finances étaient libres et prospères; ç'aurait été une dépense, sans doute, mais quand il s'est agi de l'instruction, de l'éducation, du bien-être des enfants, elle n'a jamais reculé devant la dépense.

Elle ne se contentait pas, en effet, de rétablir des murs et des toitures, de relever des façades, d'approprier des salles et des dortoirs, elle portait à la position des professeurs le plus vif et le plus sincère intérêt. Elle ne cessait et d'augmenter leur nombre, et de chercher à améliorer leur sort. On en jugera par le tableau suivant, qui présente l'état du personnel enseignant en 1837 et en 1846, à dix ans de distance seulement :

	1837.	1846.
Principal et régent de philosophie	1,500	»
Principal	»	1,500
Aumônier	»	300
Mathématiques spéciales	1,500	1,700
— élémentaires	1,200	1,300
Philosophie et histoire	»	1,700
Rhéthorique	1,400	1,700
2.me	1,300	1,400
3.me	1,200	1,300
4.me	1,100	1,200
5.me	1,000	1,100
6.me	950	1,050
7.me	»	950
8.me	»	900
Langues vivantes	»	300
Dessin	»	300
Totaux	11,150	16,700

Aussi, voyez comme la dépense du collége a toujours été en augmentant. Elle était en 1837 de 5,741 fr. 10 c.; en 1841 de 8,157 fr. 15 c., et en 1846 de 13,039 fr. 25 c.

Et qu'on ne croie pas que la ville trouvait, soit dans l'augmentation de la rétribution payée par les élèves, soit dans le nombre croissant de ceux-ci une compensation aux sacrifices qu'elle s'imposait. En 1837, la rétribution était de 7 fr par mois, ou 70 fr. pour les dix mois de l'année scolaire, plus un franc pour frais d'impression des listes, notes, lettres, etc., ensemble 71 fr. La ville recevait sur ces 70 fr., 50 fr. seulement; les 20 autres francs constituaient la rétribution universitaire, qui était versée dans les caisses de l'Etat. Cette rétribution ayant été supprimée en 1844, les élèves ne payèrent plus que 50 fr., et ce n'est qu'en 1847, quand les ressources communales se trouvèrent amoindries, qu'on éleva cette somme de 15 fr. par an, et qu'on la porta à 65 fr. Quant au nombre des élèves, il a plutôt diminué qu'augmenté. On en comptait 103 en 1836, 102 en 1841 et 88 seulement en 1846. En 1761, quand le collége était dirigé par les jésuites, il y avait 87 élèves. Six mois après l'expulsion des jésuites, à la rentrée de novembre 1762, on en comptait 127, nombre que nous n'avons pas atteint depuis. En 1844, qui est de nos dix années celle où le collége en avait le plus, et où la rétribution annelle est descendue de 71 fr. à 51 fr., il n'y en avait que 112.

Si on veut jeter les yeux sur la carte, on verra qu'autour de Bar, et dans un rayon assez étendu, il existe des villages nombreux et de petites villes dont les colléges sont loin d'avoir reçu une organisation aussi complète que le nôtre. Dans ces villages, beaucoup de pères de famille, arrivés à une position aisée, destinent leurs enfants aux professions libérales. Comment se fait-il donc que le nombre des élèves du collége ne soit pas même aujourd'hui ce qu'il était en 1762? Il y a à cela plusieurs causes. D'abord, sur toute la France, les élèves qui suivent aujourd'hui les cours de latinité sont moins nombreux qu'ils ne l'étaient avant 1789 C'est un fait qu'un rapport de M. de Salvandy, à la chambre des députés, a établi par des chiffres incontestables; ensuite il y a beaucoup de maisons d'éducation, et parmi elles, le père de famille choisit celle qui est la plus rapprochée de sa demeure, sans s'inquiéter si son organisation est complète ou incomplète, si le collège est ou n'est pas de plein exercice. Il faut bien avouer, enfin, que les administrateurs envoyés par l'Université ne justifient pas toujours sa confiance, et n'appellent pas toujours celle des pères de famille. Et pour ne parler que de Bar, les principaux qu'a successivement eus le collége ont été presque constamment, tantôt sur un point, tantôt sur un autre, en discussion avec le bureau d'administration, bureau choisi par l'Université elle-même. Si secrètes que soient les délibérations du bureau, il en transpire toujours assez au-dehors pour que le public connaisse ses griefs et les causes de mésintelligence entre ces autorités. Le régime économique des pensionnats, leur direction intérieure, n'a cessé aussi de soulever des plaintes et des réclamations qui ont fait naître l'idée qu'il faudrait séparer du régime économique la surveillance de la discipline et des études. L'éducation et l'instruction demeurant confiées aux soins du principal, la recette et la dépense du pensionnat se feraient, pour la ville, par l'intermédiaire d'un receveur-économe. A l'abonnement qui existe depuis tant d'années, on substituerait la régie. C'est là un système nouveau qui demanderait quelques dispositions nouvelles dans les bâtiments, qui a été mis en pratique à Verdun depuis un an environ, et nous pouvons bien attendre le résultat de cette expérience avant de nous engager dans une voie inconnue, pas complètement étudiée encore, et qu'on ne pourrait essayer sans faire d'assez fortes dépenses de premier établissement.

Ne conviendrait-il pas aussi que la législation fût modifiée dans ce qui touche au choix des autorités préposées à la surveillance des colléges communaux? Qui fait les frais de la dépense de ces colléges? Ce sont les villes : ce sont elles qui construisent et entretiennent les bâtiments, qui les garnissent du mobilier convenable, qui rétribuent les professeurs. Et les villes n'ont ni par elles, ni par leur conseil municipal, le droit de contrôle sur ce service. Le maire, le maire seul, fait partie d'un bureau d'administration nombreux où il n'a que sa voix. Les autres membres sont nommés par l'Université. Il est probable qu'avant de les nommer, elle consulte ses fonctionnaires, mais le conseil municipal n'est appelé ni à nommer, ni même à dresser une liste de candidature.

Il y a quelques années, le conseil pouvait puiser d'utiles renseignements dans les comptes-rendus annuels que les principaux rendaient au bureau d'administration et que le maire faisait ensuite placer dans les archives municipales. Mais, soit que le bureau d'administration n'exige plus ces comptes-rendus, soit qu'il les conserve dans ses cartons, plusieurs exercices se sont écoulés sans que de tels comptes aient été produits à la commission chargée d'examiner le budget du collége.

Autrefois aussi, il y avait à Pâques et en fin d'année des examens publics. Cela avait un peu dégénéré en représentation théâtrale. Les parents, les mères, les sœurs venaient s'extasier à des réponses apprises et convenues plusieurs mois à l'avance. On a bien fait de supprimer ces explications, comme on les appelait, qui n'étaient des épreuves qu'en apparence et où tout se passait en compliments et en félicitations. Toutefois, on a conservé l'usage des examens semestriels : mais on n'y appelle que les professeurs et les membres du bureau d'administration. Croit-on qu'ils seraient moins sérieux et moins utiles, si on y admettait, en outre, les membres du conseil municipal?

C'est le droit du corps municipal, en effet, c'est même son devoir de suivre avec une grande sollicitude l'instruction et l'éducation de nos jeunes générations. Rien n'intéresse à un plus haut point la cité commune. L'Université gagnerait donc à ce que ce pouvoir local, tout à fait impartial et indépendant, fût reçu à tout voir, à tout connaître, à tout vérifier. Elle s'éclairerait de ses observations et même de ses critiques. Jusqu'ici, éloigné comme il l'est de l'intérieur du collége, le conseil a borné son contrôle à quelques remarques consignées dans ses budgets et qui ne sont pas toutes sans importance.

Ainsi, les livres classiques sont désignés chaque année pour chaque classe dans une liste arrêtée en conseil de l'Université. Personne n'ignore que cette branche de librairie est exploitée par deux ou trois maisons, qui ont chacune, pour chaque auteur classique, leurs éditions particulières. Or, il est certains ouvrages qui ne servent pas pour une classe seulement, mais dont un élève a besoin pour plusieurs années, et parmi ces livres, il en est de très coûteux, les Atlas de géographie, par exemple. Si le professeur de telle classe exige telle édition ou tel auteur, et si, pour le même enseignement, le professeur de la classe supérieure exige un autre auteur ou une autre édition, n'est-ce pas forcer les parents à faire une dépense inutile? Le conseil a donc témoigné le désir que sur les listes arrêtées par le conseil de l'Université, le bureau de l'administration fît un choix des auteurs et des éditions, et que les professeurs des différentes classes ne pussent sortir du choix fait par le bureau.

Le cours d'histoire est, comme chacun sait, divisé entre les diverses classes. La première année étudie l'histoire de telle époque à telle époque; l'année qui suit reprend où finissait la première année. Mais ceci demande une grande surveillance. Si, en effet, le professeur de la première année n'a pu ou n'a su parcourir dans son année que les trois quarts de son cours, le dernier quart n'est jamais vu par les élèves. Le professeur qui vient ensuite, sans s'inquiéter de ce qu'a fait son prédécesseur, a son programme tracé dont il ne s'écarte pas; son temps d'ailleurs est limité. Voilà donc dans l'enseignement de la première année une lacune qui n'est jamais comblée, et qui est pour l'élève une mauvaise chance au baccalauréat. Le conseil a donc fait de cet objet une recommandation particulière.

Il a cru remarquer aussi que cet enseignement des langues modernes, très instamment réclamé il y a quelques années, admis par l'Université comme pour donner satisfaction à l'opinion publique, n'était pas plus à Bar qu'ailleurs un enseignement vraiment profitable. Ces cours prennent aux élèves un temps assez considérable, qui est dérobé à d'autres études qu'on peut juger plus utiles; les langues anciennes y perdent beaucoup, les langues modernes n'y gagnent rien. Car combien citerait-on d'élèves qui, à la fin de ces cours, parlaient un peu la langue ou lisaient seulement un auteur sans trop d'hésitation. Le conseil a donc eu raison de demander qu'on lui rendît compte de la marche, des progrès et des résultats de cet enseignement des langues étrangères.

N'aurait-il pas été également fondé à signaler au bureau d'administration la proportion qui existe entre le nombre des élèves et celui des prix décernés en fin d'année. En 1846, par exemple, il y a eu, pour 88 élèves, 262 nominations, dont 93 prix. Quelle valeur ont des récompenses distribuées avec tant de prodigalité ? Décerner des couronnes à tout le monde, c'est n'en décerner à personne. La difficulté d'y atteindre en fait seule le prix; et il ne faut pas imiter ces écoles privées qui, pour satisfaire à la vanité des familles, font des lauréats de tous leurs écoliers.

Il y a un autre objet plus sérieux à envisager dans la direction actuelle des études. Je veux parler du grand nombre de matières enseignées. L'enseignement perd en force ce qu'il gagne en étendue; les programmes portent sur une multitude de points : grec, latin, histoire, géographie, cosmographie, langues étrangères, mathématiques, physique et chimie, tout cela est à peine effleuré, rien n'est su d'une manière approfondie. L'esprit prend ainsi l'habitude d'un travail superficiel ; il se contente de notions vagues qui ne sont point vérifiées, et nulle habitude n'est plus funeste non seulement au collége, mais dans toute la suite de la vie.

J'entends dire aussi que dans chaque matière enseignée ce n'est pas toujours ce qui est vraiment utile et essentiel qui a la préférence. Il est des questions inutiles qui ne sont bonnes qu'à être oubliées, et qu'on semble vouloir remettre en honneur, comme pour en tirer preuve de savoir et d'érudition. Ce travers, qu'un Romain appelait le vain désir de savoir des choses superflues, ne serait point tout à fait passé, si l'on en juge par certaines questions qu'on raconte avoir été faites dans les examens, et l'autorité du sage Rollin, qui blâmait le premier « cette érudition obscure et mal conduite, » n'aurait pas suffi à la décréditer. Les savants de profession peuvent se complaire à ces discussions également vaines et épineuses ; mais un conseil municipal, qui veut surtout qu'on élève les enfants en vue des devoirs qu'ils auront un jour à remplir, saurait bien distinguer et signaler cet excès.

Mais on croirait qu'on redoute sur ces questions et sur tant d'autres son observation et son contrôle. On ne lui laisse d'autre droit que de voter le budget. Ce budget est présenté au recteur par le bureau d'administration, transmis par le recteur au maire qui le soumet au conseil municipal, dont le vote est adressé à M. le ministre de l'instruction publique. La dépense se compose du traitement des professeurs, des frais de la messe de rentrée et de la distribution des prix, d'une somme de 100 fr., allouée pour menues dépenses d'entretien, et des gages du portier. La recette comprend la rente de 332 fr. 85 c., qui est propre au collège, la rétribution payée par les élèves, dont quelques-uns sont même admis gratuitement par le conseil municipal, et enfin la subvention que vote annuellement le conseil pour élever la recette au niveau de la dépense.

Tel est le budget du collège proprement dit ; mais ce n'est pas là tout ce que l'établissement coûte à la ville : elle vote en outre chaque année, pour l'entretien du cabinet de physique, 200 fr. et 800 fr. pour l'entretien des bâtiments. C'est le maire qui dépense et mandate directement ces deux dernières sommes, qui sont toujours presque complètement épuisées.

Il reste un dernier article qui ne figure ni au budget du collège, ni à celui de la ville, et qui n'en est pas moins une charge pour les parents des élèves. C'est le chauffage pour lequel chaque enfant paie 5 fr. par an. Le principal touche directement ces 5 fr. et demeure chargé du chauffage à forfait. On a dit plus d'une fois que les classes n'étaient pas chauffées convenablement, et qu'on cessait d'allumer les poêles quand la saison était encore trop rigoureuse, surtout pour des enfants tenus immobiles pendant deux heures sur des bancs, et occupés à expliquer ou à écrire. Pourtant ce chauffage ne doit point être une charge pour le principal. Car il n'y a en tout que neuf classes à chauffer, et seulement pendant les jours de classe à raison de quatre heures par jour. La ville, en cas de plaintes nouvelles, aurait peut-être intérêt et avantage à se substituer au principal et à faire pour son compte la recette et la dépense du chauffage. (1)

Je n'ai point, au sujet du budget du collége, expliqué ce que signifie cette mention qu'on retrouve dans différents budgets de la période décennale que j'examine : « Salle d'étude des externes. » Je ne l'ai point fait, parce que cette salle d'étude n'existe plus, et les détails que j'aurais donnés à cet égard seraient devenus sans intérêt. Je me bornerai donc à indiquer sommairement ce que c'était. Cette salle d'étude doit son origine à une contestation qui s'est élevée entre le bureau d'administration du collége et l'Université. Le bureau désirait que les professeurs ne donnassent de leçons particulières aux élèves que dans des cas particuliers et très rares, à la suite d'une absence forcée ou d'une maladie de l'enfant : hors de là, il voulait les interdire. Il les considérait comme mauvaises pour le professeur qui y épuisait un temps et des forces qu'il devait à sa classe; mauvaises pour l'élève qui, aidé dans tous ses devoirs, perdait son énergie personnelle et ne savait plus dompter les obstacles par sa seule persévérance; mauvaises pour les autres élèves qui soupçonnaient toujours quelques faveurs dans les succès obtenus par ceux de leurs camarades qui recevaient des leçons. L'Université voyait, au contraire, dans les leçons particulières, non seulement un droit du professeur, maître de son temps après ses devoirs remplis, mais une obligation pour aider, assister, fortifier l'élève faible, le mettre en état de lutter avec ses rivaux ou de se présenter aux écoles publiques. Elle déclarait que s'il y avait abus elle était prête à le réprimer, mais qu'elle ne voulait ni ne pouvait supprimer une chose utile, reconnue

(1) On sait par expérience qu'une corde de bois de rondins et huit fagots suffisent largement pour le chauffage d'une classe. A 5 fr. par élève, 88 élèves, ou même, si l'on veut, 86, comme en 1847, donneraient 430 fr.; et les neuf cordes de bois rentrées, sciées, fendues, et un cent de fagots ne coûteraient pas plus de 350 fr. Avec 86 élèves seulement, il y a donc grandement de quoi pourvoir à un chauffage complet; que sera-ce quand il y aura 103 élèves, comme en 1837, ou 112, comme en 1844?

telle de tout temps, pratiquée toujours et partout. Le bureau, repoussé par l'Université, chercha à arriver d'une manière indirecte à cette suppression qu'il n'avait pu obtenir directement. Les leçons particulières étaient à un prix qui excède de beaucoup la rétribution mensuelle du collége : il créa, avec le concours du conseil municipal, à ce taux même de la rétribution mensuelle, non des leçons particulières proprement dites, mais une salle d'étude où les externes pussent, sous la surveillance d'un maître, loin du bruit et des distractions de la maison paternelle, faire leurs devoirs et étudier leurs leçons. Le 15 octobre 1846, le maire porta ce fait à la connaissance de tous les parents dans une lettre où il expliquait les avantages de cette création. Les parents, soit habitude, soit qu'ils pensassent que cette étude silencieuse ne remplaçait pas les conseils particuliers et les avis répétés du professeur, n'en continuèrent pas moins à faire donner des leçons à leurs enfants, et la salle d'étude, qui d'abord avait paru réunir quelques chances de succès, ne compta plus que quelques élèves à peine. En 1848, le conseil municipal n'accorda donc plus de fonds pour la soutenir. Elle coûtait par année :

Traitement du maître..................... 450f »c
Sa pension au collége.................... 200 »
Éclairage et chauffage................... 165 25
   Total................... 815 25

Au moment de la suppression, il n'y avait que sept élèves, qui, à 60 fr. par an, donnaient............... 420f »c

C'était donc pour le budget municipal une dépense nette de... 395 25

§ 6. *Bibliothèque.* Les revues et les journaux ont suffisamment fait connaître à la France les *mechanics' institutions* de l'Angleterre. Elles ont été organisées dans le but de mettre à la portée de toutes les classes l'instruction scientifique et littéraire, et principalement de donner aux classes laborieuses la facilité d'acquérir, au moyen d'une légère dépense, les connaissances qui leur sont utiles dans la pratique de leur état. A cet effet, il y a dans ces institutions des cours sur les diverses branches des sciences mathématiques et naturelles, et une bibliothèque où les souscripteurs trouvent une collection complète de tous les livres qui peuvent leur être utiles. Il est peu de villes de quelque importance, en Angleterre, où il n'existe une de ces *mechanics' institutions*. Nos cours industriels correspondent assez bien aux cours (*lectures*) qui y sont faits, et notre bibliothèque n'est qu'une imitation des *circulating libraries* qui y sont partout annexées.

Elle a été fondée en 1833 et ouverte au public le 1.er juillet de cette année. Elle possède aujourd'hui près de cinq mille volumes. Une partie provient de l'ancien fonds de bibliothèque de la ville, qui pourrissait, oublié dans les combles du collége; la préfecture a prêté quelques volumes; les divers ministères et l'Institut ont fait don de plusieurs ouvrages, le surplus a été ou donné à la bibliothèque par les souscripteurs, ou acheté avec les ressources de l'établissement.

Ces ressources ne sont pas considérables. La ville, qui fournit le local, donne de plus une subvention de 300 fr. par an. A ces 300 fr., il faut ajouter le produit des donations et des abonnements. Il n'y a eu de donations que pour la fondation. On a reçu alors de 117 donataires une somme de 1,889 fr. Quant aux abonnements, leur produit est variable, tous les trimestres ne donnant pas le même nombre d'abonnés. Il y a eu des trimestres où on en comptait 184, il y en a eu où il n'en restait que 35. Chaque abonné paie 6 fr. par an ou 1 fr. 50 c. par trimestre. Pour l'ouvrier et l'étudiant, ce prix d'abonnement, déjà modique, est réduit à 3 fr. par an, ou 75 c. par trimestre. Tous les jeudis et tous les dimanches, de midi à une heure, un des conservateurs de la bibliothèque reçoit des abonnés les livres qu'ils rapportent et leur remet ceux qu'ils demandent.

On voit que ces règlements sont calqués sur ceux des *mechanics' libraries*. Seulement, en Angleterre, où le nombre des lecteurs est très considérable et où de nombreux et riches donateurs se font volontiers les patrons de l'institution, on trouve souvent un bibliothécaire appointé et une salle de lecture (*reading room*) chauffée et éclairée. Ici, les recettes de la bibliothèque suffisent à peine pour les menues dépenses de chauffage et d'entretien, l'acquisition et la reliure des livres. Cette dernière dépense est très considérable, et, tandis qu'en Angleterre, chaque abonné tient à orgueil de rendre en bon état les volumes qu'on lui a prêtés, il semble, parmi nous, qu'on dédaigne d'apporter le moindre soin à leur conservation. Il en est même un bon nombre dont l'état de souillure et de dégradation ne fait honneur ni à ceux qui les ont ainsi rapportés, ni à la bibliothèque où ils sont en dépôt.

Art. 2. BEAUX-ARTS.

Musée. On a donné à une fondation nouvelle, établie à la Ville-Haute, dans l'ancien hôtel-de-ville, place St-Pierre, ce nom qui peut paraître un peu ambitieux. Ce n'est point, en effet, là un de ces musées où des chefs-d'œuvre de peinture et de sculpture soient offerts à l'émulation des artistes et à l'admiration des connaisseurs. Ce n'est pas une de ces riches collections d'histoire naturelle dont les séries complètes et bien ordonnées sont si utiles pour l'étude. Ce n'est même pas, comme dans quelques pays voisins, en Allemagne ou en Angleterre, la réunion de toutes les richesses minérales, végétales et animales que renferme un territoire circonscrit, le département, par exemple. C'est un peu de tout cela, mais à un degré de médiocrité tel qu'on doit l'attendre d'une ville de province où les arts sont peu cultivés, d'une association qui ne date que d'hier, et des ressources très minimes dont cette association dispose.

Il y a trois salles dont l'arrangement et la disposition ne manquent ni de goût ni d'effet. L'une d'elles, exclusivement consacrée à la sculpture, renferme quelques-uns des bons plâtres de la collection du Louvre. Toutes les villes de quelque importance, toutes les grandes écoles de dessin reçoivent du gouvernement ces plâtres qui reproduisent les chefs-d'œuvre de la sculpture antique et moderne, qui sont destinés à servir de modèle aux artistes et à former leur goût.

Il y a dans la salle de peinture des tableaux de toute sorte et de toute valeur. Les portraits des personnages célèbres de l'ancien duché de Bar et du département de la Meuse en font la partie précieuse. Le reste ne présente pas le même intérêt. Ce sont des peintures qui ne tiennent en rien à l'histoire du pays, et on ne peut pas espérer qu'on trouvera dans cette collection d'une petite ville quelqu'une de ces toiles immortelles dues aux pinceaux des grands maîtres. Les collections de tableaux d'un ordre secondaire ne sont peut-être pas sans danger : souvent un public, qui n'est pas connaisseur, les voyant exposés à son admiration, se trompe sur leur valeur et les admire réellement. Son engoûment gagne de jeunes têtes qui croient qu'avoir égalé de telles productions, c'est avoir atteint le comble de l'art. Rêvant alors la gloire des grands peintres, ils abandonnent leurs humbles et utiles travaux pour entrer dans une carrière où les mécomptes les attendent. Les collections de premier ordre, au contraire, en échauffant l'âme des artistes, leur montrent à quelle distance est le but, quels incroyables efforts de talent et de persévérance il faut pour y arriver. La médiocrité se rebute et se décourage. Le génie seul redouble d'énergie et de constance et finit par triompher.

Il me serait difficile d'énumérer ce que renferme la troisième salle, celle du milieu, tant il y a d'objets divers de nature et de formes. Je passe ce qui est de simple curiosité, et je veux faire une observation sur les armoires où sont placés les échantillons d'histoire naturelle. Il y a là des animaux indigènes et exotiques, mais rien de suivi, de complet. Est-ce qu'il ne serait pas bon qu'on réunît, au contraire, une collection tout à fait complète de ce que le département, l'arrondissement si l'on veut, renferme de richesses géologiques, minérales, botaniques, zoologiques ? Ce serait l'inventaire de ce que nous possédons, et cela deviendrait tout à la fois plus intéressant et plus utile que de ranger dix ou quinze oiseaux d'Europe près de deux ou trois autres oiseaux d'Afrique ou d'Amérique. Une telle collection des coquilles, des minéraux, des plantes, des mammifères, des oiseaux, des reptiles, des poissons, des insectes, des mollusques, qui se trouvent dans le pays, qui peuplent nos champs, nos bois et nos rivières, si elle était bien ordonnée, bien étiquetée, avec les noms savants et les noms vulgaires, aurait pour tous ceux qui la regarderaient un puissant attrait. Et quand ils croiraient ne goûter qu'un simple plaisir, il se trouverait à la fin que leur instruction y aurait gagné, et que peut-être ils auraient pris goût à l'étude des sciences naturelles. Eux aussi finiraient par se laisser aller au charme « de cette passion constante et douce, qui s'anime par
» le temps, échauffe sans consumer, entraîne avec tant de
» charme, imprime à l'âme des mouvements si vifs et cepen-
» dant si peu tumultueux, s'empare de l'existence tout en-
» tière, l'arrache au trouble, à l'inquiétude, aux regrets,
» l'attache avec tant de force à la conquête de la vérité » et qui, « après la vertu, est ce qui nous conduit le plus sûrement
» à la félicité. » (Lacépède. Discours de clôture du cours de zoologie. 1798.)

Je dirai plus tard ce qu'ont coûté à la ville l'acquisition du bâtiment où est le musée, les changements et les constructions qu'on y a faits. Je n'ai à mentionner ici que la dépense annuelle portée au budget : elle est de 300 fr.

Un arrêté du maire, en date du 17 avril 1846, a définitivement constitué l'organisation du musée. Il est remis aux soins d'une société composée de vingt membres, tous résidants dans la ville de Bar, et qui ont été désignés pour la première fois par une commission que le maire avait choisie; aujourd'hui on ne peut devenir membre de la société qu'autant qu'on est nommé par elle à l'unanimité des votants. L'administration de l'établissement est confiée à une commission choisie par le maire parmi les membres de la société et présidée par lui ou par un de ses adjoints. Il y a un conservateur secrétaire perpétuel dont le maire a la nomination.

SIXIÈME SECTION. — CULTE. TRAITEMENT DES VICAIRES. ENTRETIEN DES ÉGLISES. SUBVENTION AUX FABRIQUES. CULTE PROTESTANT ET ISRAÉLITE.

La dépense de toute cette section ne se monte qu'à 2,450 fr., et cependant elle comprend tout ce que la ville paie, non seulement pour le culte catholique, mais aussi pour les cultes israélite et protestant. Si nos pères pouvaient voir cette chétive allocation de 2,450 fr. faite à l'ensemble des services religieux, sur un budget de plus de 100,000 fr., que diraient-ils, eux qui ont élevé tant de magnifiques cathédrales, fondé de si vastes monastères, enrichi le clergé de tant de dotations? Et nous-mêmes, hommes d'un autre temps, d'un temps d'indifférence et d'incrédulité, agissons-nous bien sagement quand nous rétribuons le culte avec cette misérable parcimonie? Je ne veux pas dire qu'il faut rendre au clergé et son ancien pouvoir et ses immenses propriétés. Je ne veux pas même dire que la considération ne s'attache qu'à la puissance et à la richesse, et je sais bien que « c'est une croix de bois qui a sauvé le monde. » Mais quel bien peut faire dans un village, quelles charités peut y répandre un desservant qui n'a pour tout traitement, jusqu'à cinquante ans, que 850 fr. qui s'augmentent ensuite de 100 fr. tous les dix ans. Dans sa position, avec ses charges, car il ne peut vivre seul, est-il assez libre de préoccupations temporelles, assez au-dessus du besoin, pour donner à sa paroisse des soins exempts de tous autres soucis, et sa parole a-t-elle toute l'indépendance et l'autorité désirables ? Que dirai-je de ces vicaires de campagne, créés soit pour aider des curés âgés et infirmes, soit pour être attachés à la desserte des annexes et qui ne reçoivent du trésor que 350 fr. par an. Eh bien, la position des vicaires de la ville de Bar est plus précaire encore ; le trésor ne leur paie rien, et l'allocation qui leur est faite dépend d'un vote du conseil municipal. On croit généralement, à la vérité, qu'ils touchent un casuel. Le compte de ce casuel ne serait pas long à faire, et personne n'ignore que depuis déjà des années les dons qui autrefois étaient faits aux églises, prennent aujourd'hui une autre direction, et sont distribués en aumônes et en charités publiques ou privées.

Or, est-il bon pour un peuple et pour un pays que son clergé, que le corps à qui sont confiés les intérêts religieux de la société, intérêts si importants et si sérieux pour le présent et l'avenir des hommes, soit tenu dans cette situation gênée et dépendante. Cet abaissement ne réagit-il pas sur la force et la grandeur morale de la nation ? Je n'ai point à rechercher ici si la morale et la foi n'ont point une commune origine, et par quels liens nécessaires elles se rattachent l'une à l'autre. Je me reconnais sans autorité pour aborder de telles questions, et pourtant je ne puis m'empêcher de remarquer que Rome païenne perdit ses vertus au même moment où elle n'avait plus de foi dans les pratiques et le culte de ses pères. L'affaiblissement des mœurs y suivit l'affaiblissement des croyances. Sans doute, Rome, en s'éclairant, était amenée à renoncer au culte des faux dieux et aux superstitions du paganisme. Nous, au contraire, plus notre esprit s'éclaire, plus il s'élève et plus il se rapproche de l'Etre éternel, unique, tout-puissant et bon qui a créé et qui gouverne le monde. La science et les lumières nous mènent à lui. C'est Bossuet qui a dit et qui semble avoir écrit ces lignes pour notre temps : « Philosophes de nos jours,
» de quelque rang que vous soyez, ou observateurs des astres,
» ou contemplateurs de la nature inférieure et attachés à ce
» qu'on appelle la physique, ou occupés des sciences abstraites
» qu'on appelle mathématiques où la vérité semble présider
» plus que dans les autres : je ne veux pas dire que vous n'ayez
» de dignes objets de vos pensées ; car, de vérité en vérité, vous
» pouvez aller jusqu'à Dieu qui est la vérité des vérités, la
» source de la vérité, la vérité même, où subsistent les vérités
» que vous appelez éternelles ; les vérités immuables et inva-

» riables, qui ne peuvent pas ne pas être vérités, et que tous
» ceux qui ouvrent les yeux voient en eux-mêmes, et néan-
» moins au-dessus d'eux-mêmes, puisqu'elles règlent leurs
» raisonnements comme ceux des autres, et président aux
» connaissances de tout ce qui voit et entend, soit hommes,
» soit anges. C'est cette vérité que vous devez chercher dans
» vos sciences. Cultivez donc ces sciences, mais ne vous
» y laissez point absorber. Ne présumez pas et ne croyez pas
» être quelque chose plus que les autres, parce que vous
» savez les propriétés et les raisons des grandeurs et des peti-
» tesses; vaine pâture des esprits curieux et faibles qui, après
» tout, ne mène à rien qui existe, et qui n'a rien de solide
» qu'autant que par l'amour de la vérité et l'habitude de la
» connaître dans des objets certains, elle fait chercher la véri-
» table et utile certitude en Dieu seul. *(Elévations sur les mys-*
» *tères;* élév. 3.) » Croira-t-on qu'il y a quelque force d'esprit à
dédaigner une religion qui donne aux pensées cette haute direction, et à la rejeter comme une invention née de l'ambition du
sacerdoce et de la crédulité des peuples. « Les préjugés, les
» intérêts de la terre, survenus dans la religion comme les abus
» dans un bon gouvernement (De Rémusat) », ne sont pas la
religion elle-même, et je ne comprends pas ceux qui la re-
poussent lui reprochant avec un mépris superbe de n'être qu'un
tissu de pratiques monacales. Ces pratiques mêmes, n'est-ce
pas à elles qu'un de nos contemporains, esprit également
aimable et supérieur, faisait allusion quand il a dit : « Dans les
» calculs dont il n'importe aux hommes de connaître que les
» résultats, ce n'est, en dernière analyse et pour l'effet néces-
» saire, dans aucun des chiffres partiels que se trouve la vérité
» ou l'erreur, mais dans la somme toute et dans le dernier
» énoncé. Aussi, dans les faits d'un certain ordre, les faits
» religieux, par exemple, peu importe qu'il y en ait d'erronés,
» si celui auquel on veut parvenir et l'on parvient par eux,
» est un fait réel, comme l'existence de Dieu. (Joubert. *Pen-*
» *sées.*) » J'aime, en matières si délicates, à m'appuyer de ces
noms respectés, j'aime à m'abriter derrière l'autorité de la
loi qui a mis au premier rang des devoirs de nos instituteurs
primaires l'instruction morale et religieuse. (Loi du 28 juin
1833, art. 1.) La loi consacrait ainsi l'alliance de la raison et
de la foi, et puisque nous n'épargnons ni efforts, ni dépenses
pour donner aux élèves des écoles l'instruction et l'éducation,

faut-il les abandonner au sortir des classes : cette instruction morale et religieuse que les instituteurs ont commencée ne doit-elle pas se continuer pour tous les âges; et par qui peut-elle se continuer, si ce n'est par le clergé? Usons donc de tous les moyens qui sont humainement en notre pouvoir pour donner de l'attrait à cette difficile carrière, pour faire aux ministres de tous les cultes reconnus par l'Etat une position élevée, indépendante, honorée. Leur vie est déjà soumise à d'assez sévères devoirs, et la discipline catholique surtout leur impose déjà des renoncements assez austères pour que nous nous efforcions de leur rendre plus facile la haute mission qui leur est confiée. C'est dire suffisamment que je regarde comme tout à fait au-dessous du nécessaire l'allocation de 2,450 fr. faite au culte, dans la section 6 du budget. Voici, au surplus, le détail de cette somme qui se divise entre cinq articles.

§ 1. *Traitement des vicaires.* Le culte catholique est desservi par sept ecclésiastiques, les trois prêtres des trois paroisses et quatre vicaires, dont deux pour Notre-Dame. Ce serait peu de monde pour une population de plus de 12,000 âmes, si toute cette population suivait les exercices religieux. Avant la Révolution, le clergé régulier venait en aide à celui des paroisses; depuis la suppression des monastères, les religieux, rentrés dans le monde, secondaient les curés et desservants. Mais la Révolution est déjà loin de nous, et presque tous ces anciens religieux sont morts. Le clergé des paroisses est donc forcé de suffire lui-même à tous les besoins; seulement, à Bar, le desservant de Savonnières, qui demeure dans la ville, lui prête la plus efficace assistance.

Les quatre vicaires reçoivent chacun un traitement que l'art. 40 du décret du 30 octobre 1809 fixe à 500 fr. au plus et 300 fr. au moins; ce traitement, d'après un avis du conseil d'Etat du 19 mai 1811, est à la charge de la fabrique; en cas d'insuffisance des revenus de la fabrique, il tombe à la charge des revenus communaux. A Bar, ce traitement est de 450 fr., ce qui, pour les quatre vicaires, donne 1800 fr.

§ 2. *Entretien des églises.* L'entretien de la toiture des églises est compris dans l'adjudication passée pour l'entretien des toitures des édifices communaux. (Voir page 151.) Quant aux frais ordinaires de la célébration du culte, à ceux de réparation des ornements, meubles et ustensiles d'église, aux gages des officiers et serviteurs de l'église, aux frais de réparations locatives, ils sont supportés par le budget de la fabrique. En-dehors de ces dépenses et des grosses réparations qui s'exécutent sur crédits spéciaux, il peut y en avoir d'urgentes à faire aux bâtiments, aux charpentes, et pour y pourvoir on porte chaque année au budget une prévision de 200 fr.

§ 3. *Subvention aux fabriques.* (Dépense obligatoire. Loi du 18 juillet 1837, art. 30, § 14.) Depuis la loi du 18 juillet 1837, les dépenses des fabriques sont devenues obligatoires pour les communes, mais elles ne sont à la charge de ces dernières que quand les revenus des fabriques sont eux-mêmes insuffisants pour y pourvoir. Le conseil municipal prend connaissance des comptes et budgets des fabriques et juge par lui-même si le tout est bien administré et si l'insuffisance existe réellement.

Aucune des trois fabriques de la ville de Bar n'est riche. Les dons qu'on leur faisait autrefois sont tournés vers une autre destination, très louable sans doute, la charité. Mais les fabriques n'en sont pas moins gênées, et toutes ont été forcées d'élever le prix des bancs et des places, afin d'avoir de quoi pourvoir à leurs plus pressants besoins. La plus pauvre des trois fabriques est celle de Saint-Etienne, et le conseil municipal, appréciant sa position, lui a constamment accordé, de 1837 à 1846, et lui accorde encore une subvention annuelle de 250 fr.

Il serait à désirer qu'une subvention plus forte et plus générale mît les fabriques à même de récompenser les élèves les plus méritants des catéchismes, et d'aider les enfants pauvres pour les dépenses de la première communion. Ne devraient-elles pas aussi réclamer près de l'évêché contre le prix élevé, le mauvais papier et la détestable impression des livres d'église et des catéchismes. Ces derniers surtout sont imprimés avec si peu de soin et de netteté que pour des enfants dont quelques-uns savent à peine lire, c'est déjà une difficile étude que de déchiffrer la simple lettre. C'est aux curés et aux fabriques à faire valoir ces réclamations près de l'évêque, qui seul a qualité pour autoriser l'impression et la réimpression des livres d'église. Fénelon ne les eût point jugées indignes de son attention, lui qui, durant sa mission de Saintonge, écrivait à M. de

Seignelay : « Il faudrait répandre des nouveaux testaments avec
» profusion ; mais le caractère gros est nécessaire, ils ne sau-
» raient lire dans les menus. » (Lettre du 8 mars 1686.)

§ 4. *Secours au culte protestant.* La population protestante à Bar n'est que de 155 personnes, elle n'a point dès-lors droit à avoir un ministre résident soldé sur les fonds de l'Etat (1). C'est donc la communauté elle-même, aidée par la grande association protestante de France, la Société évangélique, qui pourvoit aux frais de son culte ; c'est elle qui a loué une salle où elle se réunit pour les prières publiques et les exercices religieux. La ville a jugé qu'elle devait prendre sa part de cette dépense, et elle alloue aux protestants un secours annuel de cent francs.

§ 5. *Secours au culte israélite.* Le culte israélite ne compte à Bar que 54 sectateurs. (2) Mais, parmi eux, il y a plusieurs enfants qu'il faut instruire dans leur religion. Pour donner cette instruction, pour accomplir certaines prescriptions de leur rites, les israélites ont besoin d'avoir une personne qui remplisse tout à la fois les fonctions d'instituteur et celles de ministre du culte. C'est pour la communauté israélite, si peu nombreuse, une dépense dans laquelle la ville entre également pour cent francs.

SEPTIÈME SECTION. — DÉPENSES DIVERSES.

Cette section renferme trois articles seulement : papier timbré pour quittances et autres actes ; fêtes publiques ; dépenses imprévues.

§ 1.er *Papier timbré.* Ce papier timbré est celui qu'on emploie, soit pour les mandats délivrés aux parties prenantes, soit pour les actes qui ne sont point purement administratifs et qui contiennent des conventions ou obligations dans lesquelles la commune est intéressée, tels que baux, ventes, traités. Cette dépense va de 140 à 150 fr.

§ 2. *Fêtes publiques.* A l'époque du 1.er mai et du 27 juillet, l'artillerie annonçait les fêtes par des salves, la garde nationale prenait les armes et était passée en revue par le préfet ; on

---

(1) Les églises réformées auront une église consistoriale par six mille âmes de la même communion. (Loi du 18 germinal an 10. Art. 15 et 16.)

(2) Il sera établi une synagogue et un consistoire israélite dans chaque département renfermant deux mille individus professant la religion de Moïse. (Décret du 17 mars 1808. Art. 1er)

élevait sur la place un mât de Cocagne, en haut duquel une montre et divers autres objets étaient réservés en prix pour les plus adroits; le soir, on illuminait les édifices publics, quelquefois on a tiré un feu d'artifice, et dans la journée on faisait aux pauvres des distributions de vin et d'aliments. Pour satisfaire à ces diverses dépenses, le budget ouvrait un crédit qui était presque toujours complètement épuisé. Il était de 1,100 fr. en 1837, de 1,200 fr. pour les années 1838 à 1842, et de 1,400 fr. pour les années 1843 à 1846.

§ 3. *Dépenses imprévues.* Avec quelque soin qu'on prépare le budget, comme on le vote près d'un an à l'avance, il est difficile qu'on ait prévu toutes les dépenses, ou qu'on ait voté précisément la somme nécessaire pour les acquitter. Il est donc sage de réserver un fonds destiné à faire face aux dépenses imprévues. Ordinairement ce fonds se compose de ce qui reste libre après les diverses allocations portées au budget.

Il y a peut-être quelque chose à reprendre dans cette manière d'opérer. C'est le maire qui fait les dépenses imprévues, qui les fait d'urgence sur une simple autorisation du préfet. Tout se termine entre ces deux administrateurs. Il n'y a pas besoin qu'au préalable le conseil municipal ait reconnu la nécessité ou l'utilité de la dépense. Sans doute, le conseil municipal ne doit pas, par une susceptibilité puérile, retenir la connaissance des moindres détails et entraver ainsi la marche de l'administration; mais il ne convient pas non plus que l'administration puisse soustraire des dépenses importantes au contrôle du conseil municipal. Le moyen de tout concilier consiste à ne point porter aux dépenses imprévues tout ce qui reste libre après les allocations ordinaires du budget, quand ce restant libre est considérable. Il faut faire la part, une part raisonnable aux dépenses imprévues, et laisser le surplus sans emploi, en excédant de recettes. De cette façon, le maire pourra, avec l'autorisation du préfet, faire les petites dépenses vraiment urgentes; mais pour les dépenses un peu importantes, il faudra nécessairement en référer au conseil municipal.

CHAPITRE II. — **Dépenses extraordinaires.**

J'ai dit que le budget se composait de deux chapitres : le premier, consacré aux dépenses ordinaires, comprend sept sections : je les ai successivement rappelées, donnant pour chacune non seulement l'ensemble, mais le détail, article par article. Il en devait être ainsi, car ces dépenses sont de nature à se reproduire chaque année. Les dépenses du deuxième chapitre sont d'une nature différente. Une fois faites, elles ne reparaissent plus dans les budgets subséquents. Le détail que je donnerais à leur égard aurait donc peu d'intérêt, parce qu'il aurait peu d'utilité. Aussi me bornerai-je à énoncer successivement chacune des dix sections de ce deuxième chapitre, et à relever, dans chaque section seulement, les dépenses les plus importantes faites de 1837 à 1846. Il est bien entendu que je n'exposerai pas toutes ces dépenses extraordinaires sans en omettre aucune. Il serait fatigant d'énumérer tout ce qu'on a payé, durant dix ans, au-delà des crédits ordinaires, en grosses réparations pour les aqueducs, les ponts, les fontaines, les salles d'asile, les écoles, les pavés des églises, les presbytères; je ne mentionnerai ici que ce qui est essentiel. Ce sera, en un mot, le résumé des grands travaux exécutés durant ces dix ans et des plus fortes dépenses faites pendant le même temps.

PREMIÈRE SECTION. — FRAIS EXTRAORDINAIRES D'ADMINISTRATION.

§ 1. *Bascule pour l'octroi*. Lorsque la loi du 10 mai 1846 ordonna qu'à partir du 1.er janvier 1847, les droits d'octroi sur les bestiaux de toute espèce seraient établis à raison du poids des animaux et perçus au kilogramme, il fut nécessaire de placer au moins dans un des bureaux d'octroi une balance ou bascule destinée à peser ces animaux à l'entrée. Cette bascule fut établie au bureau du grand Pont-Neuf, qui est le bureau central et le principal bureau d'arrivage : elle a coûté 1,050 fr.

§. 2. *Etudes du chemin de fer*. Le retard apporté par les pouvoirs supérieurs à arrêter définitivement le tracé du chemin de fer de Paris à Strasbourg a été, pour les villes qui se disputaient la possession de ce chemin, la cause de nombreuses dépenses. Elles ont fait faire sur le terrain les études qui paraissaient devoir appuyer leurs prétentions, elles ont fait dresser et distribuer des cartes, des plans, des mémoires, elles ont envoyé des députations à Paris près du conseil général des ponts et chaussées et des ministres. La ville de Bar, ayant à lutter contre les prétentions de villes rivales qui voulaient détourner le chemin de fer de la vallée de l'Ornain, a été forcée d'entrer dans cette voie. Elle a dépensé pour cet objet 4,268 fr. 80 c. Déjà, en 1839, elle avait envoyé à Paris, pour défendre ses intérêts menacés dans la question du tracé du canal de la Marne au Rhin, une députation dont les frais s'étaient élevés à 1672 fr. 45 c.

§ 3. *Route de Bar à Vitry.* C'est encore la question du chemin de fer, c'est celle du passage de la malle-poste qui a occasioné cette dépense. On disait que pour passer par Bar, le roulage et la malle-poste allant de Paris à Strasbourg, étaient forcés à une déviation ; que le chemin le plus court et le plus naturel consisterait à aller de Saint-Dizier à Ligny, en laissant Bar à l'écart ; que déjà tout le roulage suivait cette direction moins longue et plus économique pour lui. Le conseil a voulu réduire cet argument à néant. Le chemin le plus avantageux lui paraissait être celui de Vitry à Bar par Heiltz-le-Maurupt, en suivant les vallées de la Saulx et de l'Ornain et en laissant Saint-Dizier à l'écart. Ce chemin, à la vérité, avait quelques pentes trop rapides, la côte du bois Labarre dans la Meuse, la côte de Changy dans la Marne. En les abaissant, on devait amener forcément et les voitures publiques et le roulage à suivre cette voie améliorée. La côte du bois Labarre, ayant été rectifiée avec les fonds d'une souscription, le conseil général de la Marne, les communes de ce département et quelques particuliers réunirent leurs ressources pour rectifier la côte de Changy. La ville de Bar fut appelée à prendre part à cette dépense : elle reconnut que, quoique faite sur le territoire d'un département voisin, cette rectification était avantageuse pour elle, et elle y concourut par une subvention de 7,000 fr.

§ 4. *Dégradations aux promenades.* En 1837, les eaux s'étant élevées à une hauteur inaccoutumée, occasionèrent aux promenades des dommages qu'on ne put réparer avec les fonds ordinaires d'entretien. On y employa un crédit extraordinaire de 1,000 fr.

§ 5. *Mise en culture des friches communales.* J'ai dit (page 40, § 3) que nous possédions des friches d'une étendue considérable. On peut bien penser que c'est là un mauvais terrain ; mais quel est le terrain qui est condamné à demeurer éternellement inculte ? N'avons-nous pas autour de Bar des terrains plus mal exposés, d'un fonds plus mauvais encore que nos friches communales, et qui depuis quelques années se couvrent de bois et de plantations. De plus, il y a toujours dans une ville quelques ouvriers malheureux et inoccupés, quelques journées qui se trouvent sans emploi. N'était-il pas convenable de les employer sur ces friches, et d'essayer si les plantations qu'on y ferait pourraient réussir ? On mit donc en culture quelques parties de ces friches dans ce double but; et, de 1841 à 1846, on dépensa pour cet objet 3,375 fr. 75 c. Sans doute, ce qu'on a obtenu ne répond pas à la dépense, mais enfin ces plantations ont réussi en grande partie au-delà de ce qu'on pouvait espérer, et d'ailleurs ce fut là en quelque sorte un atelier de charité. Il y a aussi près de la fontaine de Parfondeval une portion de terrain défrichée qui a bien réussi.

§ 6. *Commissaires de quartier*. Il y a encore dans cette section une dépense qui, quoique très minime, puisqu'il ne s'agit que de 50 fr. payés à la personne qui a préparé, en 1843, les registres des commissaires de quartier, se rapporte cependant à une création très importante. Dans une ville de 12,000 âmes, en effet, il n'est pas possible que le maire connaisse tous ses administrés; il est même impossible qu'un commissaire de police, si habile, si intelligent, si bien secondé qu'on le suppose, puisse fournir à l'instant sur tous les individus, et surtout sur la population nomade, tous les renseignements qui peuvent être nécessaires à l'administration. A Verdun, on a donc fortifié l'action du pouvoir municipal en créant un corps de citoyens qui, n'ayant à porter leur attention que sur une portion restreinte de la ville, un quartier limité, en connaissent parfaitement les habitants, sont au courant de tous les changements, de toutes les mutations, et apprécient la position de chacun. A Bar, on a imité l'exemple donné par Verdun. En 1843, la ville a été partagée en vingt-cinq quartiers ou îlots, généralement limités par une ligne qu'on suppose passant par le milieu des rues pour qu'il n'y eût point de confusion dans les attributions faites aux commissaires. Depuis, un des quartiers a été divisé en deux, et le nombre des quartiers s'est trouvé porté à vingt-six. Chacun d'eux ne renferme pas plus de cinq à six cents personnes, c'est-à-dire environ cent à cent vingt ménages. Et, soit pour le recensement de la population, soit pour l'assiette et la répartition des contributions, soit pour les remises, modérations et non-valeurs, soit pour les admissions gratuites aux écoles, soit même pour quelques mesures locales de police ou de salubrité, les commissaires de quartier ont déjà rendu et rendent chaque jour les plus utiles services.

Voilà pour la première section. C'est une dépense qui se monte au total à 16,744 fr. 55 c.

DEUXIÈME SECTION. — ACQUISITIONS DE PROPRIÉTÉS IMMOBILIÈRES.

§ 1. *Ecole de Marbot.* Le 20 avril 1835, M. Claude Rollet, qui avait passé toute sa vie à Bar dans l'exercice du saint ministère, et qui y est décédé curé de la paroisse Notre-Dame, le 8 avril 1826, avait donné à la ville de Bar une somme de 2,000 fr. qui devait, d'après la volonté du donateur, être employée à l'établissement d'une école à Marbot. La ville a accepté le don, acheté une maison et établi l'école, ce qui lui a coûté 4,622 fr. 81 c. : c'est 2,622 fr. 81 c. en sus du montant de la donation.

§ 2. *Salles d'asile.* Des deux salles d'asile, l'une à la Ville-Basse, a coûté à la ville 11,500 fr.; l'autre, à la Ville-Haute, a coûté 3,300 fr. Les actes ont été passés devant M.e Maupoil, les 11 août et 29 octobre 1841. Mais les fonds nécessaires à la dernière acquisition ont été fournis par une souscription jusqu'à concurrence de 2,374 fr. 60 c. On a dépensé, pour la mise en état de ces deux asiles, plus de 5,500 fr. La dépense totale supportée par la ville a donc été de 17,925 fr. 40 c.

§ 3. *Hôtel-de-Ville.* L'ancien hôtel-de-ville, place Saint-Pierre, ayant été mis en vente par le département, plusieurs habitants engagèrent la ville à en faire l'acquisition, afin de conserver cette construction qui avait son intérêt historique; ils réunirent une souscription de 2,635 fr. 45 c. pour aider la ville dans cette acquisition, qu'elle fit le 3 mars 1846, pardevant M.e Morel, notaire, au prix de 5,160 fr. Depuis, on a fait dans cet hôtel des dépenses de plusieurs sortes : les unes, qui ont eu pour objet les réparations nécessaires du bâtiment, se sont élevées à 772 fr. 90 c.; les autres, occasionées par l'installation du musée, se sont montées à 6,029 fr. 13 c. Enfin, on a dépensé, pour établir dans ce bâtiment le prétoire de la justice de paix, 2,667 fr. 65 c. De toutes ces sommes, 3,600 fr. seulement ont été payés dans la période décennale 1837—1846.

§ 4. *Maison d'école, place de la Couronne.* Cette maison, qui renferme aujourd'hui l'école payante des garçons, les cours industriels et la bibliothèque, a été acquise par acte reçu de M.ᵉ Pouchet, le 28 novembre 1845, pour la somme de 19,800 fr. Les réparations qui y ont été faites ont amené une dépense de 8,768 fr. 22 c. Sur ces sommes, il n'a été payé, jusqu'à présent, que 12,768 fr. 22 c.; le surplus reste dû.

§ 5. *Agrandissement du cimetière.* Les terrains qui ont été achetés pour agrandir le cimetière ont été payés 9,521 fr. 66 c. Les frais de contrat et de purge se sont élevés à 1,175 fr., et la construction des murs d'enceinte a coûté 5,561 fr. 89 c.; ensemble, 16,258 fr. 55 c.

§ 6. *Ouverture de diverses rues.* Dans le côté est de la rue de la Rochelle, depuis la rue de l'Abattoir jusqu'au Pont-Neuf, sur une longueur de plus de 600 mètres, il n'y avait aucune interruption entre les maisons. Cependant, le quai qui règne au-derrière de ces maisons commençait à se couvrir d'habitations, et ceux qui y logeaient avaient un long parcours à faire pour se mettre en communication avec les autres parties de la ville. On a donc ouvert, en face de la rue Lapique, et à peu près dans le milieu de la Rochelle, une rue nouvelle. On l'a nommée la rue du Canal, parce qu'elle est pratiquée en face du débarcadère du canal de la Marne au Rhin. On a d'abord acheté la portion comprise entre la rue de la Rochelle et le quai de la Rochelle. Le prix de vente, porté en deux contrats reçus de M.ᵉ Pouchet, les 15 et 22 juillet 1839, se montait à 24,000 fr. Plus tard, pour continuer cette rue de l'autre côté de la rivière et mettre en communication le quai et la rue des Gravières, on acheta, moyennant 12,000 fr., une maison située entre ce quai et cette rue. Ce nouvel acte de vente a été passé devant le même notaire, les 27, 28 janvier 1844. Enfin, pour joindre ces deux portions de la rue du Canal, on a établi sur la rivière un pont en fer qui n'a pas coûté moins de 33,766 fr. 96 c. C'est au total 69,766 fr. 96 c. dont il faut déduire 4,260 fr. provenant de la vente des matériaux des maisons achetées, et qui ont été démolies; la dépense se réduirait donc à 65,506 fr. 96 c., sur quoi il reste dû 29,577 fr. 73 c.

Une autre rue a été ouverte entre la rue du Coq et la rue du Cygne, à égale distance à peu près de la ruelle du Petit-Bourg et de la ruelle Traversière. Coupant perpendiculairement les anciens fossés de défense de la ville, cette rue a tiré son nom de cette circonstance et a été appelée rue des Fossés. Elle unit la rue du Bourg, tout ce qui avoisine la Préfecture et l'Hôtel-de-Ville avec la route de Paris et la rue des Clouères qui, auparavant, n'était liée à la ville que par le passage qui mène à la rue Entre-deux-Ponts. Cette rue nouvelle a coûté 5,500 fr., portés en deux contrats passés devant M.e Pouchet, les 13 et 15 juillet 1839.

Le pâquis de la Ville-Basse, vaste promenade peu fréquentée, n'était séparé que par une ligne de maisons et de jardins du faubourg de Couchot; ce faubourg est occupé par une population nombreuse qui vit à l'étroit dans ses habitations. Le pâquis, d'ailleurs, est habité par les jardiniers, et à ce titre, il était encore utile de le mettre en communication directe et facile avec le centre de la population. On a donc ouvert, en 1843, dans le prolongement de la rue du Four, une rue qui, n'étant que la continuation de la première, porte le même nom. Et pour unir ces deux parties de la rue, on s'est trouvé dans l'obligation de relever et de construire à neuf le pont jeté sur le ruisseau de Naveton et situé sur le bief du moulin de Couchot. Les terrains achetés pour la rue, suivant adjudication passée au tribunal le 22 juin 1842, et actes reçus de M.e Maupoil, le 27 septembre 1842, et de M.e Pouchet, les 29 décembre 1843, ont coûté 14,103 fr. Mais on a revendu, et des matériaux de démolition pour 1,020 fr. et, à droite et à gauche de la rue, de petits terrains restés libres pour 1,870 fr.; cette dernière vente a été faite le 23 juillet 1844 par actes administratifs, en telle sorte que le prix d'acquisition s'est trouvé réduit à 11,213 fr.; et si l'on y joint les frais de construction du pont qui se sont élevés à 2,400 fr., la dépense totale aura été de 13,013 fr.

On entrait dans la nouvelle promenade qui règne le long de la rivière par le Fer-à-Cheval, sis à l'extrémité de la rue de la Rochelle. Le quai de la Rochelle ne se continuait pas au-delà du Pont-Neuf; l'autre quai était fermé à son entrée par les dépendances d'une maison particulière à laquelle était adossé un petit corps-de-garde appartenant à la ville. Le 26 avril 1842, le propriétaire céda des dépendances de sa maison ce qui était nécessaire pour la prolongation du quai, et reçut en échange le petit corps-de garde et une somme de 1,300 fr. La nouvelle promenade eut alors, outre son entrée par le Fer-à-Cheval, une entrée directe en face du quai de la Rochelle. Le quai, aux abords du pont, fut relevé, on y établit sur la rivière un mur de terrasse et un parapet, ce qui occasiona une dépense de 873 fr. 84 c. Cette nouvelle voie de communication prit le nom de M. le maréchal Oudinot, notre illustre compatriote.

Les deux promenades, celle des Saules, le long du canal, et celle qui règne le long de la rivière, sont parallèles et ne sont distantes l'une de l'autre que de cent et quelques mètres; De la rue du Point-du-Jour au champ de manœuvre, il n'y avait aucune communication entr'elles : on jugea convenable d'en ouvrir une pour l'agrément des promeneurs et pour faciliter l'exploitation des jardins environnants. Le 12 mars 1843, pardevant M.ᵉ Pouchet, la ville acheta dans ce but, au prix de 1058 fr., 14 ares 76 cent. de terrain. On en a extrait la grève, on y a conduit des décombres, et cette promenade qui relie les deux autres, ne tardera pas à être nivelée. Le 9 août 1845, pardevant M.ᵉ Maupoil, la ville a encore acheté un nouveau terrain, presque voisin du premier et qui lui est parallèle, dans le but d'en tirer la grève nécessaire à l'entretien des rues et chemins, et sauf à le revendre ensuite. Ce terrain, qui comprend 26 ares, a été payé 2,250 fr. Ce dernier prix est encore dû aujourd'hui.

La dépense de cette section, pour ce qui a été payé par la ville, de 1837 à 1846, s'élève à près de 110,000 fr., à quoi il faudrait ajouter 12 p. 0/0 ou environ, pour frais de poursuite de vente, d'enregistrement, d'actes de vente et de purge légale; cette augmentation ne doit avoir lieu toutefois que pour la portion des 110,000 fr. qui consiste en prix de vente; je n'ai pu savoir le montant exact de ces frais que pour le cimetière, et je les ai donnés à cet article seulement.

TROISIÈME SECTION. — CONSTRUCTIONS ET GROSSES RÉPARATIONS.

Dans la section précédente, je n'ai point séparé les prix d'acquisition des immeubles des dépenses qui ont été faites pour réparations à ces immeubles : il m'a paru que cela, quoique contraire à l'ordre des sections du budget, aurait plus de clarté, et ferait voir plus nettement l'ensemble des dépenses. Il me reste cependant encore à mentionner ici quelques constructions, quelques grosses réparations.

En 1838 on a dépensé 1,479 fr. 03 c. pour mettre en état l'école des garçons, alors rue du Bourg, et la garnir du mobilier convenable, ci...................... 1,479f 03c

En 1843 on a fait au collége, dont les galeries intérieures menaçaient ruine, dont plusieurs salles avaient besoin de réparations et d'améliorations urgentes, des dépenses extraordinaires pour...... 7,045 93

En 1842 on a bâti au grand Pont-Neuf, près du logement du receveur d'octroi, une chambre destinée à servir de bureau central. Cette construction a coûté.................................. 748 »

En 1840 la ville a contribué pour 300 fr. à l'établissement des trottoirs en asphalte du grand Pont-Neuf; et en 1843 elle a fourni une contribution de 800 fr. pour ceux de la rue du Cygne, ci........ 1,100 »

Quand l'administration des ponts et chaussées disposa les caniveaux de la rue des Clouères, elle ne voulut pas seule supporter la dépense, et elle réclama le concours des propriétaires de maisons et de la ville. Ce concours ne leur fit pas défaut, et, pour sa part, la ville donna.................... 1,000 »

La fontaine de Marbot, construite en 1840, 1841 et 1842, a coûté dans ces trois exercices.......... 3,616 15

Enfin, et comme je l'ai déjà dit, la dépense faite en 1839 au puits de la Ville-Haute s'est élevée à.. 1,483 75

Total de la troisième section...... 15,472 86

QUATRIÈME SECTION. — FRAIS EXTRAORDINAIRES DE LA GARDE NATIONALE ET DU SERVICE DE CASERNEMENT.

L'habillement, l'équipement et l'armement de la compagnie des sapeurs-pompiers qui ont et la grande tenue, comme la garde nationale, et une tenue particulière pour les manœuvres et les incendies, a coûté en 1838........ 2,565f 20c

Cet équipement a été en partie renouvelé en 1845, ce qui a entraîné une dépense extraordinaire de... 1,638 65

Le total de cette section est donc de...... 4,203 85

CINQUIÈME SECTION. — SECOURS EXTRAORDINAIRES AUX HOSPICES ET ÉTABLISSEMENTS DE CHARITÉ.

Les années 1837 à 1846 ont été généralement des années de prospérité, durant lesquelles il n'a été accordé aux établissements de charité aucun secours extraordinaire.

SIXIÈME SECTION. — INSTRUCTION PUBLIQUE.

Les couchettes en bois du pensionnat du collége étaient en mauvais état; de plus, on commençait à se plaindre qu'on y trouvât des punaises. Le conseil ordonna qu'elles seraient remplacées par des lits en fer qui ont coûté 2,221 fr. Les couchettes en bois, demeurées hors de service pendant quelque temps, ensuite démontées, lavées et nettoyées, de manière à détruire tous les insectes, furent données au bureau de bienfaisance pour en faire l'emploi qu'il jugerait convenable.

SEPTIÈME SECTION. — CULTE.

Aucune dépense extraordinaire n'a été faite.

HUITIÈME SECTION. — ARRIÉRÉ.

Dans les années 1814 et 1815, la présence des troupes étrangères fit peser sur la ville de Bar des charges énormes auxquelles elle ne pouvait faire face avec ses revenus ordinaires. Forcée de recourir à un emprunt, elle fut autorisée, par arrêté du préfet du 18 septembre 1815, à l'effectuer jusqu'à concurrence de 52,590 fr. 50 c., au moyen d'un rôle contenant la répartition de cette somme sur ceux des habitants que le conseil municipal jugea en état d'y contribuer. D'après ce rôle, la répartition fut opérée sur 1,083 habitants, et le préfet l'ayant rendu exécutoire le 19 octobre 1815, on le mit en recouvrement. Mais des ordonnances de décharge ayant été accordées jusqu'à concurrence de 543 fr., il ne rentra réellement dans les caisses de la ville que 52,047 fr. 50 c.

Il fallut ensuite pourvoir au remboursement de cet emprunt, et de plus à l'acquittement des déficits qu'avaient laissés les exercices 1813, 1814 et 1815. Le tout se montait à 90,362 fr. Une ordonnance royale du 24 septembre 1817 autorisa la ville à s'imposer extraordinairement de 3,368 fr. par année, au centime le franc de ses contributions directes, et cette contribution extraordinaire fut employée à l'acquittement de l'arriéré. En 1837, tout était éteint, à l'exception de 22,936 fr. 85 c., redus aux prêteurs de l'emprunt de 1815. Cette année même on fit les fonds au budget pour solder cette dette, et on ne perçut plus l'imposition extraordinaire à partir de 1838. De telle sorte qu'en 1837, et sur ses ressources ordinaires, la ville paya, pour l'extinction de la dette arriérée, 19,568 fr. 85 c.

NEUVIÈME SECTION. — FRAIS DE PROCÉDURE.

Le procès entre la ville et l'Université, au sujet de la propriété du collége, est toujours pendant. Cependant, nous avons déjà payé une partie des frais et des honoraires extraordinaires dus aux avocats chargés des intérêts de la ville de Bar. Ce que nous avons payé se monte à 1,758 fr. 10 c., dont 1,258 fr. 10 c. seulement payés avant 1847. Si, en définitive, la ville gagne son procès, elle rentrera dans une partie de ses avances; si elle succombe, elle aura à solder ses propres frais et à payer ceux de l'Université, ce qui ne laisserait pas que d'être considérable.

DIXIÈME SECTION. — DÉPENSES ACCIDENTELLES.

Il y a eu, de 1837 à 1846, beaucoup de dépenses de ce genre. Mais j'ai dit, en commençant cette section, qu'il serait sans intérêt comme sans utilité de les rappeler ici.

CONCLUSION.

§ 1. Tel est l'ensemble du budget que j'ai suivi en détail dans ses quatre grandes divisions, recettes et dépenses ordinaires et extraordinaires. A la fin de l'exercice 1846, notre situation financière était bonne; nous avions quelques dettes sans doute, mais elles n'étaient point au-dessus de nos forces, les perceptions de l'octroi s'amélioraient, et les bonis que laissait chaque exercice nous mettaient à même de remplir facilement nos engagements. Les années 1847 et 1848 ont bien changé notre position. Dans ces deux années les ressources de l'octroi, nos principales ressources, ont diminué, et les charges augmentaient. Il fallut pourvoir, en-dehors des services ordinaires, à des nécessités pressantes, et quoique ces excédants n'aient pas été très considérables, cependant, arrivant en même temps que la diminution des recettes, ils ont suffi pour nous créer un état de gêne. L'exercice 1848 s'est soldé par un déficit de 1,885 fr. 77 c.

Voici, au surplus, notre situation financière à la fin de l'exercice 1848 :

Déficit laissé par cet exercice.................	1,885 77
Il reste dû sur la maison, place de la Couronne...	15,800 »
— sur l'ancien hôtel-de-ville, place St-Pierre........................	3,096 »
— sur le pont en fer................	14,193 21
— sur la maison qui faisait suite à ce pont, sur le quai des Gravières.....	12,000 »
— sur le terrain acheté en dernier lieu entre la promenade des Saules et celle qui règne le long de la rivière	2,250 »
Enfin, en 1847, la ville a voté l'érection d'un monument à la mémoire de M. le maréchal Oudinot, et s'est inscrite la première sur la liste des souscripteurs pour une somme de 3,000 fr., qui devra être payée en 1850, ci.....	3,000 »
Total.............	52,224 98

Voilà donc 52,224 fr. 98 c. à solder en-dehors du budget. Personne ne pense, sans doute, à rembourser cette dette en créant des impositions extraordinaires; le moment ne serait pas favorable pour en établir. Il faut donc de toute nécessité payer avec nos ressources ordinaires. Nous y arriverons si les produits de l'octroi continuent à s'améliorer, si surtout nous apportons dans nos dépenses la plus grande réserve. Sans doute, il y aura des choses nécessaires qu'il faudra ajourner, des améliorations utiles qu'on ne réalisera pas; mais il n'y a rien de plus utile, de plus nécessaire, de plus pressant, que de ramener l'équilibre entre nos recettes et nos dépenses, et de nous mettre à même, par une bonne et sévère administration de la fortune publique, de faire face à nos obligations sans recourir à l'emprunt, sans grever nos concitoyens de centimes extraordinaires.

§ 2. Avant de quitter le budget, je voudrais faire comprendre, par un résumé rapide, quelle marche a suivie, depuis soixante ans, l'administration de notre ville; et rien ne me semble plus propre à jeter sur ce point une vive lumière qu'un tableau d'ensemble présentant le budget des recettes et des dépenses de la ville à des époques diverses. Ainsi, en adoptant le cadre actuel, qui est aussi celui de ce travail, je rangerai dans cinq colonnes parallèles le budget de l'une des années antérieures à la Révolution de 1789, celui d'une des années de l'Empire, celui d'une des années de la Restauration, enfin celui de 1836, qui est le point de départ de cet écrit, et celui de 1846, qui est l'année où il se clôt. Pour l'ancien régime, l'Empire et la Restauration, je choisirai des années moyennes qui n'aient été affectées par aucune circonstance extraordinaire : ce seront 1787, 1811, 1826. Certainement, surtout pour 1787, il faudra, en lisant ce tableau, tenir compte des différences qui existaient dans l'organisation des services; mais si j'ai appliqué les dénominations nouvelles à des institutions qui portaient un autre nom, les dépenses n'en sont pas moins rangées dans les chapitres où elles doivent figurer. Les chiffres ci-dessous sont extraits, pour 1787 et 1811, des comptes du receveur municipal; pour 1826, 1836 et 1846, des comptes administratifs présentés par le maire :

RECETTES ORDINAIRES.	1787.			1811.		1826.		1836.		1846.	
	l	s.	d.	fr.	c.	fr.	c.	fr.	c.	fr.	c.
Maisons et usines communales.....	764	13	6	2315	»	565	»	1814	50	120	»
Biens ruraux communaux........	1588	16	»	155	»	»	»	»	»	230	»
Produit de la glacière	»	»	»	»	»	»	»	»	»	150	»
— de la location de la pêche...	»	»	»	60	»	»	»	»	»	51	»
Permissions d'établir des pompes, ponts, aqueducs	»	»	»	»	»	1	»	»	»	33	»
Enlèvement des boues	259	19	»	»	»	236	»	99	»	141	»
Elagage des peupliers..........	»	»	»	»	»	»	»	»	»	85	»
Herbes des promenades.........	»	»	»	»	»	52	»	»	»	»	»
Rentes foncières ou provenant de biens aliénés.................	1121	11	3	613	70	652	17	105	55	446	69
Inscription départementale.......	»	»	»	»	»	»	»	544	»	554	»
Intérêts des fonds placés au trésor..	»	»	»	»	»	654	68	1316	80	1969	53
Rétributions scolaires...........	»	»	»	»	»	»	»	»	»	3389	75
Concessions au cimetière........	»	»	»	»	»	»	»	»	»	5476	»
Produit du grand abattoir........	»	»	»	»	»	»	»	3561	80	3038	50
— de l'abattoir à porcs.....	»	»	»	66	»	155	»	1065	»	1005	»
— des places aux marchés....	»	»	»	»	»	1140	30	2782	90	4095	40
— des places aux foires......	»	»	»	538	40	»	»	»	»	207	50
Vidange des fosses d'aisance........	»	»	»	»	»	60	»	60	»	»	»
A reporter........	3734	19	9	3748	10	3516	15	11349	55	20982	37

	1787.			1811.		1826.		1836.		1846.	
	l.	s.	d.	fr.	c.	fr.	c.	fr.	c.	fr.	c.
Report............	3734	19	9	3748	10	3516	15	11349	55	20982	37
§ 4. Centimes additionnels aux contributions foncière et mobilière........	»	»	»	1631	50	1679	95	2344	07	2296	16
Attribution sur les patentes...........	»	»	»	1132	06	2377	41	2959	15	2975	40
Amendes de police rurale et municip.	»	»	»	»	»	483	55	570	95	1065	79
— de grande voirie..........	»	»	»	»	»	39	26	»	»	»	»
Permis de chasse.	»	»	»	»	»	»	»	»	»	1240	»
Amendes pour délits de chasse......	»	»	»	»	»	»	»	»	»	47	5
Primes d'engagements volontaires...	»	»	»	»	»	»	»	9	»	57	»
Expéditions des actes de l'état civil .	»	»	»	63	50	55	70	47	70	36	30
Imposition pour l'instruction primaire...	»	»	»	»	»	»	»	»	»	3035	7
— pour les chemins vicinaux...	»	»	»	»	»	»	»	»	»	4094	5
Frais de percept^{on} des imposit^{ons} commun^{les}	»	»	»	»	»	»	»	»	»	282	8
Octroi (produit et amendes)...........	29350	»	»	41165	03	49608	73	85296	97	105342	16
Total des recettes ordinaires....	33084	19	9	47740	19	57769	75	102577	99	141455	6

DÉPENSES ORDINAIRES.

	1787.			1811.		1826.		1836.		1846.	
§ 1. Frais de bureau et employés........	(A) 7109	2	6	4985	»	5716	»	6230	40	6247	8
Receveur municipal...................	1600	5	11	1200	»	1350	»	1350	»	1999	0
Frais de perception des impositions communales.....................	»	»	»	»	»	»	»	»	»	282	8
Commissaires et agents de police....	(B) 2376	1	7	1050	»	1930	»	2500	»	3300	»
Gardes champêtres..................	(C) 170	4	»	»	»	950	10	1341	83	1085	»
Architecte-voyer....................	»	»	»	»	»	400	»	400	»	600	»
Manœuvres communaux............	»	»	»	»	»	»	»	»	»	1100	»
Surveillant des viandes.............	»	»	»	»	»	»	»	»	»	240	»
Préposé à l'abattoir.................	»	»	»	»	»	»	»	625	»	1018	2
Dixième du produit des marchés....	»	»	»	»	»	»	»	2 8	26	409	6
Frais de perception de l'octroi......	»	»	»	»	»	»	»	14639	57	17076	6
Dix pour cent du produit de l'octroi.	(D) 2543	9	9	4110	»	4933	62	6946	97	8757	6
Conseil de prud'hommes............	»	»	»	»	»	583	33	555	66	550	»
Chambre consultative des arts et manufactures......................	»	»	»	»	»	»	»	»	»	15	»
Justice de paix.....................	»	»	»	»	»	»	»	90	»	50	»
§ 2. Contributions des biens communaux.	»	»	»	161	»	93	50	35	09	18	»
Entretien de la maison commune ...	»	»	»	»	»	106	95	593	35	316	5
— des couvertures des édifices communaux	»	»	»	»	»	»	»	»	»	1700	»
A reporter........	13799	3	2	11506	»	16065	50	35606	13	44766	1

(A) Il y avait un maire qui recevait 1,954 l. 5 s. 9 d., quatre échevins, un procureur du roi et un secrétaire greffier à 574 l. 15 s. 9 d. chacun : plus divers frais de bureau.

(B) Il y avait trois commissaires de police à 114 l. 19 s. 4 d. chacun ; un huissier de police ; quatre sergents de ville ; six archers ; un tambour ; un maître des hautes-œuvres et quelques bas officiers ; ceux-ci ne sont pas autrement désignés dans le compte.

(C) Les frais de visite des vignes pour fixation du ban de vendanges entrent dans cette somme pour 40 fr.

D) Ce droit n'était que du 20.e sur l'octroi ; mais le Trésor percevait encore d'autres droits : le tout réuni donne le chiffre ci-dessus.

— 241 —

	1787.			1811.		1826.		1836.		1846.	
	l.	s.	d.	fr.	c.	fr.	c.	fr.	c.	fr.	c.
Report............	13799	3	9	11506	»	16965	50	35606	13	44766	16
Entretien des abattoirs............	»	»	»	»	»	»	»	18	»	200	»
— des halles et marchés....	»	»	»	100	»	329	90	74	60	26	25
— des horloges...........	128	15	»	735	»	334	75	325	»	300	»
— des pavés et trottoirs......	»	»	»	4000	»	2999	05	1608	50	3842	96
— des promenades..........	84	3	»	300	»	480	38	692	76	577	33
— des aqueducs, ponts et fontaines............	200	»	»	1200	»	1817	»	2409	75	1326	03
— des autres propriétés communales............	»	»	»	1000	»	460	80	699	65	1000	»
— de la glacière............	»	»	»	»	»	»	»	»	»	»	»
Enlèvement des boues............	»	»	»	407	»	»	»	»	»	184	35
Eclairage...................	»	»	»	499	»	3264	60	4317	85	3689	18
Visite des cheminées et des chenilles.	»	»	»	500	»	250	»	250	»	244	»
Assurance des bâtiments communaux	»	»	»	»	»	125	»	300	»	340	»
Entretien des pompes à incendie....	»	»	»	472	50	992	65	788	50	131	50
Primes aux pompiers............	»	»	»	»	»	»	»	60	»	60	»
Chemins vicin. de gr^{de} communic^{on}.	»	»	»	»	»	»	»	»	»	2200	»
— ordinaires..........	»	»	»	1000	»	»	»	607	80	1800	»
Agent-voyer cantonal............	»	»	»	»	»	»	»	»	»	177	»
Garde nationale...............	»	»	»	»	»	100	»	2738	85	2931	53
Dépense militaire...............	(A) 207	6	»	»	»	»	»	14	03	400	»
Enfants trouvés................	»	»	»	»	»	1000	»	800	»	200	»
Aliénés......................	»	»	»	»	»	»	»	»	»	4642	99
Malades placés à Fains..........	»	»	»	»	»	200	»	165	»	3001	»
Fonds accordés aux hospices......	»	»	»	3500	»	3900	»	1000	»	»	»
Bureau de charité...............	(B) 640	»	»	»	»	(C) 787	75	500	»	1200	»
Secours donnés par le maire......	»	»	»	200	»	552	10	449	»	275	25
Lits à guérison à l'hospice........	»	»	»	»	»	»	»	193	80	1092	90
Indemnité aux sages-femmes.....	»	»	»	200	»	200	»	150	»	150	»
Médecins du bureau de charité.....	(D) 600	»	»	(E) 462	50	200	»	300	»	386	10
Visite des filles publiques.........	»	»	»	»	»	»	»	»	»	50	»
Pensions...................	1713	13	2	»	»	»	»	300	»	»	»
Salles d'asile.................	»	»	»	»	»	»	»	»	»	2300	»
Ecoles primaires élémentaires.....	»	»	»	400	»	2009	17	5353	35	8283	40
Ecole primaire supérieure........	»	»	»	»	»	»	»	2800	»	2973	»
Cours de sciences industrielles....	»	»	»	»	»	»	»	996	65	1950	»
Collège.....................	»	»	»	7350	»	8756	»	6679	19	13039	25
Bibliothèque..................	»	»	»	300	»	»	»	300	»	300	»
Musée......................	»	»	»	»	»	»	»	»	»	»	»
Traitement des vicaires..........	300	»	»	1250	(F)	(G) 1827	80	1400	»	1800	»
A Reporter........	17673	2	11	33382	»	46652	45	71898	41	106160	18

(A) Dépense de la milice.
(B) Sœurs d'hôpital et de charité.
(C) Dans cette somme, il entre 287 fr. 75 c. pour un atelier de charité.
(D) Médecins de la ville.
(E) Médecins de l'hospice.
(F) Dans cette somme, il entre 500 fr. pour indemnité de logement aux curés.
(G) Dans cette somme, il entre 300 fr. pour indemnité de logement au curé.

	1787.	1811.	1826.	1836.	1846.
	l. s. d.	fr. c.	fr. c.	fr. c.	fr.
Report..........	17673 2 11	35382 »	46652 45	71898 41	106160
Entretien des églises............	» » »	1000 (A)	767 70	1028 »	200
Subvention aux fabriques.........	1560 3 »	214 90	1200 »	150 »	250
Secours aux cultes israélite et protestant.......................	» » »	» »	» »	» »	200
§ 7. Papier timbré pour quittances......	» » »	» »	» »	145 25	143
Fêtes publiques.................	29 13 4	599 68	600 »	1036 21	1398
Cens, rentes et intérêts de capitaux dus...	2228 13 »	791 94	» »	1200 »	2585
Total des dépenses ordinaires...	21491 12 3	37988 52	49220 15	75457 87	110937

On sent bien que je n'ai pu enfermer dans ce cadre absolument toutes les dépenses ordinaires. Ainsi, il n'y a point d'articles pour les locations d'immeubles, et cependant, en 1787, la ville louait une maison au prix de dix livres quatre sous six deniers. Je n'ai point mentionné l'habillement des sergents-de-ville qui a coûté 450 fr. en 1811, et 399 fr. en 1826, parce que cet habillement étant triennal et les années 1836 et 1846 n'étant point des époques de renouvellement, il aurait semblé qu'il y avait entre les budgets de ces deux dernières années et des deux autres des différences qui cependant n'existent pas en réalité. J'ai omis 2,383 fr. 40 c. qui faisaient en 1811 le prélèvement de 5 p. 0/0 que le trésor touchait sur le revenu ordinaire de la ville; j'ai passé sous silence le traitement de 80 fr. que, dans la même année, la ville payait à un vétérinaire. Ces dépenses et quelques autres dont je ne parle pas ont disparu des budgets : peut-être aussi doit-on les considérer plutôt comme temporaires que comme ordinaires.

Mais ce qu'on peut voir également dans ces cinq budgets, c'est qu'en réunissant ces dépenses à celles que j'ai énumérées, les dépenses ordinaires seraient loin encore d'égaler les recettes ordinaires. En effet, c'est une bonne règle d'administration et de comptabilité de ne point élever sa dépense juste au niveau de ses ressources, et il est sage de conserver toujours sur ses recettes un excédant libre. C'est avec cet excédant qu'on pare aux cas imprévus, c'est cet excédant qu'on emploie en améliorations, en créations utiles. La prospérité croissante de nos

(A) Réparations aux toitures de l'église Notre-Dame.

dernières années, les bonis que présentaient les budgets successifs ont trop fait négliger cette mesure de prudence ; mais l'état actuel de nos finances, la difficulté dans laquelle nous nous trouvons pour équilibrer nos recettes et nos dépenses, l'impuissance où nous sommes de payer tout ou partie de nos dettes sont venus bientôt nous rappeler et nous rappellent chaque jour que les conseils municipaux, comme les particuliers, ne s'écartent jamais impunément de ces règles d'une sage et prévoyante économie. Rentrons donc, aussitôt que le permettront nos ressources, dans l'ancien usage, et quand les temps seront prospères, ménageons nos recettes pour être toujours à même de faire face aux événements imprévus, et de réaliser les bonnes et salutaires innovations que peut réclamer d'année à autre le progrès des temps.

§ 3. Quand on étudie les comptes des soixante dernières années, on est frappé de la différence qu'ils présentent. Dans les derniers, régularité et symétrie parfaites, j'en conviens, mais régularité trop peu explicite, où le fonds est sacrifié à la simplicité de la forme : quatre mots et un chiffre, c'est à peu près tout ce qu'on a de renseignements sur les articles même les plus essentiels ; je n'en fais un reproche ni aux comptables, ni aux administrateurs; on leur envoie de Paris un cadre tout tracé dont il ne leur est point permis de s'écarter. Dans les anciens comptes, au contraire, moins d'uniformité, un système moins régulier si l'on veut, mais des renseignements souvent très amples et très détaillés sur chaque article de dépense. Ainsi on énonce toujours la cause de la dépense ; s'il s'agit de constructions, de réparations, on en indique la nature et les conditions ; le nom de la partie prenante n'est jamais omis pour les moindres objets : cela va même si loin que dans le compte des dépenses de police en 1787, je trouve la mention de neuf paires de souliers fournies aux sergents-de-ville et aux tambours. Cet excellent usage, si précieux pour ceux qui sont ensuite appelés à gérer les affaires de la ville, s'est perpétué jusque dans les premières années de l'Empire. Depuis lors on a sacrifié cette abondance de détails à la précision des écritures : mais cette régularité de la forme ne compense pas la sécheresse et l'aridité du fonds.

Les comptes anciens présentent encore un autre avantage. Avant d'entrer dans la recette et la dépense proprement dites, le receveur expose quelles sont les propriétés de la ville, quels immeubles, quels droits d'usage ou de servitude elle possède, quels capitaux, quels cens lui sont dus. De telle sorte que d'année à autre, en comparant les comptes, on peut voir les changements qui sont survenus; on est surtout à même par-là de veiller à ce qu'aucun droit ne périclite, et à empêcher qu'aucune prescription ne s'accomplisse. C'est en lisant ces comptes que j'ai appris que ce même hôtel-de-ville, place St-Pierre, que nous avons racheté du département en 1846, au prix de 5,160 fr., c'est la ville qui l'avait vendu au département moyennant 13,500 fr. suivant acte reçu de M.ᵉ Pierre, le 9 octobre 1813.

§ 4. Le décret impérial du 30 décembre 1809, sur la régie des biens des fabriques, porte, art. 55 : « Il sera fait incessam-
» ment, et sans frais, deux inventaires, l'un... de tout le
» mobilier de l'église ; l'autre des titres, papiers et renseigne-
» ments, avec mention des biens contenus dans chaque
» titre..... Un double inventaire du mobilier sera remis au
» curé ou desservant.
» Il sera fait tous les ans un récolement desdits inventaires,
» afin d'y porter les additions, réformes ou autres change-
» ments : ces inventaires ou récolements seront signés par le
» curé ou desservant, et par le président du bureau. »

Je ne connais point de disposition analogue dans nos lois municipales; mais ce qui est bon pour les fabriques est bon aussi pour les municipalités. M. le receveur municipal actuel l'a bien senti, et, de son propre mouvement, il a fait sur ses registres le relevé de tout le mobilier que possèdent les divers établissements municipaux. Il l'a fait pour l'hôtel-de-ville, pour le collége, les écoles, les salles d'asile, les bureaux d'octroi, les halles, les abattoirs, etc., etc. Il convient maintenant de compléter ce travail par un récolement régulier, d'ouvrir ensuite à la mairie un registre où tous ces inventaires seront transcrits, où on mentionnera chaque année les additions, réformes ou changements; mais il faut surtout qu'il y ait des actes réguliers de prise en charge, signés par les personnes qui se servent de ce mobilier. La ville aura alors des titres positifs de tout ce qu'elle possède en meubles : rien n'en pourra être distrait ou retranché à l'avenir sans une autorisation spéciale mentionnée sur le registre.

Il restera encore à faire cet autre inventaire dont parle le décret, celui des titres, papiers et renseignemens, inventaire plus précieux, plus utile encore que celui du mobilier, car nous possédons non seulement des actes notariés dont les minutes reposent dans les études des notaires, mais de nombreux actes sous seings-privés contenant des ventes, reconnaissances, traités, baux, etc. M. le secrétaire de la mairie les garde sous clé avec un soin particulier, mais ce n'est point assez. Si on vient à les déplacer pour les travaux d'une commission, ou pour les délibérations du conseil, on peut négliger, oublier de les rétablir dans leur dépôt; ils restent confondus avec des papiers d'une nature différente : les voilà égarés, perdus. En ceci encore ne serait-il pas bien d'appliquer à nos affaires municipales ce que le décret de 1809 prescrit pour les fabriques. « Le » secrétaire du bureau, dit l'art. 56, transcrira par suite de » numéros et par ordre de date, sur un registre sommier : 1.° les » actes de fondation et généralement tous les titres de pro- » priété; 2.° les baux à ferme ou à loyer. La transcription sera » entre deux marges qui serviront pour y porter, dans l'une » les revenus, et dans l'autre les charges. Chaque pièce sera » signée et certifiée conforme à l'original par le curé ou desser- » vant et par le président du bureau. » Et voyez jusqu'où le décret pousse les précautions. Il ajoute, art. 57. « Nul titre ni » pièce ne pourra être extrait de la caisse de la fabrique sans » un récépissé qui fera mention de la pièce retirée, de la déli- » bération du bureau pour laquelle cette extraction aura été » autorisée, de la qualité de celui qui s'en chargera et signera » le récépissé, de la raison pour laquelle elle aura été tirée de » la caisse ou armoire; et, si c'est pour un procès, le tri- » bunal et le nom de l'avoué seront désignés. Ce récépissé, » ainsi que la décharge au temps de la remise seront inscrits » sur le sommier ou registre des titres. » Tous ceux qui savent combien les communes ont perdu de procès et de droits utiles pour n'avoir point apporté à la conservation de leurs titres et papiers les soins nécessaires, jugeront que ces précautions du décret, si minutieuses en apparence, sont dictées par la plus sage prévoyance, et que les municipalités, comme les fabriques, feront bien de tenir la main à leur stricte exécution.

§ 5. Maintenant que j'ai terminé l'examen des budgets et des comptes, et achevé l'exposé de ce qui a été fait dans la période décennale de 1837 à 1846, ce serait le lieu de dire ce qui reste à faire, et quelles améliorations il y aurait à introduire dans l'administration municipale. Cependant je ne l'entreprendrai pas. Rien ne me répugnerait davantage que de quitter mon rôle d'historien pour venir parler en mon nom personnel, exposer, discuter et faire valoir des opinions qui, après tout, ne seraient que les miennes, et qui seraient fort loin d'avoir l'autorité de celles qu'a adoptées un conseil municipal. D'ailleurs, pour que des innovations soient vraiment bonnes et acceptables, il faut que tous en aient reconnu l'utilité, et qu'elles soient, suivant un mot consacré, l'expression d'un besoin généralement senti. Une proposition individuelle, si spécieuse qu'elle soit, ne saurait leur donner ce caractère. Enfin, toutes ces améliorations ne se réalisent point sans argent, et la situation de nos finances nous interdit malheureusement pour longtemps de nous engager dans des dépenses nouvelles.

Il est un autre sujet qui, pour ne pas se chiffrer au budget, n'en est pas moins digne des plus sérieuses méditations de tout administrateur municipal. Je veux parler des conseils et de la direction à donner aux populations, dans l'intérêt de leur bien-être et de leur avenir. Tous ceux qui ont lu avec quelque attention l'histoire des villes de la Grèce, dont la plupart n'avaient guère plus de territoire et de population que les nôtres, ont dû voir que c'était là la préoccupation constante de leurs conseillers. Socrate l'indique assez dans le passage des *Entretiens mémorables*, que j'ai cité en commençant cet écrit, et Plutarque, malgré Platon, loue Thémistocle d'avoir compris où était la force véritable et où serait la grandeur d'Athènes, et d'avoir dirigé vers les expéditions et les armements maritimes les vues de ses compatriotes jusque-là tournées du côté de la terre. Sans doute, c'étaient là des républiques souveraines, dont les déterminations politiques avaient une très grande influence sur la prospérité ou la ruine de l'Etat. Mais quoique dans une position plus obscure et une condition dépendante, notre situation n'est cependant point sans analogie avec la leur. Nos populations, qui vivent de leur travail, ne suivent pas toutes la même carrière; elles se jettent et se partagent dans des directions bien diverses et souvent tout à fait opposées. Ne pourrait-on les éclairer et les guider dans leur choix?

Pour ne parler que des classes les plus nombreuses, les vignerons et les jardiniers, les fileurs et les tisserands : les premiers, s'attachent aux travaux de la terre qui reviennent régulièrement chaque année, qui, avec des chances diverses dans les récoltes, ne présentent aucune variation sensible, aucune stagnation complète dans le travail ; les autres, liés à des entreprises commerciales, participent à ce qu'elles ont de variable, d'incertain et de précaire, et voient succéder aux années les plus prospères des jours de gêne et de détresse. Toutes ces conditions ont été depuis quelques années l'objet d'études savantes et consciencieuses, parmi lesquelles on peut citer la préface de M. Troplong, dans son *Traité de l'échange*, les analyses que M. Michel Chevalier a données dans ses cours, de l'enquête ordonnée par le parlement anglais sur la condition des tisserands *(Hand-Weavers)*, et les rapports récents de M. Blanqui, sur le sort des classes ouvrières en France. Ce que ces écrivains ont fait sur des classes entières de citoyens, un conseil municipal ne pourrait-il le faire pour sa ville? Il y aurait à rechercher quelles carrières offrent le plus de sécurité, de chances de bien-être dans le présent et l'avenir ; quelles sont celles où la santé est le mieux garantie, celles où n'ayant à compter que sur soi-même, on trouve dans les premiers succès une confiance qui double la force, et où l'aisance et la prospérité marchent de compagnie avec le contentement intérieur et l'amélioration morale. Ensuite, ne pourrait-on, par quelques conseils simples et clairs, mettre ces recherches à la portée des pères de famille les moins éclairés, et présenter à l'intelligence la plus ordinaire les raisons de se décider le jour où il y aura à faire pour les enfants choix d'un état ou d'un métier? Et ces populations nomades qui visitent tour à tour tous les centres d'industrie, demandant aujourd'hui avec instance du travail qu'elles quittent le lendemain avec le même empressement, pour aller renouveler leurs instances ailleurs, ces populations toujours flottantes, jamais fixées, ne méritent-elles pas qu'on les observe et qu'on cherche à les guider? Ont-elles pour la ville qui leur offre une occupation passagère cet amour de la terre natale qui fait qu'on jouit de la tranquillité, du bonheur de sa patrie, qu'on est malheureux de ses agitations et de ses souffrances? Ont-elles ces vertus de l'homme établi qui tient à rester au milieu de ses parents, de ses voisins, parce que là seulement il recueille les fruits de la réputation de probité et d'honneur que de longues années passées sans manquer à l'accomplissement du devoir ont pu seules lui créer? Personne ne niera la gravité de ces questions : mais on trouvera qu'elles sont du domaine de l'économie politique plus que du ressort de l'administration municipale, et bien que dans un budget on les rencontre quelquefois déguisées sous forme d'organisation d'écoles ou de cours publics, de tarifs d'octroi, de subventions ou de secours aux établissements de charité ou de bienfaisance, je craindrais, si je voulais les traiter, de m'exposer au reproche de sortir témérairement de mon rôle modeste de conseiller municipal. Je ne m'y exposerai pas : je rentre donc dans mon sujet et je finis en quelques mots.

Depuis la révolution de 1848, on a dit avec beaucoup de légèreté et un peu de malveillance, que les conseils municipaux qui avaient fonctionné depuis la loi du 21 mars 1831 étaient les élus et nécessairement les représentants du privilége. Ceux qui auront pris la peine de lire ce qui précède peuvent juger à présent, si ce n'est point encore là une de ces accusations injustes dont abusent les passions politiques. Ne voit-on pas par ce récit impartial de dix des années d'exercice de l'ancien conseil municipal, qu'il a toujours eu en vue le bien général, et que si quelques classes en particulier ont été l'objet de sa plus constante sollicitude, ce sont celles précisément auxquelles la Constitution de 1830 n'avait point accordé le droit de suffrage.

Dira-t-on qu'il aurait pu faire encore et plus et mieux? Mais que ces esprits difficiles veulent bien auparavant se rendre compte de la position d'un conseil municipal. Son autorité n'est pas sans contrôle, ses droits sans limites, les ressources dont il dispose ne sont point inépuisables. Toutes les mesures qu'il a adoptées de 1837 à 1846 ne recevront point l'approbation universelle, sans doute; en tout temps et dans celui-ci plus encore qu'en aucun autre, il est mal aisé d'avoir pour soi l'unanimité des suffrages. Mais au moins les critiques de bonne foi conviendront, s'ils lisent cet exposé, que le travail d'un conseil municipal est plus complexe et moins facile qu'ils ne l'avaient imaginé. Combien de choses à apprendre! La législation en vingt matières diverses; la constitution spéciale de la ville, ses besoins, ses habitudes, son passé, son avenir probable; tout ce qui peut intéresser la sûreté des habitants, la salubrité publique, la sécurité des communications de jour et de nuit; la police qui doit veiller à tout, prévenir les malheurs et méfaits par sa surveillance, les réprimer par son action, tantôt en cas d'accident avec le secours des pompiers, tantôt en cas de violence avec l'appui de la garde nationale; préparer du travail à ceux qui en manquent absolument, porter des secours aux pauvres, ouvrir des asiles aux maladies et à la vieillesse; donner à toute la population, et surtout à la jeunesse, les moyens de s'instruire, de s'éclairer, de devenir meilleure, et au milieu de toutes ces occupations de la terre ne point oublier le culte du Dieu du ciel : organiser des finances pour assurer tous ces services ; n'est-ce pas là une tâche plus rude qu'on ne l'estime généralement?

Dans une si vaste carrière, combien d'écueils à éviter? En modérant ou en augmentant un article du tarif de l'octroi, on croirait n'affecter que la perception, et plus tard on reconnaîtra qu'on a ralenti une industrie, changé les conditions du travail, rendu plus rares ou plus communes les denrées alimentaires. C'est une chose excellente de s'occuper de l'enfance, de lui ouvrir des asiles où elle retrouve avec les soins d'une mère une surveillance plus constante et qui n'est point distraite par d'autres travaux : cela aurait cependant un triste résultat si, poussant à l'excès ce système, on en venait jusqu'à affaiblir les sentiments de la famille dont rien au monde ne remplace la sainte et dévouée affection. Il est bon d'ouvrir aux jeunes gens, à ceux surtout des classes ouvrières, des cours où on leur enseigne tout ce qui est nécessaire à la pratique de leur état, où on leur explique les propriétés de la matière, les lois qui la régissent, les transformations qu'elle peut subir : ne serait-il pas mieux de joindre à cet enseignement quelques leçons qui introduiraient les auditeurs dans le monde moral, et qui par l'attrait du beau littéraire les amèneraient à goûter, à sentir, à aimer ce qui est bon. Le beau, disait Platon, n'est que la splendeur du vrai. On ne reprochera pas à notre époque d'être insensible aux misères et aux souffrances, on lui reprochera peut-être de ne point s'appliquer avec assez de persévérance à distinguer ce qui mérite et ce qui ne mérite pas d'être secouru, et de n'avoir pas le courage de refuser à l'importunité ce qui n'est dû qu'au malheur. Ainsi, tout a son côté faible, ses excès, ses périls. Et même dans l'administration des finances d'une ville, si la facilité, la bonté inconsidérée amènent la ruine, une économie trop rigoureuse qui reculerait devant les dépenses utiles, les améliorations profitables, n'est guère moins désastreuse. Ainsi, chaque délibération, chaque détermination à prendre exige un examen compliqué d'éléments opposés, de détails souvent contradictoires où on n'a que trop à craindre de s'égarer.

C'est une raison d'étudier avec plus de profondeur les ressorts nombreux et variés de l'administration municipale. Dans son ouvrage sur la démocratie américaine, M. de Tocqueville a dit du Français : « La fortune de son village, la police de sa » rue, le sort de son église et de son presbytère ne le touchent » point : il pense que toutes ces choses ne le regardent en » aucune façon et qu'elles appartiennent à un étranger puis- » sant qu'on appelle le gouvernement. Pour lui, il jouit de » ces biens comme un usufruitier, sans esprit de propriété et » sans idées d'amélioration quelconque. (T. 1, p. 155.) » Il nous faut renoncer à cette nonchalante insouciance des peuples gouvernés par des rois absolus. Sous un régime représentatif ou républicain, le gouvernement, c'est nous ; c'est à nous à diriger nos affaires, à veiller à nos intérêts. S'ils étaient négligés ou en souffrance, nous ne pourrions plus, comme nous ne sommes que trop disposés à le faire, nous en prendre au gouvernement et à l'administration, nous ne pourrions nous en prendre qu'à nous-mêmes.

Tous tant que nous sommes, conseillers ou simplement habitants de la cité, faisons donc de ces affaires et de ces intérêts l'objet d'une attention sérieuse et suivie. Autrefois, il y avait dans les villes des familles en quelque sorte vouées à leur administration ; celle-ci passait du père aux enfants, et il se formait ainsi des doctrines traditionnelles et héréditaires, éprouvées par une longue expérience, et dont on ne s'écartait qu'avec la plus grande réserve. Ces familles n'existent plus ; la mobilité des élections, la mobilité même des populations qui quittent si facilement la terre natale pour chercher ailleurs de meilleures conditions d'existence, le mouvement des fonctions publiques où le personnel ne cesse de se renouveler, tout contribue à amener dans les conseils municipaux des hommes nouveaux, de nouvelles idées. Cette activité de rénovation emporterait avec elle tous les fruits d'une expérience souvent chèrement acquise, si nous ne nous étudions à bien connaître, à bien comprendre le passé de notre ville, l'origine, la raison, les inconvénients ou les avantages de ce qu'on y a précédemment entrepris. Et il y a d'autant plus de nécessité de s'appliquer à cette étude, qu'un conseil municipal a l'habitude de juger vite, dans une séance, presque toujours sur un simple exposé suivi d'une courte discussion ; et encore nous n'apportons, pour la plupart, aux affaires municipales que les restes d'une vie occupée à d'autres travaux ou réclamée par de plus impérieux devoirs.

Si les lois nouvelles donnent aux conseils municipaux des attributions plus larges, avec plus de liberté leur responsabilité deviendra plus grande aussi. Cette responsabilité ne s'arrêtera même plus à la délibération, elle passera jusqu'à l'exécution. C'est M.me de Maintenon qui écrivait au cardinal de Noailles : « Il est plus aisé d'arranger tout sur le papier que d'exécuter.» Et quand un conseil municipal aura tout arrangé sur le papier, sa tâche ne sera pas finie ; il devra veiller à ce que l'action soit d'accord avec la détermination. Ce sera son devoir de presser, de reprendre les agents d'exécution, d'y apporter une surveillance exempte de dureté, je le veux, mais exempte aussi de molle complaisance.

Dans les conseils où n'ont point pénétré les passions politiques, et, Dieu merci ! le nôtre est de ce nombre, on laisse toujours aux officiers municipaux une assez grande latitude. On sait ce que leurs fonctions ont de pénible, on leur tient compte, on veut les dédommager de cet assujétissement en leur donnant un peu de liberté d'agir et de faire ; on se repose, d'ailleurs, sur le pouvoir central du soin de les rappeler à l'observation des règles, s'ils étaient tentés de les enfreindre. Mais si les nouvelles lois confèrent au conseil municipal une sorte de souveraineté locale, ce que je ne crois d'ailleurs ni très nécessaire, ni très désirable, les ministres de cette souveraineté devront, comme tous les ministres, être soigneusement contrôlés et contenus. Ce ne serait point là, surtout dans les petites villes, la partie la plus facile et la plus agréable de la tâche d'un conseiller municipal. Mais le temps des fonctions purement honorifiques est passé ; toutes indistinctement imposent à ceux qui en sont revêtus des obligations et des devoirs.

J'ai cru en remplir un en publiant cet écrit. Autrement, serais-je sorti de gaîté de cœur de mon silence et de la paix de mes études habituelles pour descendre dans l'arène des débats politiques, arène glissante et agitée où les meilleures intentions ne vous défendent pas contre les traits de la critique à qui, certes, on ne reprochera pas de nos jours de pécher par excès d'indulgence. Elle ne trouvera, je le crains, que trop à reprendre dans ce travail. Et malgré tout le soin que j'ai pris de vérifier les registres du conseil, les comptes administratifs, les pièces déposées aux archives, comme je suis le premier qui publie ces documents si divers et si nombreux, il est impossible que quelques erreurs ne me soient point échappées. Ce que je désire, c'est que ces inexactitudes soient relevées par d'autres comptes-rendus publiés aussi par des conseillers municipaux. Ainsi se multiplieraient les renseignements, les appréciations, et je me consolerais aisément de fautes et de censures qui auraient, en définitive, de si utiles conséquences. Ce qu'il faut désirer surtout, c'est que les administrateurs eux-mêmes, ceux qui ont directement géré les services municipaux et qui les connaissent le mieux dans tous leurs détails, viennent à leur tour publiquement exposer ce qu'ils ont fait pendant leur administration, ce qu'ils pensaient qu'on devrait faire, ce qu'ils espéraient qu'on pourrait entreprendre un jour.

Je serais heureux, enfin, si j'avais attiré sur les intérêts municipaux l'attention de tous les citoyens, principalement de ceux à qui appartient l'avenir. Je voudrais voir, comme autrefois dans les villes de la Grèce et de l'Italie, les jeunes gens appelés au maniement des affaires publiques. La jeunesse porte dans ses travaux, dans ses études, l'ardeur et la hardiesse de son âge. Quelle belle et intéressante carrière offriraient à son zèle les sujets nombreux et variés qu'embrasse l'administration municipale! Son concours serait d'autant plus précieux que l'activité vient merveilleusement en aide à l'expérience.

Et pourquoi resterions-nous indifférents à des intérêts qui nous touchent de si près, sur lesquels nous pouvons avoir une si légitime influence? « On n'aime pas sa patrie comme grande, disait un ancien, mais comme patrie. » Et la nôtre, pour être resserrée dans un coin de terre étroit et sans renom, a-t-elle pour cela moins de droits à l'amour de ses enfants? Ne lui devons-nous pas une part de notre temps et de nos préoccupations. Pour moi, en écrivant l'histoire de l'administration de ses finances pendant dix des dernières années, j'ai voulu la servir dans la mesure de mes forces. J'ai écrit, je ne m'en défends pas, dans l'espoir de lui être utile. Si je me suis trompé, si j'ai trop présumé de ce travail, qu'elle le reçoive du moins comme un témoignage de mon affection et de mon dévoûment.

Bar-le-Duc, le 20 août 1849.